가천대학교 아시아문화연구소
아시아학술연구총서 13
아시아대중문화시리즈 ②

세계 속의 한류
─국적과 영역을 초월한 융합문화로서의 한류

* 이 저서는 2019년 대한민국 교육부와 한국연구재단의 지원을 받아 수행된 연구임 (NRF-2019S1A5C2A04082620).

가천대학교 아시아문화연구소
아시아학술연구총서 13
아시아대중문화시리즈 ②

세계 속의 한류
-국적과 영역을 초월한 융합문화로서의 한류

초판 1쇄 인쇄 2022년 6월 10일
초판 1쇄 발행 2022년 6월 27일

기획 가천대학교 아시아문화연구소
지은이 오현석(吳炫錫) 양인실(梁仁實) 음영철(陰泳哲) 김재선(金在善) 심두보(沈斗輔) 김수완(金邃琬)
　　　　손수진(孫受振) 조지숙(趙芝娚) 김두진(金斗鎭) 배소영(裵昭暎) 이미지(李美智) 전동한(全東漢)
펴낸이 이대현
편집 이태곤 권분옥 문선희 임애정 강윤경
디자인 안혜진 최선주 이경진 | **기획마케팅** 박태훈 안현진
펴낸곳 도서출판 역락 | **등록** 1999년 4월 19일 제303-2002-000014호
주소 서울시 서초구 동광로46길 6-6(반포4동 577-25) 문창빌딩 2층(우06589)
전화 02-3409-2060(편집부), 2058(영업부) | **팩시밀리** 02-3409-2059
이메일 youkrack@hanmail.net
홈페이지 www.youkrackbooks.com

ISBN 979-11-6742-328-3 94300
　　　　979-89-5556-053-4(세트)

가천대학교 아시아문화연구소
아시아학술연구총서 13

아시아대중문화시리즈 ②

세계 속의 한류

국적과 영역을 초월한 융합문화로서의 한류

기획

가천대학교 아시아문화연구소

지은이

오현석(吳炫錫) 양인실(梁仁實) 음영철(陰泳哲) 김재선(金在善)
심두보(沈斗輔) 김수완(金邃琬) 손수진(孫受振) 조지숙(趙芝婌)
김두진(金斗鎭) 배소영(裵昭暎) 이미지(李美智) 전동한(全東漢)

역락

EUROPA

SARMATIA ASI.

Bosporus Cimmer.

Theodosia

EUXINUS

PONTUS   ARMENIA

Maeotis

Artaxata

Gaza

Ecbatana

MEDIA

Amathus

Palmyra

Babylon

Casiae

Damascus

Persepolis

Hierosolyma

Sura

Petra

Sina M.

ARAB

Cane

아시아대중문화시리즈를 발간하며

대중문화란 '대중이 주체가 되어 생산하고 소비하는 문화 현상과 그 산물'이라 할 수 있습니다. 18, 19세기부터 20세기에 걸쳐 세계 각지에서 근대 국민국가가 형성되면서 기존의 신분 사회가 해체되고 대중 사회가 출현했습니다. 많은 지역에서 비교적 균질적이고 평균적인 교육의 보급과 신문·잡지·라디오와 같은 미디어의 발달로 인해 문화의 대량 소비가 일어나는 것도 20세기의 일입니다. 이렇게 되자 대중문화는 종전의 소위 고급문화를 압도하기에 이르렀습니다. 오늘날 '대중문화'는 인간의 생활 곳곳에서 중요한 심미적 태도를 결정짓는 문화 양식의 총체를 가리키는 말이 되었습니다.

20세기 말까지 대중문화를 선도해간 지역은 주로 유럽과 미주였습니다. 그러나 최근 20, 30년을 돌아볼 때 이러한 현상은 분명히 달라졌습니다. 일본의 애니메이션과 인도의 영화산업, 그리고 K-Pop과 같은 한류의 각 장르는 세계인의 눈과 귀를 사로잡고 있습니다. 이제 아시아는 세계 대중문화의 중심이 되고 있습니다. 특히 한류의 약진에 관한 뉴스를 접하다보면 한국인으로서 크나큰 자긍심을 갖게 됩니다. 1990년대에는 일본의 대중음악(J-POP)이 아시아권에서 유행했고 당시에는 꽤 대단하다고 봤었습니다. 하지만 지금의 K-Pop만큼 전 세계를 휩쓸지는 못했던 것 같습니다.

한류는 영화, 드라마, 음악, 문학 등 예술(예능) 장르뿐만 아니라 패션, 뷰티, 의료, 음식 등 생활 문화에 이르기까지 실로 다양한 분야에 걸쳐 전개되고 있습니다. 20세기에는 늘 세계 대중문화의 '변두리'에서 '중심'을 동경하는 입장이었던 한국의 대중문화가 21세기 한류의 대유행과 함께 이렇게까지 주목을 받으리라고 누구도 상상하지 못했을 것입니다. 거기에는 여러 이유가 있겠지만 무언가 분명히 세계인의 마음을 사로잡는 매력이 있다는 것이겠지요. 그러나 한편으로 지금까지 한류에 관한 많은 논의가 경제적 타산이나 자국중심주의적 사고에 머무르는 일이 없었는지 이제는 반성해볼 필요가 있습니다.

가천대학교 아시아문화연구소는 이와 같은 방향에서 2019년도부터 '아시아 대중문화와 한류의 상호 이해에 기반한 인문학 교육'을 주제로 한국연구재단 인문사회연구소지원사업을 수행하고 있습니다. 〈아시아대중문화시리즈〉는 한류와 아시아 대중문화를 주요 논의의 대상으로 하여 의미 있는 학술적 성과를 담아내어 학계와 사회 일반에 널리 공유할 목적으로 기획된 것입니다. 나아가 대중문화에 대한 인문학적 관점에서의 논구와 사유를 통해 자문화와 타문화의 조화로운 공존을 꾀하고, 보다 풍요로운 인류의 문화적 자산을 가꾸어가는 데에 보탬이 되고자 합니다.

끝으로 본 시리즈를 간행하게 되기까지 도움을 주신 모든 분들께 감사를 드립니다. 우선 집필을 맡아 귀한 원고를 보내주신 필자 한 분 한 분께 깊은 감사의 말씀을 전합니다. 그리고 어려운 중에도 항상 본 연구소의 중요한 연구 성과를 책으로 만들어주시는 도서출판 역락의 이대현 사장님을 비롯한 임직원과 편집부 여러분들의 깊은 배려에 고개 숙여 감사드립니다. 한류와 대중문화, 그리고 아시아의 문화 등 인문학에 관심을 가진 독자 여러분의 질정과 성원을 바라마지 않습니다.

가천대학교 아시아문화연구소장 박진수

차례

2부   한류 확산의 현장

1부 - 드라마·영화로 본 한류 열풍

오현석

일본의 한류 현상 이해하기
—셀러브리티 현상을 통한 내셔널리즘의 구축

Ⅰ. 들어가며

본고는 일본에서 2003년 드라마 〈겨울연가〉의 인기와 함께 발생한 한류 현상에 대한 분석의 글이다. 또한 이러한 한류 현상을 통해서 한국 사회에서 어떠한 방식으로 내셔널리즘의 구축이 이루어지고 있는지를 고찰한 것이다.

현대사회의 내셔널리즘은 일상생활에서 무의식적으로 또는 암묵적으로 국가공동체를 인식해 나간다고 할 수 있다. 실제로 우리가 일상생활에서 자국에 대한 아이덴티티를 각인시켜 나가는 과정은 제대로 느끼지 못하는 경우가 많다. 왜냐하면 자신이 속해 있는 커뮤니티에서 주로 같은 국가의 사람들과 마주하면서 일상생활을 영위해 나가기 때문이다. 현대사회에서는 서로가 국가공동체의 존재로서 동질감을 느끼게 하는 것은 점차적으로 약해지기 마련이다. 이러한 이유로 현대사회의 국가공동체는 무의식적이거나 상식적인 의식의 틀 안에 일상생활 속에서 녹아들어 가게 된다.[1]

본고는 이러한 사회적 상황을 바탕으로 일본에서 발생한 한류 현상을 통해 한국의 내셔널리즘이 어떠한 형태로 작동하고 있는 지를 고찰하고자 한다. 해방 이후 한국사회는 일본이라고 하는 인접 국가를 통해 다양한 내셔널적인 담론을 생산해 왔다. 이는 일제강점기의 역사적 상처에 기인하여 적대적 국가로서의 담론을 생산해 왔으며, 또 다른 측면에서는 일본의 경제적 성장으로서의 위상에 대한 동경의 대상이라고 하는 이중적 태도를 취하기도 하였다. 이러한 현상은 대중문화의 영역에서도 잘 드러나는데, 해방이후 일본의 대중문화는 경계의 대상이면서도, 암묵적으로 소비하고 싶어 하는 욕망의 대상이기도 하였다.[2] 이는 해방이후 일본의 대중문화가 한국사회에서 유입을 금지해 온 역사적 과정에서도 확연히 드러난다. 잘 알려진 바와 같이 일본의 대중문화가 공식적으로 개방이 된 것은 1998년 부터 단계적 개방 조치라고 할 수 있다. 이 시기에 개방을 둘러싼 찬반 여론을 보더라도 일본이라고 하는 타국을 대상으로 내셔널적인 담론의 생산이 다양한 형태로 전개가 되었다.

그런데 한국사회의 내셔널리즘은 1990년대 이후 다소 변화된 양상을 나타낸다. 즉, 1990년대에 들어와서 탈냉전의 도래와 세계화, 신자유주의 등의 등장으로 한국 사회의 전체 구조가 크게 변화하는 시기를 맞이한다.

---

1 Billig, M., *Banal Nationalism*, 1996 Sage Publication, 1996, 77면.

2 김성민은 일본의 대중문화에 대해 금지와 월경이 복잡한 사회적 구조와 얽혀져 있었다고 주장한다.(김성민, 2017, 13면)

이로 인해, 기존의 내셔널리즘의 형태도 변화를 초래하게 되는 데, 일본에 관한 내셔널적인 담론도 새로운 형태로 전개된다. 본고는 이러한 시대적 상황을 고려하여, 2000년대 이후 일본에서 발생한 한류현상에 주목하고 자 한다. 본고에서 한류 현상에 주목하고자 하는 이유는 1990년대 이후의 한국적 상황과 일본에서의 한류의 등장으로 전개된 내셔널적인 담론을 분 석함으로서 현대 한국사회의 내셔널리즘의 특징을 고찰해 볼 수 있을 것 으로 기대했기 때문이다.

이에 본고는 다음과 같은 내용으로 논의를 전개해 보고자 한다.

첫째, 1990년대의 사회적 상황과 조응하여 대중문화 영역에서 일본과 관련하여 어떠한 내셔널적인 담론이 구축되어 왔는지 살펴보고자 한다.

두 번째는 일본에서의 한류현상이 어떠한 형태로 전개되었는지를 고 찰하고, 이와 관련된 담론을 검토해 보고자 한다.

마지막으로는 일본에서의 한류현상을 통해 한국사회에서 어떠한 내셔 널적인 담론을 구축했는지를 살펴보고자 한다.

이와 같은 본고에서의 논의는 2000년대 이후의 한국 사회에서 생산/ 재생산 되어 온 내셔널리즘이 대중문화 영역에서 어떠한 형태로 전개되어 왔는지를 가늠해 볼 수 있을 것으로 기대한다.

Ⅱ. 타자로서의 일본과 내셔널리즘

해방 이후 한국사회에서는 일본이라고 하는 타자를 대상으로 하여 자 국에 대한 내셔널리즘을 고취시키는 기능을 담당해 왔다. 또한 이러한 시대적 상황은 대중문화의 영역에서도 줄 곧 일본을 대상으로 한 담론을 생산해 내면서 내셔널리즘을 고양시켜 왔다.

그렇다면 한국사회의 대중문화는 일본이라고 하는 타자를 통해 어떠한 담론을 생산해 왔는가? 이러한 문제를 단순화 시켜서 말하기는 어렵지만, 앞에서 지적한 바와 같이 한국의 대중문화에서는 일본이라고 하는 타자를 통해 적대적인 감정의 표출이면서도 동경의 대상이었다고 말하고 싶다.

우선 일본이라고 하는 타자에 대해 적대감을 갖는 이유에는 과거 일제 강점기의 역사적 상처에 기인한 측면이 강하게 작용하였다. 이러한 시대적 배경은 한국사회에서 일본에 대한 부정적 인식과 함께 자국에 대한 내셔널리즘을 강화시키는 역할을 수행해 왔다. 즉, 일본과 관련된 다양한 담론을 접하면서, 그 과정에서 자국에 대한 아이덴티티가 부각되고, 이를 통해 내셔널리즘의 고양으로 이어지게 된 것이다.

잘 알려진 바와 같이 해방 이후 한국사회에서 일본과의 단절이 지속되는 과정 속에서 1965년 한일국교정상화를 맞이하게 된다. 그러나 한일간의 국교정상화가 이루어졌지만, 대중문화는 계속적으로 금지하게 된다.[5] 1965년 한일국교정상화는 한일간의 관계를 정치적인 측면과 경제적인 측면만을 규정하고 있었으며, 이로 인해 민간차원의 문화적 교류라고 하는 측면은 제외되는 기묘한 특징을 나타냈다.[4]

---

3 사실 국가간의 국교정상화를 이루었는데도 불구하고, 대중문화만을 금지시키는 것은 다소 모순된 정책으로 이해될 수도 있다. 김성민은 이러한 상황에 대해 한일간의 아이러니한 결과라고 지적하기도 하였다. (김성민, 2017, 39면)

4 이성환, 「식민지의 기억과 일본 대중문화의 유입 그리고 한일관계」, 『제2기 한일역사공동연구보고서 제5권』, 한일역사공동위원회, 2010, 134면.

이러한 상황은 1998년 일본대중문화의 개방 선언이 이루어지기까지는 암묵적으로 일본의 대중문화는 금지의 대상으로 여겨져 왔다. 즉, 일본에 의한 식민지 지배는 한국의 대중문화에서도 금지의 대상으로 여겨지게 되었으며, 그와 관련된 담론도 타자로서의 일본을 생산해 되면서 자국에 대한 내셔널리즘을 고취시키게 된다.

또 다른 측면은 일본이라고 하는 타자에 대한 동경심의 발현이다. 한국 사회에서 금지의 대상인 일본의 대중문화가 실질적으로는 암묵적으로 적극적인 소비가 이루어지고, 그 이면에는 막연한 일본에 대한 동경이 자리하게 된 것이다.[5] 이는 문화제국주의론과도 그 맥을 같이 한다고 할 수 있다. 문화제국주의론은 존 톰린슨의 주장에서 출발한 이론이라고 할 수 있는데, 그가 말하는 문화제국주의란 기본적으로 경제성장을 바탕으로 선진화된 자본주의 국가가 상대적으로 성장이 부진한 국가에 대해 문화적 침투를 통해 지배와 종속의 관계가 구축된다는 입장이다.[6] 이러한 관점은 한국사회에서 일본의 대중문화에 대한 소비과정에서 고려해 볼 만한 이론이다. 즉, 일본대중문화에 대한 동경이 경제적 성장에 대한 동경의 대상에서

---

5   이러한 상황은 일본의 경우도 비슷한 사회현상으로 나타났다. 아베(阿部)에 의하면, 패전이후 일본은 미국이라고 하는 타자에 대해 경제적 성장의 모델이라고 하는 담론의 구축과 이를 통한 암묵적인 동경의 대상임을 전제하였고, 이러한 타자 미국이 일본에 대한 승인을 기대하는 내셔널적인 담론의 형성되었다고 강조한다. 아베는 패전이후 일본사회에서 동경의 대상인 미국을 통해 자국에 대한 아이덴티티의 확립이 이루어졌다고 강조한다. 아베는 이러한 과정을 미국에 대한 희구라고 표현하였다.(阿部, 2001, 72-74면)

6   ジョン・トムリンソン, 『文化帝国主義』, 青土社, 1993, 14면.

출발하였다고 해서 될 수 있기 때문이다.[7] 예를 들면 만화의 경우를 생각해보자. 1993년 YWCA가 초등학생과 중학생 593명을 대상으로 실시한 설문조사에 의하면, 71.5%로 일본만화를 읽고 있다고 대답했다.[8] 이러한 상황을 보더라도, 일본대중문화가 금지되어 있었지만, 실질적으로는 청소년들의 접근이 상당히 용이하였다는 것을 알 수 있다. 다시 말해서 금지의 대상이었지만, 일본대중문화에 대한 선호도가 상당히 높았으며, 그 이면에는 일본에 대한 동경심이라고 하는 이중적인 잣대가 자리하고 있었음을 부인할 수 없다.

그러나 이러한 상황은 1990년대 이후 급격한 변화를 초래하게 되는데, 이 시기에 세계화라고 하는 시대적 흐름과 함께 미소 대립의 냉전시대의 종식에 따른 탈냉전시대의 도래 등으로 인해 동아시아의 지정학적 상황은 변동을 맞이하게 된다. 이러한 상황, 즉 일본에 대한 적대적 담론과 동경에 관한 담론이 함축적으로 드러나게 하는 일이 대중문화 영역에서 발생하게 되는 데, 그것이 바로 일본대중문화개방에 관한 논의이다. 한국사회에서 일본대중문화가 단계적으로 개방을 맞이하게 되는 시기는 1998년 김대중 정부 때 부터라고 할 수 있다. 당시의 상황을 돌이켜보면, 실질적으로 1990년대에 들어서서 서서히 일본대중문화개방에 관한 논의는 진행되고

---

7   그러나 강명구는 이러한 문화제국주의론에 대해서 비판적 입장을 취한다. 그는 문화제국주의론이 갖고 있는 이론적 관점의 애매함을 지적하면서, 문화제국주의가 단순히 대중문화를 통해 전세계의 소비자가 전부 그 안에 편입되어 간다는 전제에 부정적 입장을 견지한다. 즉, 강명구의 비판은 대중문화의 소비에 있어서 수용자들이 단순히 수동적으로 행하는 것이 아니며, 그 과정에서 수용과 저항, 거부의 과정도 존재함을 인식해야 함을 강조한다.(강명구, 2001, 114면)

8   『한겨레』, 1993. 5. 3.

있었다.[9] 그런데, 일본대중문화개방에 대한 정책적 방향을 결정하는 단계에서 일본이라고 하는 타자에 대해 다양한 목소리가 터져 나왔는데, 그러한 주장은 본고에서 말하고자 하는 방향으로 정리한다면, 크게 두 가지 형태의 담론을 생산해 내었다고 이해된다.

첫 번째는 식민지 경험에 대한 기억에서 출발하는 반대의 목소리이며, 이는 일본을 통한 적대적 내셔널리즘의 테제로서 작용한 것이다. 이성환은 일본대중문화개방에 관한 다양한 사회적 담론을 분석하면서, 개방에 대한 반대론과 찬성론으로 구분하여 선행연구를 정리하고 있다.[10] 일본대중문화개방에 대한 반대론의 입장은 식민지 지배가 한국사회의 일종의 피해의식과 민족적 아이덴티티의 손상을 초래하였고, 이로 인해 자연스럽게 일본에 대한 반성과 사과의 요구로 이어짐과 동시에 일본 문화유입을 금지하는 시대적 상황이 재현되었다고 강조한다.[11] 이러한 관점은 본고에서 전술한 바와 같이 타자로서의 일본을 인식하는 과정에서 식민지 지배에 대한 역사적 상처가 대중문화에 대한 금지로 이어지고, 이를 통해 자국에 대한 아이덴티티의 부각과 함께 대일본 적대적 내셔널리즘의 발현으로 이해할 수 있다.

한편, 1990년대 일본대중문화개방의 논의가 활발하게 진행되면서, 개방에 대한 찬성의 의견도 설득력 있게 전개 되었다. 이러한 관점은 일본대

---

9   오현석, 「문화제국주의론에서 바라본 타자로서의 일본 -1990년대 일본대중문화개방과 관련된 담론을 중심으로」, 『일본학보』 118집, 한국일본학회, 2019, 353면.

10   이성환, 「식민지의 기억과 일본 대중문화의 유입 그리고 한일관계」 『제2기 한일역사공동연구보고서 제5권』, 한일역사공동위원회, 2010, 131-156면.

11   위의 글, 2010, 135면.

즉 문화개방을 위기로 인식하기보다는 또 다른 기회로 삼자는 주장이다.[12] 이러한 관점의 배경에는 한국사회에서 일본대중문화가 금지의 대상이면서도 암묵적으로 활발하게 유입이 되고 있었던 시대적 상황과도 연관성이 있어 보인다. 이성환의 지적대로, 해방 이후 미군정 시기에 일본문화가 아무런 제약 없이 활발히 들어온 사실들을 상기시켜 보면, 단순히 일본대중문화의 금지가 식민지 경험과 밀접한 관계가 있다고 말하기도 어려운 측면이 존재한다.[13] 오히려 이러한 역사적 사실은 일본대중문화가 한국사회에서 뿌리 깊게 유입이 되어 있었음에도 불구하고, 바꾸어 말하면 표면적으로는 적대적인 담론을 구축하면서도, 암묵적으로는 자연스럽게 일상생활에 자리하고 있는 것이 일본대중문화라고 말할 여지도 있기 때문이다. 이러한 상황을 전체적으로 고려해 보았을 때, 일본대중문화에 대한 막연한 동경심, 즉 우리보다 좀 더 발달된 자본주의 국가의 대중문화에 대한 심리적 기대감이 문화적 취향으로 자리하게 되었다고도 이해할 수 있다.

---

12   오현석, 「대중문화에 나타난 타자로서의 '일본'―문화권력의 작동과 저항성을 중심으로」, 『일본학보』 122집, 한국일본학회, 2020, 256면.

13   이성환, 2010, 142면.

Ⅲ. 일본에서의 한류 현상

1. 한류 현상에 관한 소고

여기서는 일본에서 발생한 한류 현상에 대해 검토해 보고자 한다.

이제는 우리의 일상생활에서 한류라고 하는 표현은 보편적인 단어로 인식이 되어 있으며, 일본의 한류 현상도 일반화된 표현으로 인식되고 있다. 2000년대 일본의 한류 현상이 일어나게 된 계기는 2002년 KBS2텔레비전에서 방영된 〈겨울연가〉의 영향이 결정적이라고 할 수 있다.[14] 일본에서의 〈겨울연가〉가 방영된 것은 2003년 NHK의 BS에서 4월부터 9월까지 방영되었는데, 높은 시청률로 인해 2003년 12월에 재방영되었다. 이후 지상파에서의 방영을 요구하는 시청자의 목소리가 있어 2003년 4월 3일부터 8월 21일까지 NHK종합텔레비전에서 방영되었다.[15] 이러한 인기로 인해서 일본의 내각부 여론조사에서는 한국에 대한 호감도가 크게 좋아진다든지[16], 주인공인 배용준이 일본에서 엄청난 인기를 받고 있다는 등의 내용이

---

14   본고에서는 일본에서의 한류 현상에 대해 드라마 〈겨울연가〉를 시발점으로 보고 있으나, 2000년 한국영화 '쉬리'의 빅히트를 출발점으로 보는 관점도 있다.(クォン·ヨンソク, 2010, p.17) 그러나 보다 중요한 점은 2000년대에 들어와서 일본사회에서 한류 현상이 하나의 문화적 트렌드로 자리하게 되었다고, 그 이면에는 드라마 〈겨울연가〉의 인기로 인한 것이라는 점을 강조해 두고 싶다.

15   https://ja.wikipedia.org/wiki/%E5%86%AC%E3%81%AE%E3%82%BD%E3%83%8A%E3%82%BF

16   『서울경제』, 2004. 12. 19.

한국사회에 전달되기도 하였다. 또한 드라마 촬영지였던 강원도 춘천이 일본인 관광객들의 발길이 끊이지 않아서 관광명소로 부각되어 한류에 의한 경제적 효과도 커다란 주목을 받기도 하였다.[17]

이와 같은 드라마 〈겨울연가〉의 사회적 현상에 대해서 일본의 문화연구자 모리는 세 가지의 특별한 의미를 부여한다. 첫 번째는 한일간의 문화적 관계에 결정적인 영향을 미쳤다는 것이다. 물론, 2002년 한일월드컵으로 인해 양국간의 관계가 좋아지기는 했지만, 〈겨울연가〉가 일본사회에서 한국의 이미지를 크게 바꾸어 놓았다는 것이다.[18] 두 번째는 일본사회에서 '중년의 여성팬'의 존재가 부각되었다는 것이다. 기존의 일본사회에서는 중년의 여성이 문화적 헤게모니를 갖고 있지 않았는데, 〈겨울연가〉로 인해 일본사회의 대중문화를 주도해 나가는 역할을 한 축으로 성장한 것이다. 마지막으로는 〈겨울연가〉의 인기로 인해 단순히 드라마라고 하는 특정 장르에 머무르는 것이 아니라, 일상생활에서 보다 폭 넓은 실천을 수반하게 되었다는 것이다. 즉 〈겨울연가〉를 계기로 한국문화 전체에 관심을 갖게 되고, 여성 팬들이 모여서 한국여행을 실천하기도 하는 등 단순히 드라마 시청문화를 벗어난 일상생활의 실천으로까지 확대되었다는 것이다.[19]

---

17   오현석, 「혼종성 이론에서 바라본 일본의 한류」, 『일본학』 45집, 동국대학교 일보학연구소, 2017, 92면.

18   물론 황성빈의 경우는 일본에서의 한류 열풍이 한일간의 역사적 갈등을 해소시키거나 한일간의 상호이해를 긍정적으로 성찰할 수 있을 지에 대해서는 의문을 제기하기도 한다.(황성빈, 「일본의 한류 열풍」, 『창작과 비평』 봄호, 2005, 373면)

19   毛利嘉孝, 「『冬のソナタ』と能動的ファンの文化実践」, 『日式韓流—『冬のソナタ』と日韓大衆文化の現在』, せりか書房, 2004, 14-17면.

26   세계 속의 한류—국적과 영역을 초월한 융합문화로서의 한류

모리의 주장에서 알 수 있듯이, 일본에서의 한류 현상은 분명히 기존의 한국사회에 대한 이미지가 획기적으로 변화하였다는 점이고, 또한 일회성 붐이 아닌 지속가능한 하나의 문화적 트렌트로서의 자리매김을 하게 되었다는 점이다.

이와 같은 〈겨울연가〉의 인기에 의해 촉발된 한류 현상은 단순히 한시적인 트렌드로 머무른 것이 아니라, 2010년대에는 K-pop에 대한 인기로 이어졌으며, 소비층도 젊은 세대로 확장하게 되는 결과를 초래하였다.[20]

그런데 이러한 일본에서의 한류 현상은 과연 한국 사회에서 어떠한 이미지를 전달하였을 까? 본고에서는 이러한 사회 현상이 한국 사회에서 어떠한 영향을 미쳤는지를 고찰해 보고자 한다. 분명한 것은 이와 같은 일본에서의 한류 현상은 본고에서 주목하고자 하는 자국에 대한 아이덴티티의 고양, 즉 내셔널리즘의 구축으로 이해할 수 있다는 점이다.

문화연구자 이동연은 한류 현상에 대해 다음과 같이 정의하고 있다.

> ……한류는 크게 세 가지 차원에서 시사점을 가진다. 첫째는 대중문화산업의 논리로서, 한류가 한국 문화산업의 선진화에 기여한다는 점이다. 둘째는 국가주의의 논리로서, 한류가 국가 이미지를 향상시키고, 대 아시아 교역에 유리한 광고효과를 가져왔으며, 나아가 동아시아 평화공존에 기여한다는 점이다. 마지막은 문화소비자 향수권의 논리로서, 한류는 문화산업계나 정부의 전유물이 아니라 아시아 내 대중문화 소비자들의 기호를 넓히고 강력한 팬덤 문화의 구축을 통해서 아시아 국가 간의 문화일상의 교통이 확대되

---

20   이향진, 「한류와 자이니치」, 『일본학』 32집, 동국대학교 일본학연구소, 2011, 171면.

는 터미널 역학을 한다는 점이다.(밑줄강조는 필자)[21]

　이동연의 분석에서 두 번째 주장, 즉 국가주의의 논리로서 한류를 바라보면, 일본에서의 한류 현상은 분명히 다른 스펙트럼을 제공하였다고 이해된다. 즉, 대중문화영역에서 적대적 내셔널리즘과 동경의 내셔널리즘이 작동하던 일본이, 한류 현상을 통해서 한국의 이미지를 향상시키고 평화 공존에 기여한다는 담론의 구축, 이는 곧 기존의 한국사회에서 작동한 내셔널리즘과 명백한 차별성을 갖는 담론으로 이해할 수 있다. 이는 식민지 경험에서 나오는 일본에 대한 피해의식에서 오는 대중문화의 금지나 경제적 성장의 모델로서 동경의 대상이었던 일본과는 전혀 다른 내셔널적인 담론이 구축되었다. 이러한 결과는 기존의 '한국 대 일본'이라고 하는 이항 대립적인 구조 속에서 한국에 대한 아이덴티티를 환기시키는 것과는 근본적으로 다르다. 본고에서는 일본의 한류 현상을 통해서 구축되는 내셔널리즘은 세계화라고 하는 사회적 배경 속에서 자국에 대한 프라이드를 고취시키는 담론 구축이라고 말하고 싶다. 이와 같은 현상은 1990년대 일본 사회에서 유사한 상황이 전개가 되기도 하였다. 이와부치에 의하면, 1990년대 일본의 대중문화가 아시아에서 확산되면서, 이를 통해 아시아가 일본을 동경하고 있다는 논리로 이어졌으며, 이러한 담론은 자국에 대한 내셔널리즘의 작동으로서도 기능하였다고 주장한다.[22] 물론, 이와 같은 현상은 일본에서의 한류 현상과는 근본적으로 차별성을 갖는다. 왜냐하면, 한

21　이동연, 『아시아 문화연구를 상상하기』, 그린비, 2006, 185면.

22　이와부치 코이치, 「일본 대중문화의 이용 가치—초국가주의와 아시아에 대한 탈식민적 욕망」, 『'한류'와 아시아의 대중문화』, 연세대학교 출판부, 2003, 97면.

국의 역사적 상황이 일본과 같은 제국주의에 입각한 지배 국가로서의 역할이 존재하지 않았으며, 오히려 제국주의에 의한 피지배 국가로서의 아픈 상처가 남아있기 때문이다. 조한혜정은 한류 현상에 대해 세계화, 초국가주의적 상황 등과 맞물려, 자연스럽게 대중문화적 취향을 공유하는 집단이 생겨났고, 이러한 과정을 통해서 다소나마 소프트한 정체성을 공유하는 집단이 등장함으로서, 단일 국가적인 아이덴티티를 넘어서는 공간 창출이 이루어졌다고 분석한다.[23] 이러한 조한혜정의 주장은 어떤 의미에서 한류 현상 속에서 기존의 내셔널리즘과 다른 새로운 형태의 내셔널리즘의 작동 방식을 파헤쳐 볼만한 제언이라고 판단된다.

2. 한류 현상에 나타난 셀러브리티

그렇다면, 여기서는 일본에서의 한류 현상을 통해서 과연 한국 사회에서의 내셔널리즘이 어떠한 형태로 작동하고 있는 지를 고찰해 보자.

본고에서 살펴 본 바와 같이 해방 이후 대중문화 영역에서 일본이라고 하는 타자는 적대적이면서도 막연한 동경의 대상이기도 하였다. 그러나 앞에서 살펴 본 한류 관련 담론에서는 새로운 형태의 내셔널적 담론이 등장한다. 그것은 한국의 문화콘텐츠가 일본이라고 하는 과거 식민지 지배 국가에서 높은 인기를 일으키면서 자국의 문화적 프라이드를 고취시키는

---

23   조한혜정, 「글로벌 지각 변동의 징후로 읽는 '한류 열풍'」, 『'한류'와 아시아의 대중문화』, 연세대학교 출판부, 2003, 40면.

역할을 담당한다는 것이다.

그런데 본고는 일본의 한류 현상에 대해 다소 다른 시각에서의 분석을 시도해 보고자 한다. 즉, 기존의 일본에 관한 내셔널적인 담론은 '한국 대 일본'이라고 하는 이항대립적인 구조 속에서 생산/재생산 되었다. 즉, 한국 대 일본이라고 하는 구조 속에서 자국에 대한 아이덴티티가 부각되면서 내셔널리즘을 구축해 나가는 작동방식이었다. 그렇지만 본고의 관점은 이러한 구조에서 탈피하여, 또 다른 형태의 내셔널적인 담론이 구축되어 있다고 판단한다. 2000년대에 들어서면서 동아시아의 지정학적 상황은 탈냉전시대, 세계화, 신자유주의 등의 도래로, 기존의 국가중심의 내셔널리즘은 변용을 맞이하게 된다. 그러나 근대국민국가의 구축 이후 내셔널리즘은 어떤 형태로든 생산/재생산되어 왔다.[24] 그렇다면, 일본에서의 한류 현상이 한국사회에서 미디어로 전달이 되는 과정에서, 이를 소비하는 수용자는 어떠한 형태로 내셔널적인 담론을 해독해 나갈까? 본고에서는 이와 같은 상황에서 기존의 국가 대 국가 형태가 아닌, 하나의 개인에 대한 형태로의 소비를 통해 내셔널 아이덴티티를 구축해 나간다는 전제하에 논의를 전개하고자 한다. 즉, 기존의 국가 중심의 내셔널적인 담론의 구축이 아니라, 개인 중심의 내셔널적인 담론의 구축이 이루어져, 이를 해독하는 수용자는 셀러브리티를 소비하면서 내셔널리즘이 구축되어 간다는 것이다. 본고에서 셀러브리티에 주목하는 이유는, 2000년대 이후에 시대적 상

---

24   물론 내셔널리즘이 세계화나 탈냉전시대 등의 등장으로 그 의미가 쇠퇴하거나 미약해 진다는 의견도 존재한다. 그러나 본고에서는 근대국민국가 형성 이후에 등장한 내셔널리즘이 사회구조적 변동 속에서도 지속적으로 생산/재생산되어 나 간다는 입장을 견지한다.

황이 탈냉전, 세계화, 신자유주의 등의 보편화로 인해, 기존의 내셔널리즘이 약화되거나 쇠퇴될 것이라는 관점도 존재하기 때문이다. 그런데 본고의 입장은 이와 같은 사회적 배경이 변화하더라도 내셔널리즘은 다른 형태로 생산/재생산될 것이라고 생각하며, 그 하나의 모델이 일본의 한류 현상에서 셀러브리티가 작동하고, 이를 통해 또 다른 형태의 내셔널리즘이 생산될 것이라는 것이다.

셀러브리티에 관해서 본격적으로 논하기 시작한 것은 대니얼 부어스틴이다. 그가 말하는 셀러브리티란 특정 인물의 위대함에 과도한 기대를 만족시키기 위해서 만들어진 존재에 불과한 것으로서, 어떤 가짜사건이자 가짜인간이라고 비판한다.[25] 이와 같은 부어스틴의 주장은 어떤 특정한 셀러브리티를 통해서 또 다른 형태의 사회적 기능을 수행할 수 있는 가능성을 잠재되어 있다고 이해할 수 있다.

김수정은 셀러브티티가 갖는 사회적 기능을 세 가지 측면으로 제시하고 있다. 첫 번째는 셀러브리티를 통해서 수용자가 준사회적 상호작용을 한다는 것인데, 이를 통해 수용자들은 현대 소비사회에서 공동체의 상실이나 변화를 보상받는다는 것이다. 다른 의미에서는 미비해져 가는 서구 조직화가 셀러브리티 문화를 통해 또 다른 사회적 통합 기능을 이끌어 간다는 것이다. 두 번째는 셀러브리트가 문화적 아이덴티티를 구축하기 위한 강력한 교섭의 장을 제공한다는 것이다. 다시 말해서, 그와 같은 장은 개인의 스펙터클을 제시해 주는 시스템이자 집단의 아이덴티티를 구축시키는 장소이

---

25   ダニエルJ・ブーアスティン, 『幻影の時代 マスコミが製造する事実』, 東京創元社, 2002, 55-64면.

기도 하다는 것이다. 세 번째는 셀러브리티가 기호로 작동하여 어떤 의미를 표상화시키거나 어떤 의미를 은폐시키거나 하는 것처럼, 다양한 담론적 접합을 구축하는 근본적 메커니즘으로 작용한다는 것이다.[26]

김수정의 관점에서 주목하고 싶은 점은 셀러브리티 문화가 사회적 통합 기능을 이루어 낸다는 것과 집단의 아이덴티티를 구축한다는 것이다. 즉, 2000년대 한국 사회에서 세계화, 탈냉전화 등으로 인해 국가 중심의 내셔널리즘의 쇠퇴, 또는 약화 현상이, 일본에서의 한류와 같은 미디어 텍스트를 소비하면서, 또 다른 형태의 내셔널리즘을 구축해 나갈 수 있다는 것이다.

그렇다면 여기서 다시 일본에서의 한류 현상의 출발점인 드라마 〈겨울연가〉를 중심으로 어떠한 셀러브리티가 발생되었는지를 살펴보자. (표 1)은[27] 2002년부터 2004년까지 겨울연가와 관련된 신문기사 보도량을 분

---

26 김수정, 「초국가적 스타 형성에서의 기호전략과 의미작용: 일본에서 장근석 수용을 중심으로」, 『한국방송학보』 28권 4호, 2014, 80-81면.

27 신문기사 검색은 빅카인즈(https://www.kinds.or.kr/, 검색일: 2020. 3. 11.)에서 실시하였다. 검색한 신문사는 경향신문, 국민일보, 문화일보 3개의 신문사로 한정했다. 검색 일자 기준은 해당년도 1월 1일부터 12월 31일까지로 설정했다. 기사 건수는 검색어가 포함된 기사를 모두 카운트하여 작성하였다.

검색어	겨울연가 드라마	겨울연가 배용준	한류
경향신문	28건	12건	68건
국민일보	34건	9건	46건
문화일보	32건	8건	56건
2002년 기사 건수 총합	94건	29건	170건
경향신문	18건	5건	34건
국민일보	11건	3건	37건

석한 것이다.[28] (표 1)에서 명확히 알 수 있듯이 〈겨울연가〉에 관한 보도량은 2002년 한국에서 방영된 시기보다 2004년 일본에서 한류 붐을 일으킨 시기에 압도적으로 늘었다. 또한 한류라고 하는 표현이 2002년 보다 일본에서 〈겨울연가〉 열풍이 일어난 2004년에 압도적으로 많이 기사화 되었다. 이와 같은 결과는 일본에서의 한류라고 하는 표현이 일본의 〈겨울연가〉 열풍과 깊은 상관관계를 맺고 있으며, 이로 인해 일본에서의 한류가 보편적으로 인식되기 시작하였다는 것을 의미한다고 할 수 있을 것이다.

한편 〈겨울연가〉의 남자주인공 배용준에 관한 보도량을 살펴보자. 보도량의 그래프에서 명확히 드러났듯이 배용준에 관한 기사는 2004년 일본에서의 〈겨울연가〉가 인기를 얻은 시기에 비약적으로 증가했음을 알 수 있다. 이러한 결과는 단순히 한국사회에서 배용준의 인기가 올라갔다는 분석 보다는 일본에서의 인기가 한국 사회에서도 주목을 받고, 이를 통해서 배용준과 관련된 신문기사 보도량이 급격하게 늘었다는 해석이 타당해 보인다. 여기서 중요하게 생각되는 부분은 한국 사회에서 배용준의 인기가 올라갔다는 점이 아니고, 일본사회에서 한류의 열풍을 주도한 배용

문화일보	17건	8건	36건
2003년 기사 건수 총합	46건	16건	107건
경향신문	74건	39건	142건
국민일보	61건	26건	118건
문화일보	70건	36건	133건
2004년 기사 건수 총합	205건	101건	393건

28 신문기사의 양적 분석에 관한 이론은 크리벤돌프의 이론을 참고하여 작성하였다(クリウス·クリッペンドルフ, 『メッセージ分析の技法「内容分析」への招待』, 勁草書房, 1989, 8-10면)

준, 그를 통해서 일본에서 셀러브리티화 된 개인을 통해 한국의 프라이드가 고취되고 있다는 점이다. 다시 말해서, 배용준의 사례는 〈겨울연가〉가 갖고 있는 한국을 대표하는 드라마라고 하는 구조가 아닌, 일본이라는 국가에서 소비되고 있는 배용준이라는 하나의 코드화된 셀러브리티가 한국 사회에서 국가 아이덴티티를 대신하는 기호로서의 작용하고 있다는 점이다. 즉, 한국 사회에서 일본에서의 한류 현상에 대한 수용자들의 해독은 단순히 드라마 〈겨울연가〉의 인기에 주목하게 되고, 그러한 과정 속에서 배용준이라고 하는 셀러브리티를 소비해 나가면서, 자국에 대한 내셔널아이덴티티를 구축해 나가는 과정이 생산되고 있는 것이다. 이러한 결과는 기존의 '국가 대 국가'의 형태, 즉 '한국 대 일본'이라는 도식 속에서 내셔널적인 담론을 구축해 가는 것과는 근본적인 차별성을 갖는다. 바꾸어 말하자면, 일본에서 인기를 끌고 있는 한국 드라마가 아닌, 배용준의 선풍적인 인기를 통해서, 일본사회에서 미디어 텍스트로서의 인기를 얻고 있는 배용준, 이러한 셀러브리티화된 인물이 국가를 대신하여 하나의 기호화된 이미지로서 국가 아이덴티티를 재생산해 나가게 된다는 것이다. 〈표 1〉의 보도량에서 명확히 알 수 있듯이, 2002년 드라마 〈겨울연가〉의 방영 시기에는 〈겨울연가〉와 배용준의 보도량이 상대적으로 적게 나타났다. 그러나 2004년 일본에서의 한류 붐이 일어났을 때의 배용준 관련 기사는 크게 늘어나고 있음을 알 수 있다. 이러한 결과는 미디어 텍스트를 통해서 수용자의 해독이 특정 인물에 대한 스타성에 주목하는 것이 아니라, 일본이라고 하는 사회에서 셀러브리티화된 배용준을 소비하게 됨을 의미한다. 또한 이러한 과정에서는 한국 사회에서 배용준에 대한 인기가 상승한 것이 아니라, 하나의 코드화된 셀러브티티를 소비하면서 잠재적으로 자국에 대한 프라이드를 고취시키는 역할이 발생한다고 할 수 있다.

즉, 일본에서의 한류 현상을 통해서 어떤 특정한 셀러브리티를 통해, 이는 국가공동체가 아닌 개인화된 하나의 미디어텍스트를 해독하면서 자국에 대한 아이덴티티를 강화시켜 나가는 것이다.

[표 1] 2002년, 2003년, 2004년 드라마 〈겨울연가〉 관련 신문 보도 건수

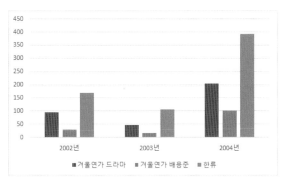

IV. 맺음말

본고는 2000년대 이후에 발생한 일본의 한류 현상에 관한 담론 속에서 한국 사회에서 어떠한 내셔널리즘을 생산/재생산 해 왔는지를 고찰해 본 것이다. 해방 이후 한국 사회에서는 일본에 대한 다양한 내셔널적인 담론을 구축해 나가면서 자국에 대한 내셔널리즘을 고양시켜 왔다. 그러나 이와 같은 이데올로기 장치로서의 내셔널리즘의 구축은 2000년대의 사회적 배경의 변용과 함께 새로운 형태의 내셔널적인 담론의 생산이 이루어져 왔다. 본고는 이러한 상황에 주목하여 일본에서의 한류 현상이라고 하

는 담론이 한국사회에서 어떠한 내셔널적인 담론을 구축해 왔는지를 고찰하였다. 본고는 이러한 과정을 통해서 2000년대 이후의 한국 사회에서의 내셔널리즘이 어떠한 형태로 작동하고 있는 지를 살펴보고자 하였다. 그 결과, 일본에서의 한류 현상을 촉발시킨 드라마 〈겨울연가〉를 통해서, 남자 주인공인 배용준이 하나의 셀러브리티화되어서 한국사회의 내셔널 아이덴티티를 구축하는 역할을 하였다고 주장하였다. 이러한 관점은 탈냉전 사회, 세계화 등의 영향으로 국가 중심의 내셔널리즘이 쇠퇴해 간다는 주장에서 탈피하여, 특정 개인을 통해서 국가 아이덴티티를 또 다시 암묵적으로 생산/재생산시킨다고 하는, 또 다른 형태의 내셔널리즘의 작동 방식의 가능성을 제언해 본 것이다. 이와 같은 본고의 관점은 기존의 사회 구조가 변용이 되더라도, 내셔널리즘이라고 하는 하나의 이데올로기는 끊임없이 변형된 형태로 생산/재생산되고 있다는 것을 강조하고자 한 것이다.

본고는 현대 한국 사회에서 일본이라고 하는 타자(타국)을 대상으로 어떠한 내셔널리즘이 구축되고 있는지를 검토한 것이다. 본고에서의 논증에서 명확하게 제시한 것은 한국 사회에서 일본이라고 하는 타자를 통해 어떠한 방식으로든 내셔널리즘의 구축이 끊임없이 이루어지고 있다는 점이다. 비록 본고는 지극히 제한적인 자료를 활용하여 고찰한 글이라는 한계점을 안고 있으나, 앞으로 본고의 주장을 바탕으로 하여 보다 실증적인 분석을 통한 연구의 확장성을 도모해 나가고자 한다.

---

* 본고는 오현석, 「일본의 한류 현상에서 나타난 내셔널리즘─셀러브리티 현상을 중심으로─」(『일본문화학보』 85집, 한국일본문화학회, 2020)를 수정·가필한 것이다.

1. 단행본

김성민, 『일본을 禁하다 금제와 욕망의 한국대중문화사 1945-2004』, 글
항아리, 2017.
이동연, 『아시아 문화연구를 상상하기』, 그린비, 2006.
阿部潔, 『彷徨えるナショナリズム』, 世界思想社, 2001.
クリウス・クリッペンドルフ, 『メッセージ分析の技法「内容分析」への招待』,
勁草書房, 1989.
クォン・ヨンソク, 『「韓流」と「日流」 文化から読み解く日韓新時代』,
NHKブックス, 2010.
ジョン・トムリンソン, 『文化帝国主義』, 青土社, 1993.
ダニエルJ・ブーアスティン, 『幻影の時代 マスコミが製造する事実』, 東京創元
社, 2002.
Michael Billig, *Banal Nationalism*, Sage Publication, 1996.

2. 논문

강명구, 「지구화와 민족정체성—문화제국주의론의 재검토」, 『방송과 커
뮤니케이션』, 문화방송, 2001.
김수정, 「초국가적 스타 형성에서의 기호전략과 의미작용: 일본에서 장근
석 수용을 중심으로」, 『한국방송학보』 28권 4호, 2014.
오현석, 「혼종성 이론에서 바라본 일본의 한류」, 『일본학』 45집, 동국대학
교 일본학연구소, 2017.
오현석, 「문화제국주의론에서 바라본 타자로서의 일본—1990년대 일본
대중문화개방과 관련된 담론을 중심으로」, 『일본학보』 118집,
한국일본학회, 2019.
오현석, 「대중문화에 나타난 타자로서의 '일본'—문화권력의 작동과
저항성을 중심으로」, 『일본학보』 122집, 한국일본학회, 2020.
이성환, 「식민지의 기억과 일본 대중문화의 유입 그리고 한일관계」, 『제
2기 한일역사공동연구보고서 제5권』, 한일역사공동위원회, 2010.
이와부치 코이치, 「일본 대중문화의 이용 가치—초국가주의와 아시아에

　　대한 탈식민적 욕망」, 『'한류'와 아시아의 대중문화』, 연세대학교 출판부, 2003.

이향진, 「한류와 자이니치」, 『일본학』 32집, 동국대학교 일본학연구소, 2011.

조한혜정, 「글로벌 지각 변동의 징후로 읽는 '한류 열풍'」, 『'한류'와 아시아의 대중문화』, 연세대학교 출판부, 2003.

황성빈, 「일본의 한류 열풍」, 『창작과 비평』 봄호, 2005.

毛利嘉孝, 「『冬のソナタ』と能動的ファンの文化実践」, 『日式韓流―『冬のソナタ』と日韓大衆文化の現在』, せりか書房, 2004.

3. 자료

『서울경제』, 2004년 12월 19일.

『한겨레』, 1993년 5월 3일.

한류와 K 사이에서
─낯설지만 익숙하고 세련된 한국 드라마

I. 들어가면서

일본 내각부의 여론조사를 바탕으로 1990년대 말부터 20여 년간의 한국에 대한 호감도를 분석한 신문 기사¹를 보면 최근 20년 동안의 한국에 대한 인식의 변화를 알 수 있다. 구체적으로는 1998년 김대중 대통령 시기부터 한국에 친근함을 느끼는 비율이 높아졌고, 월드컵 공동 개최(2002년), 〈겨울연가〉 방영 등으로 2009년에 한국에 친근감을 느끼는 비율은 63%에 이르렀다. 그러나 독도문제와 일본의 한국에 대한 수출 규제 등으로 2019년 한국에 대한 호감도는 26%까지 떨어졌다고 한다.

---

1   『일본경제신문』, 「차트로 읽는 정치 여론⑨」, 2021. 9. 8.(『日本経済新聞』, 「チャートで読む政治 世論⑨」, 2021. 9. 8.)

그러나 2021년 9월 기준 주사('외교에 관한 여론조사')[2]를 보면 전체 호감도는 37%였다. 한국에 대해서 '친근함을 느낀다'가 37%, 한일관계가 양호혹은 중요하다고 생각하는 연령대는 18세에서 29세 여성이 많았다. 반면'친근함을 느끼지 않는다', 한국과의 관계가 양호하지 않고 앞으로도 중요하지 않다, 는 6, 70대, 남성 쪽이 더 많은 걸로 나타났다.

이런 호감도에 영향을 끼친 드라마가 2004년의 〈겨울연가〉, 그리고 2020년의 〈사랑의 불시착〉이다. 일본 내 한류붐(이하, 한류)[3] 담론은 처음에는 드라마 위주였지만, 2010년을 전후하여 K-POP 중심으로 변화했다.[4]

그러나 한국 드라마는 유행(한류붐)이라는 용어와 같이 언급되지 않았을 뿐 일본의 TV에서 거의 하루종일 방영될 만큼 생활 속에 정착되어 왔

---

2   日本内閣府, 「外交に関する世論調査」, https://survey.gov-online.go.jp/r03/r03-gaiko/index.html 참고. 이 조사는 만 18세 이상 3천 명을 대상으로 일본과 제외국 및 지역과의 관계, 개발협력, UN 등에서의 일본의 역할, 대외경제, 문화교류, 일본이 해야 할 역할 등의 각 분야로 나누어 해마다 조사하고 있다.

3   일본 내 한류비즈니스 관계자를 인터뷰한 김의영에 따르면 '2003년 봄에 수입한 드라마 한 편의 가격이 2004년 가을에는 6배로 증가했고, 한류의 최전성기인 2010년 전후에는 2003년에 비해 20배 이상의 금액으로 급등'했다고 한다. 김의영, 「일본 내 한류비즈니스의 현황과 향후 과제 전문가와의 인터뷰를 중심으로」, 『인문과학연구논총』39(1), 명지대학교 인문과학연구소 편, 2018, 131-158면, 144면.

4   2010년을 전후하여 한류에 대한 관심이 K-POP으로 옮겨간 이후인 2013년에 출판된 『여자들의 한류—한국 드라마를 읽는다』는 〈겨울연가〉 이후 일본에서 유행한 한국 드라마가 아니라 90년대 중반 이후의 한국 드라마를 주요 소재로 삼고 있다. 즉 1990년대 중반이후부터 2000년대 중반까지의 드라마 25편을 들어 한국 드라마가 어떻게 여성들의 삶을 재현해 왔는지에 초점을 맞추고 있는 것이다. 야마시타 영애, 『여자들의 한류—한국 드라마를 읽는다』, 이와나미신서, 2013.(山下英愛, 『女たちの韓流—韓国ドラマを読み解く』, 岩波新書, 2013.)

다. 그리고 2010년 이후 10년이 지나 2020년 COVID-19의 대유행과 함께 일본에서는 다시 한번 〈사랑의 불시착〉이 '유행'하면서 한국 드라마는 다시 한번 회자되고 있고 미디어 소비문화의 한 장르로 받아들여지고 있다.[5]

　이 글에서는 우선 일본 내 주요 일간지 기사를 대상으로 하여 한류라는 말이 일본 내에서 어떻게 사용되고 소비되었는지, 그리고 이른바 1차 한류라는 〈겨울연가〉 전후로 일본 내에 어떤 변화가 있었는지를 살펴보도록 하겠다. 우선 〈겨울연가〉를 전후한 한류 담론 분석과 한국 드라마의 방영 형태, 그리고 2020년에 넷플릭스를 중심으로 세계에서 유행한 〈사랑의 불시착〉을 둘러싼 일본내 담론 대상으로 20여 년 동안 한류를 둘러싼 담론이 어떻게 불/변해 왔는지에 대해 살펴보겠다. 일본 내 한류는 흔히 한류와 신한류, 혹은 n차 한류로 호명하여 시기를 구분하고 특징을 나누어 왔는데, 이런 구분에 포함되지 않는 훨씬 더 복잡하고 다양한 층위가 있음을 알 수 있을 것이다 .

II. 2022년 현재 한류 붐을 이야기하다

　최근 일본에서는 이 20여 년 동안의 한류의 흐름에 대해 되짚어보려는

5　　2021년 겨울 일본의 유튜브에서는 한국 드라마의 클리셰를 모아 만든 4분이 채 안 되는 한국 소주 회사의 광고가 화제가 되었고, 두 달이 지난 현재 360만 뷰를 기록하고 있다. 일본에서 방영되는 한국 드라마가 대부분 연애드라마로 소비되는 경향이 있고, 이에 맞춰 한국 드라마의 장르 특성을 이성애 중심의 연애스토리로 정리한 콘텐츠이다.

특집 기사들이 나오기 시작했다. 보기를 들어 잡지 『주간 금요일[週刊金曜日]』의 2022년 2월 4일호와 11일호 한류 특집 기사를 볼 수 있다. 재일코리언 신숙옥[辛淑玉]이 책임 편집을 맡은 이 특집 기사는 다음과 같은 4편으로 나뉘어 실렸다. 첫 번째는 "세계 공통의 콘텐츠를 빼놓지 않는 것이 장점, 한류는 왜 많은 사람들에게 받아들여졌는가"(재일코리언 에세이스트 박경남과 신숙옥의 대담), 두 번째는 신숙옥과 저널리스트 기무라 모토히코[木村元彦]의 대담으로 "인간의 희비극에 대한 상상력을 심화하는 계기로(일본의 드라마나 영화에 그려진 재일코리언의 유형)", 세 번째는 "멋있는 여성들의 활약을 즐기기(예의있고 아름답고 여성들에게 경의를 표하는 '이상적 남자'가 있었다)", 그리고 마지막 네 번째는 신숙옥의 기사 "BTS와 '병역'~은수저를 차라"였다.[6]

이 특집 기사를 보면 세계에서 공통적으로 관심을 가질 콘텐츠를 보유하고 있는 한류가 일본에서는 재일코리언[7]이나 젠더와 같은 사회적 소수자문제를 부각시키고 있으며, 한국의 병역문제도 한국만의 문제가 아니라 양국간의 역사문제와도 연계되어 있음을 말한다. 한류는 일본 국경의 외

---

6   각각의 원제는 [대담1] 「世界共通のコンテンツに事欠かないのが強み 韓流はなぜ多くの人に受け入れられるのか?」 [대담2] 「人間の悲喜劇に対する想像力を深める扉に」(이상 『주간 금요일[週刊 金曜日]』, 2022. 2. 4.), [대담3] 「格好いい女性たちの活躍を堪能 礼儀正しく美しく女に敬意を払える『理想の男』がいた」, [대담4] 「BTSと『兵役』~銀のスプーンを蹴り上げろ~」(『주간 금요일[週刊 金曜日]』, 2022. 2. 11.)

7   2022년 3월 25일부터 애플TV에서 방영되기 시작한 드라마 〈파친코〉(일본방영 시작 3월 26일)도 한국 드라마 팬들 사이에서 화제가 되고 있으며, 원작소설 등도 많은 인기를 얻고 있다. 그러나 어디까지나 한류팬 커뮤니티에 한정된 화제성일 뿐, 사회 전체적으로는 반응이 미미하다.

부에서 시작되어 내부로 유입되었는데, 그 양상은 사회 속에서 가시화되지 않았던 여러 문제들을 쟁점화시키는 계기가 되고 있는 것이다.

1. "n차 한류"라는 이름으로

일본 내 한류 붐을 살펴보기 전에 우선 한류라는 용어에 대해 짚어 보자. 한류는 중국어권에서 1997년경에 경제용어로 시작되어 1998년에 대중문화관련 용어로 정착되었다고 한다. 한류라는 용어가 어떻게 사용되었고 어떻게 변화해 왔는지 그 기원을 되짚는 연구[8]에 따르면 경제용어로서의 한류는 1997년 12월 12일자 대만의 『중국시보(中國時報)』, 대중문화 관련 용어로서의 한류는 1998년 12월 17일자 대만의 『연합만보(聯合晚報)』라고 한다. 이외에도 중국 언론이 1999년경부터 한류라는 용어를 썼다는 설도 있다.[9]

일본에서 한류는 중국이나 대만보다 늦은 2000년대 초반 드라마〈겨울연가〉의 방영과 그 인기로 시작되었는데, 2022년 현재 이른바 "4차 한류"가 진행중이다. 초창기 한류 담론은 '중국이나 대만에서 유행하는 한류'가 아시아 각 지역에서 유행하고 있던 일본의 대중문화 자리에 조금씩

---

8   홍유선·임대근, 「용어 한류(韓流)의 기원」, 『인문사회』 21 9(5), 아시아문화학술원 편, 2018. 559-574면. 또한 이 논문은 한류라는 용어의 기원을 둘러싸고 학계에서의 한국기원설(1999년 한국 문화부 기획음반), 중국기원설(1999년 11월 19일자 『북경청년보[北京靑年報]』, 대만기원설(1997년 12월 17일자 『중국시보』)을 면밀히 검토하고 있다.

9   채지영, 『한류20년, 성과와 미래전략』, 한국문화관광연구원, 2020, 12면.

들어오고 있다는 내용이 주를 이루게 되는데, 여기서는 "4차 한류" 전의 일본내 한류의 흐름에 대해 개관해 보도록 하겠다.

[표 1]은 일본의 주요일간지 『아사히신문(朝日新聞)』 계열[10], 일본 내 최대발행부수 일간지인 『요미우리 신문(読売新聞)』, 『일본경제신문(日本経済新聞)』(이하, 닛케이)의 데이터베이스[11]를 시기별로 나누어 한류라는 말이 사용되고 있는 기사를 정리한 것이다. 이른바 '3차 한류'시기부터 현재까지는 SNS를 이용한 소통이 이루어지면서 신문이나 잡지 기사로는 파악할 수 없는 새로운 경향을 볼 수 있지만 SNS는 공식적인 통계를 파악하기 어렵기 때문에 여기서는 신문과 잡지 기사를 1차자료로 이용했다.

흔히 말하는 n차 한류[12]와는 달리 이 표는 필자가 한류 이전과 이후, 그리고 그 이후의 흐름에서도 민영방송에서 재방송이 시작된 2007년, 반한 시위가 있던 2011년, 그리고 2011년에 동계올림픽 개최지(2018년)로 평창이 결정되고나서 한류스타 이민호를 공식홍보대사로 임명한 2015년(한류콘텐츠수출국1위가 일본에서 중국으로 바뀐 해이기도 하다), 한국 페미니즘문학의

---

10   구체적으로는 『아사히신문(朝日新聞)』, 『아사히신문 디지털[朝日新聞デジタル]』의 두 신문과 잡지 『아에라(アエラ)』와 『주간 아사히(週刊 朝日)』를 아우르는 아사히 데이터베이스 기기조(聞藏)를 사용했다.

11   요미우리 신문은 데이터베이스 시스템인 요미다스역사관(ヨミダス歴史館), 『일본경제신문』의 경우에도 역시 데이터베이스 시스템인 닛케이텔레콘21(日経テレコン21)을 이용했다.

12   1, 2, 3, 4차로 일컬어지는 n차 한류 이외에도 한국의 문화체육관광부가 2020년 7월에 발표한 신한류 진흥정책 추진 계획에서는 한류의 단계를 한류1.0(1997-2000년대 초반), 한류2.0(2000년대 중반-2010년대 초반), 한류3.0(2010년대 초반-2019년) 그리고 신한류(2020년-)로 나누는데 신한류는 K-culture로 지칭되는 오늘날의 한류현상을 말한다(채지영, 2020, 앞의 책, 26면).

유행과 젊은 여성독립영화감독들의 작품, 그리고 영화 〈기생충〉의 유행 등이 있었던 2019년에서 2020년 등을 기점으로 각각 시기를 나누어 그 특징을 정리했다.

[표 1] 한류 관련 기사 건수

발행기간	기사 수(건)			시기별 특징
	아사히	요미우리	닛케이	
2001. 1. 1.- 2003. 11. 30	9	1	8	한류/중류, 드라마 〈이브의 모든 것〉, 〈신귀공자〉 등 방영, 월드컵공동개최기념 한일 합작드라마 제작, 보아와 신화의 일본데뷔(2001년), 보아의 홍백가합전(紅白歌合戰) 출연(2002년)
2003. 12. 1.- 2006. 12. 31.	1200	815	459	제1차 한류 〈겨울연가〉(2003-4), 〈대장금〉(2005), 한국 역사드라마의 인기(2006), 박용하의 서울 팬미팅을 계기로 팬미팅이라는 단어가 일본에서 통용되기 시작했고[15], 한국인으로서는 처음으로 무도관 단독 공연 개최. 『만화 혐한류(漫画嫌韓流)』(2005), 디지털 방송
2007. 1. 1.- 2010. 12. 31.	655	428	229	민영방송에서 〈겨울연가〉 재방영 시작(2007), 드라마 〈미남이시네요〉와 K-POP의 인기, 제2차 한류붐(2010년 무렵), 2005년 유튜브 서비스 개시, 2010년 인스타그램 서비스 개시
2011. 1. 1.- 2014. 12. 31.	744	404	382	2011년 여름 후지텔레비전 앞에서 반한류 시위, 같은 해 동방신기, 카라, 소녀시대 등이 홍백가합전 출연, 2012년 홍백가합전 KPOP가수 출전 0 독도 영유권 등 영토문제와 헤이트 스피치, 쿨재팬, 한류의 공존, 2011년 유튜브에 KPOP전용채널

13 　　　　기타하라 미노리, 위 책

2015. 1. 1.- 2018. 12. 31.	282	222	168	SNS효신, 트와이스가 홍백가합전 출연(2017), 평창올림픽 등으로 인한 치즈닭갈비의 유행, BTS의 빌보드차트1위(2018)
2019. 1. 1.- 2021. 12. 31.	250	70	128	〈사랑의 불시착〉(2020년), 콘텐츠소비패턴의 변화, 연령대에 상관없이 온라인소비, 2019년 일본의 한국에 대한 수출규제
기사 합계	3140	1940	1374	

이 [표 1]을 보면 『아사히신문』 계열의 기사가 압도적으로 많은 것을 알 수 있는데, 일본 내 신문 발행부수 1위는 요미우리이며, 2위가 아사히, 3위가 마이니치, 4위가 닛케이[14]의 순이다. 시기별 기사건수를 각 매체별로 본다면 아사히 계열이 모든 시기를 통틀어 가장 많은 기사를 게재하고 있으며, 2019년 이후 현재도 진행되고 있는 한류 콘텐츠에 대한 기사는 요미우리에서 줄어들고 있음을 알 수 있다.

2. "한류가 다가온다(韓流がやってくる)"는 담론

[표 1]에서 보듯이 〈겨울연가〉 방영 이전의 시기 및 방영 직후에도 한류라는 말이 신문이나 잡지상에 빈번하게 등장하지는 않았다. 이 시기 한류는 중국이나 대만에서 유행하는 한국 대중문화 붐을 말하는데, 2001년 아사히 신문사의 서울주재원이었던 오다가와 고는 오피니언 란에 동아시아

14 　일본ABC협회의 신문발행부수 리포트(https://www.jabc.or.jp/newspaper.html)를 참고했다.

공동체를 언급면서 한류를 사용했다. "역사를 극복하고 동아시아공동체를"이라는 제목으로 "서울에서는 중국 붐이라는 의미의 '중류'가 최근의 유행어, 중국에서도 '한류'라는 말이 돌고 있다고 한다"는 내용이었다. 중국의 젊은 층에서 한국의 팝이나 패션에 주목하고 있다는 것이다.[15] 또한 같은 해 12월 25일자 기사[16]는 대만의 한류에 주목하며" 동아시아 문화에서 올해의 키워드를 정한다면 확실히 상위에 오는 말이 있다. '한류'"라는 문장으로 시작하여" 한국의 드라마나 영화, 팝 등의 인기가 대만이나 중국대륙에서 유행하고 있는 현상을 말한다"고 하고 있다. 월드컵 공동개최로 한국 관련 기사가 많아졌던 2002년에도 한류는 중국이나 대만과 같은 중국 문화권에서 유행하는 한국문화로 지칭되었으며, 한국의 중국어 붐이나 중류와 함께 어울어져 한일관계의 악화와 한중의 우호관계, 그리고 저물어가는 일본의 경제와 떠오르는 한국과 중국의 경제상황 등을 대조할 때 등장하는 경제와 대중문화에 관련된 용어였다.[17]

또한 한류는 동아시아 내에서 비교적 '친일 국가'였던 미얀마나 대만 등지에서 유행하던 일본 대중문화의 위치를 약화시킬 존재로 간주되었다.

---

15   오다가와 고, 「오피니언1 역사를 극복하고 동아시아공동체를(기자는 생각한다)」, 『아사히신문』, 2001. 12. 19. 조간(小田川興, 「オピニオン1 歴史克服し東アジア共同体を(記者は考える)」, 『朝日新聞』, 2001. 12. 19. 朝刊)

16   「한류의 앞에 (일본의 말 제4부 한자문화권의 미래 : 6)」, 『아사히신문』, 2001. 12. 25. 조간(「『韓流』の先に(ニッポンのことば 第4部・感じ文化圏の未来 : 6)」, 『朝日新聞』, 2001. 12. 25. 朝刊)

17   하코다 데쓰야, 「오피니언2 신경쓰이는 한국의 "일본 경시" 경향(기자는 생각한다)」, 『아사히신문』, 2002. 1. 25. 조간(箱田哲也, 「オピニアン2 気になる韓国の『軽日』, 傾向(記者は考える)」, 『朝日新聞』, 2002. 1. 25. 朝刊)

닛케이 2001년 9월 18일자 기사[18]는 대만의 6개 유력방송국에서 "한국제 연속극(韓国製連続ドラマ)를 10편 이상 방영 중"이라며 할리우드 영화나 일본의 트렌디 드라마[19]를 방영하던 각 방송국에서 "방영권이 저렴한 한국제 드라마가 점차 늘어나 인기를 끌고 있다"는 관계자의 말을 인용했다. 2002년 월드컵 당시의 닛케이 기사에서는 "대륙 중국, 대만, 홍콩과 같은 중국어권에서 일본 붐은 쇠퇴하고 한류 한풍이 석권 중이며 드라마, 아이돌, 영화 그리고 노래 등 한국작품이나 한국풍 물건들이 '멋있음'의 대명사가 되고 있다"고 전한다.[20] 이른바 '2차 한류' 시기인 2010년에도 이런 류의 기사가 개재되는데, 보기를 들어 친일국(親日国)인 미얀마에서도 한국의 영향력이 증가하면서 "일본 문화의 존재감은 약해졌"[21]다는 내용이었다.

이들 담론에서 엿볼 수 있는 것은 이른바 아시아의 대중문화 시장을 먼저 선점했던 일본 문화의 입지 변화와 이로 인한 초조함, 그리고 일본 대중문화 자리에 들어온 한류, 한국 문화에 대한 경계심이다. 그리고 여전히 한류는 일본을 제외한 아시아 내 한국 대중문화의 유행을 지칭하는 다른 나

---

18 「대만에서 한국 드라마 붐―경제 라이벌, 문화교류는 착착」, 『일본경제신문』, 2001. 9. 18.(「台湾で韓国ドラマブーム―経済のライバル, 文化交流は着々」, 『日本経済新聞』)

19 일본에서의 트렌디 드라마는 1980년대 후반과 90년대 초반에 흥행했던 특정 형태의 드라마 혹은 젊은 취향의 드라마를 지칭한다고 한다. 자세한 것은 이동후, 「한국 트렌디 드라마의 문화적 형성」, 『문화연구03 '한류'와 아시아의 대중문화』, 연세대학교 출판부, 2003, 125-153면, 138면.

20 「한류―아시아를 석권」, 『닛케이MJ』, 2002.(「韓流―アジア中を席巻(裏読み早読み)」, 『日経MJ(流通新聞)』, 2002. 6. 22.)

21 「미얀마 뜨거운 한류」, 『요미우리신문』, 2010.(「ミャンマー熱い『韓流』」, 『読売新聞』, 2010. 1. 9. 朝刊.

라의 사회 현상을 지칭하는 말이었고, 일본의 국경 너머에서 일어나는 문화현상이었다.

그러나 2002년을 전후한 시기에[22] 일본의 TV에서는 한국 드라마가 방영되고 있었고 2002년 축구월드컵 공동개최를 기념하여 2000년대 초반부터 한일합작 및 공동제작 드라마, 특별기획작 혹은 양국의 배우가 서로의 드라마에 출연하는 등, 다양한 형태로 제작되었다. 한류 붐이 일본 내에서 유행하기 시작한 시기를 전후로 만들어진 합작드라마는 다음과 같이 몇 가지 유형으로 나누어 볼 수 있다.

우선 2000년대 초반 일본에서 활발히 활동하던 윤손하가 출연한 드라마들이다. NHK BS2에서 〈다시 한번 키스를(もう一度キス)〉(2000. 12. 4.-12. 15.), NHK지상파에서 드라마D모드(ドラマDモード)(2001. 1. 9.-3. 13.)로 방영되었다. 이후 윤손하는 2001년 10월 27일에 역시 NHK의 특집드라마 〈지상의 사랑(至上の愛)〉(2001. 10. 27.)에 출연하여 화제를 모았고 이후 민영방송 드라마에서는 조연급으로 활약하게 되었다.

두 번째 유형은 주로 단발성으로 끝나며, 2002년 월드컵 공동개최에 맞춰 편성된 특집 드라마이다. 인천공항 개항시에 영종도와 인천을 잇는 다리 공사에 관여한 일본인 기사들을 주인공으로 하는 〈작은 다리를 놓다

---

22   한국영화를 시작으로 길거리 패션 등 보다 더 생활문화에 관심을 둔 한국의 대중문화 전시회가 지방도시 니가타(新潟)에서 열리기도 했다. 「한국의 대중문화 산처럼 가득히 니가타 니즈에서 전람회」, 『아사히신문』, 2002. 2. 25. 조간(「韓国の大衆文化, てんこ盛り 新潟·新津で展覧会」, 『朝日新聞』, 2002. 2. 25.)

(ちいさな橋を架ける)〉(MBS, 2001. 1. 7.)[25], 〈결혼의 조건(結婚の条件)〉(ANB[26],
2002. 3. 3.), 후지텔레비전의 대히트작이었던 〈춤추는 대수사선〉의 서울 편
인 〈춤추는 대서울선(踊る大ソウル線 湾岸署がソウル警察と大捜査線)〉(후지텔
레비전, 2001. 9. 21.), NHK의 설날 특집 드라마 〈한국 아줌마는 대단해(韓国
のおばちゃんはえらいよ)〉(2002. 1. 2.), 월드컵 공동개최 무대 뒤의 한일 양국
간의 이야기를 다룬 〈뜨거운 꿈의 날(熱き夢の日)〉(후지텔레비전, 2004. 10. 15.)
등 한일월드컵 공동개최 무대 뒷 이야기까지 다양한 소재가 다루어졌다.

세 번째 유형은 한일 공동 제작 및 공동방영 형태이다. 한일 공동 제작
형태로 제일 처음 만들어진 〈Friends〉는 한국의 원빈과 일본의 후카다 교
코(深田恭子)를 기용했다. 2002년 2월 4일 방영분은 일본의 TBS가 제작, 2
월 5일 방영분은 한국의 MBC가 제작하였고, 양국에서 방영되었다. 이후
공동제작인 〈STAR'S ECHO STAR'S~그대를 만나고 싶어서(ECHO~あなた
に会いたくて)〉나 〈소나기 비 온 뒤의 살의(ソナギ 雨上がりの殺意)〉(2002. 11.
1.)처럼 양국 배우들의 공동출연 형태가 주를 이루게 되었다. 이들 작품은
주로 주로 일본의 배우들이 주연을 맡고 한국 배우들이 조연을 맡거나 한
국에서 촬영을 하는 드라마로, 후지텔레비전과 MBC가 동시간대에 방영하
는 일한합작드라마스페셜(日韓合作ドラマスペシャル)이 만들어지게 된다.

네 번째 유형은 한류붐이 재일코리언에 대한 관심으로 이어진 드라마

23   MBS는 TBS 계열 간사이 지역 방송국인 마이니치방송을 말하는데, 이 드라마는
      MBS 개국 50주년 기념으로 만들어져, 일한신시대 드라마(日韓新時代ドラマ) 장르
      로 방영되었다.

24   Asahi National Broadcasting, 즉 텔레비전 아사히를 말한다.

들이다. 후지텔레비전의 이른바 "월요일9시[月9]"[25]에서 2004년 7월 5일 부터 9월 13일까지 방영된 〈도쿄만 풍경(東京灣景)〉은 〈겨울연가〉로 인지 도를 높인 한국의 박용하가 특별출연했으며, 재일코리언 남성 이미지나 줄거리 등에서 〈겨울연가〉의 배용준의 이미지를 차용했고 재일코리언3세 여자주인공을 설정하여 화제가 됐다. 〈자전거를 탄 풍경〉이 한국어 BGM 을 담당했다. 또한 재일코리언 바이올린 제작자 진창현의 일대기를 다룬 〈해협을 건넌 바이올린(海峽を渡るバイオリン)〉[26] (2004. 11. 27.)은 후지텔레 비전이 개국 45주년 기념 특별기획으로 만들었는데 당시 한국에 관심이 있어 한국어를 배우고 있던 SMAP의 구사나기 쓰요시[草彅剛]가 주인공을 맡았다. 그리고 TBS가 텔레비전 방송 50주년 특별기획으로 만든 드라마 〈론도(輪舞曲)〉는 2006년 1월 15일부터 3월 26일까지 방영되는데, 한국의 최지우, 신현준, 이정현 등이 기용되었으며 재일코리언이 중요한 역할을 맡았다.

마지막으로 한국의 드라마나 영화를 리메이크하거나 주인공의 이미지 를 가져온 드라마들이 있다. 〈내가 사는 길(僕の生きる道)〉은 2003년 1월 7 일부터 3월 18일까지 후지텔레비전 계열에서 구사나기 쓰요시(草彅剛)가 주연을 맡았는데 한국 영화 〈8월의 크리스마스〉에서 모티브를 따왔으며, 역시 후지텔레비전이 제작한 〈나만의 마돈나(僕だけのマドンナ)〉는 2003

---

25   후지텔레비전의 드라마 황금시간대로 불리는 월요일 밤 9시에서 10시 사이에 방영
      되는 드라마로 90년대 인기 트렌디 드라마의 대부분이 이 시간대에 방영되었다.

26   진창현의 구술을 작가인 오니쓰카 다다시(鬼塚忠)와 오카야마 도오루(岡山徹)가
      받아 적어 집필한 논픽션 『바다를 건넌 바이올린』, 2002, 가와데쇼보신샤(河出書
      房新社)를 원작으로 한다.

년 7월 7일부터 9월 15일까지 다키자와 히데아키(滝沢秀明) 주연으로 방영되는데, 한국 영화 〈엽기적인 그녀〉의 남자 주인공 견우의 이미지를 차용했다. 〈엽기적인 그녀〉는 한국에서 "파격적이면서 결국은 보수적으로 귀결"되는 여성캐릭터에 논점이 맞춰졌지만, 일본에서는 "상냥하고 선량한" 남자 주인공과 로맨스물[27]로 소비된 점은 한류가 일본에서 어떻게 수용되고 있는지를 보여주는 단면일 것이다.

또한 〈마지막 선물(ラスト・プレゼント)〉은 2005년 6월 11일에 ANN(텔레비전 아사히テレビ朝日系列)에서 도모토 쓰요시(堂本剛) 주연으로 토요와이드극장(土曜ワイド劇場)에서 방영되는데 한국 영화 〈선물〉의 리메이크이다. 한국 드라마가 일본에서 본격적으로 리메이크되기 시작한 것은 2010년대 이후지만, 이미 특집드라마나 영화에서 한국 콘텐츠는 남성 등장인물의 이미지를 포함하여 많은 모방과 차용이 행해지고 있었던 것이다. 1990년대 한국에서 인기 있었던 트렌디 드라마에 드라마의 표절 혹은 모방[28] 의 혹이 있었는데, 불과 10년도 채 안 된 2000년대에 반대 현상이 일어나고 있었다는 사실은 주목할 만한 일일 것이다.

일본에서 이러한 한일합작드라마가 시청률이 높았던 것은 아니지만 〈겨울연가〉 이전에 양국에서 드라마를 통한 문화교류가 이루어지고 있었다. 한편 이들 합작드라마 혹은 일본의 드라마나 영화에서 한국 드라마가 주로 남성 배우나 남성 등장인물중심으로 재해석되고 리메이크되었다는

---

27   황미요조, 「한류의 시대, 한국 영화의 혼종성과 초국적인 수용에 접근하는 문화연구의 방법론」, 인천대학교 인문학연구소, 『인문학연구』(27), 2017, 3-30면.

28   양국의 트렌디 드라마 비교에 대해서는 이동후, 2003, 앞의 글 참조.

점에 주목할 필요가 있다. 이렇게 한국 드라마의 남성캐릭터가 여성캐릭터보다 더 많이 소비되고 차용되는 경향은 2020년 〈사랑의 불시착〉 이후에도 이어지고 있다. 사회학자 오사와 마사지(大澤真幸)는 2010년대 중반 이후 만들어지는 연애드라마가 연애가 아니라 가족을 먼저 만들거나 결혼한 후에 연애를 하는 등의 기존의 연애관념을 바꾼 형태의 작품으로 만들어지고 있다고 분석한다.[29] 그런데 2021년 일본의 방송계에도 다시 연애드라마가 등장하기 시작했다. 2021년 4월부터 7월까지 방영되는 드라마중 화제작인 『リコカツ』(TBS, 2021년 4월부터 매주 금요일 방영)는 설정과 내용은 다르지만 "불의의 사고로 만나는 남녀. 세련된 옷이 없는 남자 주인공 고이치를 가게로 데려가 수트를 사주는 장면" 그리고 남자 주인공의 직업이 자위대라는 점, 드라마 곳곳에 배치된 두 주인공의 대사 등이 〈사랑의 불시착〉을 모방했다고 한다.[30]

또한 2020년 유행어대상에 〈사랑의 불시착〉이 올라갔는데 수상자로 손혜진과 현빈이 아니라 현빈만 지목된 것처럼 일본 한류의 특징은 젠더화된 팬덤이며, 한류 붐과 일본 내 젠더 백 러시가 같은 시기에 일어난 점을 보면 일본 내 젠더문제가 가시화되는 계기중 하나가 한류라고도 할 수 있을 것이다.

29   오사와 마사지, 『서브 컬쳐의 상상력은 자본주의를 넘을 수 있을까』, 2018.(大澤真幸, 『サブカルの想像力は資本主義を超えるか』, KADOKAWA, 2018.)

30   「〈사랑의 불시착〉뿐인가요 시마자키 교코」, 『아사히신문』, 2021.(『『愛の不時着』だらけですか 島崎今日子」, 『朝日新聞』, 2021. 5. 12.)

Ⅲ. 해외드라마에서 한류 드라마로

1. 해외드라마로서의 한국 드라마

2003년 4월부터 NHK BS의 해외드라마로 방영된 〈겨울연가〉는 조금씩 화제가 되면서, 같은 해 12월에 재방영, 그리고 2004년 4월부터 8월까지 NHK 지상파에서 매주 토요일 밤 11시 10분부터 12시 10분까지 60분 드라마로 방영되었다. 지상파 방영에서는 처음에 10.9%로 시작한 시청률은 8월 21일에 방영된 마지막회에서 20.6%의 시청률로 막을 내렸다. 성우들의 더빙과 편집본으로 방영된 이 드라마는 같은 해 연말에는 자막본, 무편집본이 방영되기도 했다. 2004년 11월 25일에 동 드라마의 주인공을 연기한 배용준은 처음으로 일본을 방문했는데 당시 나리타공항에는 오픈 이후 최대 인파인 3,500여 명이 몰려들었다.[31]

특히 미국 드라마를 방영해 왔던 NHK BS의 해외드라마라는 장르에서는 〈겨울연가〉를 기점으로 한국 드라마를 방영하게 되는데, 이후 〈대장금〉(일본어판 제목 〈宮廷女官 チャングムの誓い(궁정여관 장금의 맹세)〉)을 방영하면서 한국의 사극도 인기를 끌게 되었다.[32] 해외 드라마 중 하나였던 한국 드

---

31   NHK방송사 참고.(https://www2.nhk.or.jp/archives/tv60bin/detail/index.
      cgi?das_id=D0009030324_00000)

32   DVD대여 및 판매를 주로 하는 쓰타야(TSUTAYA)가 2018년 12월에 발표한 '한
      류 드라마 베스트10'을 보면 1위는 〈겨울연가〉, 2위는 〈미남이시네요〉, 3위는
      〈성균관스캔들〉, 4위가 〈동이〉, 5위가 〈이산〉, 6위가 〈꽃보다 남자〉 7위가 〈바
      람의 나라〉, 8위가 〈커피프린스1호점〉 10위가 〈장난스런 키스〉 순이었다. 퓨전

라마는 이후 17여 년 동안 많은 변화를 거치면서 현재는 일본의 대중문화 속에서 한국 드라마 혹은 한류 드라마라는 새로운 장르를 만들어냈다.

일본과 한국을 떠들썩하게 했던 〈겨울연가〉 붐은 2006년을 기점으로 수그러드는 듯 했지만 2007년 민영방송에서 다시 재방영되었고, 콘텐츠와 재정적 여유가 없는 각 지역방송국에서는 한국 드라마를 매일 방영했다. 〈겨울연가〉와 〈대장금〉 이후에도 인기 여하를 막론하고 대부분의 한류 드라마가 이와 같은 재방영으로 인해 같은 시간대 다른 채널에서 같은 드라마를 보게 되는 경우도 있었다. 그리고 이들 드라마의 주 소비층은 일본내 중년여성이었고 젠더 백러시[33]와 더불어 중년여성들은 헤이트 스피치의 타킷이 되기도 했다.[34] 한류가 새로운 사회현상의 하나로 대두되면서 그 주요 소비계층인 중년여성들이 담론의 중심[35]이 된 것이다. 중국문화 연

사극인 〈성균관 스캔들〉을 포함한 사극이 3편 포함된 점이 흥미롭다(https://sportsseoulweb.jp/star_topic/id=3820).

33 1999년부터 시행된 남녀공동참가사회기본법[男女共同参画基本法]에 따라 각 지자체가 관련 조례를 제정하려고 하는데 이에 위기감을 느낀 보수파(보수적 정치가 및 지식인 층, 보수적 종교가, 보수적 시민단체 등)들이 반발한 움직임을 말하며, 2002년에서 2005년사이에 정점을 이루었다. 백러시의 리더격이었던 아베 신조가 2006년에 수상이 되면서 보수파의 반발도 일단락되었다. 자세히는 『에토세토라VOL.4 특집 여성운동과 백러시』(2020), 에토세토라북스(=『エトセトラVOL.4 特集 女性運動とバックラッシュ』)를 참조할 것.

34 기타하라 미노리는 이 시기 한류가 머물 장소도 없고 소비주체도 되지 못한 채 방송에서 웃음거리로만 소비되었던 일본 중년여성들에게 친구와 활력과 웃음을 주었다고 한다. 기타하라 미노리, 『안녕 한류』, 가와데서방신사, 2013.(北原みのり, 『さよなら、韓流』, 河出書房新社, 2013)

35 이른바 1차 한류 이후 젊은 층이 유입된 2차 한류, 그리고 3차 한류시기 K-POP의 10대 팬들도 주요 미디어에서는 조롱의 대상이 됐다. 이석, 「일본 한류의 미디어

구가 배원담은 이에 대해 중국이나 동남아시아에서의 한류가 이들 사회가 경험할 수 있는 가까운 미래에 대한 선제 경험이라고 한다면 일본에서의 한류는 문화적으로 주변에 있던 사람들(중년여성들)이 일본 사회라는 폐쇄적 회로 속에서 되돌아보고 싶은 과거를 재현하고 싶은 욕망을 채우는 계기가 되었다고 분석[36]했다.

한편 일본 내에서 한류라는 단어는 점점 확대/해석되어 한류 패션, 한류영화, 한류 화장품 한류 카페, 한류 화가, 한류 아마추어, 한류 선수 등 한국관련 모든 콘텐츠의 접두사로 사용되었다. 이후 10여 년 동안 한류 붐은 드라마보다는 아이돌 중심으로 흘렀고, 그 팬덤이 중요한 자리를 차지하게 되었다. 이제 한류는 특정 드라마가 아닌 대중문화 전반 혹은 생활 문화 전반에 걸친 한국관련 콘텐츠를 지칭하는 말이 되었다. 드라마가 다시 한류의 중심에 온 것은 〈사랑의 불시착〉 이후였다.[37]

에 관한 고찰—인스타그램의 역할에 주목하여」, 아시아문화학술원, 『인문사회21』 10(5), 2019, 1115-1130면.

36 백원담, 『동아시아의 문화선택 : 한류』, 도서출판 펜타그램, 2005.

37 〈겨울연가〉와 〈사랑의 불시착〉 사이에는 2010년 이른바 신한류 드라마라고 불리던 드라마 〈미남이시네요(美男〈イケメン〉ですね)〉의 인기도 생각해 볼 필요가 있을 것이다. 2010년 첫 방영 이후 2013년까지 계속 재방영되었고 장근석 붐을 일으켰으며 한국 드라마의 소비층은 이 드라마로 인해 중년 여성에서 젊은 여성층으로 확대되었다. 한국에서는 2009년 10월 7일부터 11월 26일까지 SBS에서 방영되었고, 2010년 2월 27일 KNTV를 시작으로 BS재팬과 후지텔레비전의 한류a여름축제(韓流a夏祭り)(2010. 7. 20-8. 10)와 한류a장근석 축제(韓流aチャングンソク祭り)(2011. 1. 11-1. 28), 한류a 재방송(2011. 4. 28.-5. 23.) 등 3번의 방영을 거쳐 2011년 여름(7. 15.-9. 23.)에는 TBS에서 리메이크되기도 했다. 일본 내 이 드라마의 수용에 관해서는 정수영, 「'신한류' 드라마 〈미남이시네요〉의 수용 및 소비 방식은 한류 드라마와 어떻게 다른가?—일본의 인터넷 게시판 분석 및 FGI를 중심으로」, 『한국언

2. 인터넷 우익과 한국 드라마

2011년 1월 2일 설날특집으로 방영된 일본의 국민 애니메이션이라 불리는 『사자에상』의 실사판(『TVドラマ版 サザエさん』)에는 소녀시대가 잠깐 등장하여 화제가 되었다. 이처럼 가족들이 모여 같이 보는 TV프로그램에 한류 아이돌이 등장한 것은 한류가 유행의 단계를 지나 생활 속으로 스며들었다고 할 수 있는 상징적인 일이었다.[38] 2011년 11월 25, 26일 이틀 동안 서울 롯데호텔에서 열린 서울-도쿄포럼에서 아소 타로(麻生太郎) 전 수상은 "드라마 〈겨울연가〉와 욘사마(배용준)로 시작한 한류 붐은 이제 일본사회에 안정적으로 정착했다"고 소개했고 이어서 "일본에서 한류 붐은 이제 전 연령대로 확산돼 소녀시대와 카라 등 한국 아이돌 스타 이야기에 끼지 못하면 시대에 뒤처지는 사람이 된다"[39]고 기조연설에서 말하면서 한국의 문화콘텐츠를 언급했다.

론정보학보』(85), 2017, 61-100면을 참조할 것.

38   『사자에상』은 패전 직후 일본사회에서 미국의 중산층을 대변하던 미국 만화 『블론디(ブロンディ)』를 대신하여 일본의 소시민 가족을 그린 만화인데 신문, 잡지 연재를 거쳐 단행본, 그리고 TV애니메이션으로 제작된 대표적인 장수프로그램(1969년 10월 5일부터 현재까지)이다. 블론디와 사자에상의 관계에 대해서는 이와모토 시게키, 『동경의 블론디 전후 일본의 아메리카니제이션』, 신요샤, 2007.(岩本茂樹, 『憧れのブロンディ 戦後日本のアメリカにゼーション』, 新曜社, 2007.)를 참조할 것.

39   「한·일, 외교·경제협력 메커니즘 만들어야 서울—도쿄 포럼서 제안 이홍구·아소 전 총리 등 참석」, 『중앙일보』, 2011. 11. 26. 이 포럼은 서울국제포럼, 한일협력위원회, 일본 세계평화연구소가 공동개최한 포럼으로 오코노기 마사오(小此木政夫) 당시 규슈(九州)대 특임교수, 박철희 서울대 당시 국제대학원 교수 등이 토론자로 참석했다.

한류가 정착되던 시기인 2011년 여름에는 후지텔레비전 앞에서 미디어가 편향된 방송을 한다는 항의 시위[40]가 펼쳐졌다. 여기서 편향된 방송이란 후지TV가 한류에 너무 많은 시간을 할애하고 있다는 뜻이었다. 인터넷 우익[ネットウヨ]이 주장한 후지텔레비전의 "한국 편향적 보도"라는 구체적인 내용은 후지텔레비전의 스포츠 뉴스에서 축구 일한전이 한일전으로 바뀌었다, 어떤 프로그램에서 조사한 좋아하는 찌개요리 1위가 김치찌개였는데 이건 앙케이트조사를 가장한 정보조작이다, 아침 프로그램에 우연히 비친 칠월 칠석 소원 종이(短冊)에 "소녀시대처럼 예쁜 다리를 가지게 해주세요"라고 적혀 있었다, 올림픽 관련 방송에서 선수가 일장기를 손에 들고 있는 장면이나 기미가요(君が代)를 부르는 장면이 편집되었다. 애니메이션 〈사자에상〉에서 방에 한국 인기 그룹 동방신기의 포스터가 붙어 있었다, 등이었다.[41] 야스다 고이치(安田浩一)는 인터넷 우익들이 결국 "마음에 들지 않는 것은 모두 반일세력으로 간주"하기 위해 이런 "구실"들을 끊임없이 만들어내고 있다고 말한다.

---

40 일본 내 인터넷 우익들은 유튜브와 니코니코동영상(にこにこ動画), 그리고 야후재팬과 같은 매체들을 중심으로 활동하며, 기존의 미디어에 대한 항의 시위와 비판을 하지만, 조금 더 깊게 보면 "역사수정주의나 사회복지에 대한 비판" 등이 주요 이슈인 경우가 많다고 한다. 보기를 들어 2013년에 결성된 「NHK로부터 국민을 지키는 당(NHKから国民を守る党)」은 얼핏 보면 NHK시청료 비판처럼 보이지만 자세히 들여다보면 인터넷 우익 단체이다. 야마구치 도모미, 「인터넷우익과 페미니즘」,『인터넷우익이란 무엇인가』, 히구치 나오토 편, 세이큐샤, 2019, 164-194면.(山口智美「ネット右翼とフェミニズム」樋口直人編, 2019『ネット右翼とは何か』, 青弓社, 2019.)

41 야스다 코이치,『인터넷과 애국 재특회의 "어둠"을 쫓아서』, 고단샤, 2012. 305면.(安田浩一,『ネットと愛国 在特会の「闇」を追いかけて』, 講談社, 2012.)

인터넷 우익의 새로운 표적이 된 후지텔레비전 앞에는 인터넷 공지를 보고 찾아온 불특정 다수의 "지극히 일반적인 사람들"이 모여 수차례 시위를 했다.[42] 인터넷과 스마트폰, 그리고 3.11 동일본대지진 이후에 보편화된 SNS는 한류뿐만 아니라 반한류/혐한류에도 그 영향을 확대하고 있었다. 그리고 2012년에는 독도를 둘러싼 영토영유권문제가 발생하자 NHK는 인기가 떨어지고 있다는 이유로 연말 홍백가합전에 K-POP 가수를 한 명도 출연시키지 않았다. 이후 K-POP 가수나 한류 스타의 일본 입국 비자가 허가되지 않거나 하네다공항에서 입국 거부되는 사례가 빈번히 일어났다.

그렇다고 해서 이 시기 일본에서 한류나 K-POP이 침체되었다고는 볼 수 없다. K-POP에 대해 논하면서 "K"와 "POP"을 나누어 분석한 김성민은 일본에서 흔히 말하는 n차 한류라는 표현이 실제 통계와 맞지 않는다고 말한다. 그리고 이 시기 K-POP의 암흑기라고 하는 2012년 전후에서 15년 사이에도 일본에서 이루어진 BIGBANG의 콘서트를 보기로 들어 암흑기로 볼 수도 없고 한류 자체를 n차로 나누어 분류하는 것에도 의문을 갖는다.[43]

한편 2012년도 한국의 문화 콘텐츠 수출현황을 보면 1위 지역이 12억 달러가 팔린 일본이었는데, K-POP의 인기가 판매와 직결되고 있었으며, 2

---

42   인터넷 우익(ネットウヨ)에 관해 논한 야스다 고이치는 기존의 우익들과 달리 이들이 특별한 이데올로기나 신념을 가진 사람들이 아니라 주로 인터넷상에서 활동하며 시민들을 자극하고 자신들의 게시물에 대한 댓글과 방문자 수를 체크하면서 자신들의 정체성을 확인한다고 한다. 그리고 2011년 후지방송국 앞에서 있었던 항의와 그 질서정연한 모습에서 무서움을 느낀다고 한다. 야스다 코이치, 2012, 앞의 책.

43   김성민, 『케이팝의 작은 역사 : 신감각의 미디어』, 글항아리, 2018.(金成玟, 2018 『K-POP 新感覚のメディア』, 岩波書店, 2018.)

위가 중국으로 11억 달러, 그리고 특정 국가가 아닌 동남아시아 지역이 8억 달러, 그리고 북미와 유럽이 각각 5억 달러와 3억 달러를 기록했다. 이 통계는 일본에서의 한류 콘텐츠 소비경향이 반드시 한국이라는 국가브랜드의 이미지와 직결되는 것은 아니며, 한일관계의 정치적/외교적 긴장감이 문화콘텐츠 소비에 영향을 주지도 않는다고 말하는 것처럼 보인다. 2012년도와 2013년도에도 여전히 한국의 문화콘텐츠 수출의 80%는 일본이 차지하고 있었다. 한국의 문화콘텐츠 수출 1위국이 일본에서 중국으로 바뀐 것은 2015년이었다.

Ⅳ. 다시 일본에 '불시착'한 한국 드라마

2010년대 이후 일본 내 한류의 중심은 K-POP이었다. 그러나 2019년에 다시 한번 한국 드라마가 한류의 중심에 서게 된다. 매해 연말에 발표되는 유캔신조어 유행어대상(ユーキャン新語·流行語大賞)(이하, 유행어대상)은 몇 개의 후보를 정한 후에 가장 인기가 많았던 탑10을 지정하는데 2020년에는 〈사랑의 불시착〉이 뽑혔다. 『아사히신문』에 따르면 "이 상에 한류관계 단어가 탑10에 들어간 것은 2004년의 겨울연가(冬ソナ) 이후 16년만의 쾌거"[44]라고 한다. 2020년 유행어대상 탑10에는 오르지 못햇지만 후보에는 「제4

---

44   「(해협왕래신발견)제4차 붐, 요리도 진화」, 『아사히신문 후쿠오카 전지역·지역종합』, 2020. 12. 12.(「(海峡往来新発見)第4次ブーム, 料理も進化」, 『朝日新聞 福岡全県·地域総合』, 2020.)

차 한류 붐」이라는 단어도 있었다. 앞에서 인용한 기사는 1차 한류붐은 겨울연가 붐으로 인한 2003년에서 2006년 정도까지의 한국드라마붐, 그리고 2차붐은 2010년을 전후한 K-POP붐이 있었는데, 2010년에도 역시 유행어대상에 K-POP이 후보에 올랐다. 그리고 3차 붐은 2016년에서 18년사이의 젊은 세대들이 향유한 음식, 화장품, 패션 등의 한국 문화 붐, 그리고 4차는 〈사랑의 불시착〉으로 견인된 드라마 붐으로 나누고 있다, 이런 n차 한류로 일본내 한류의 흐름을 정의하면, 그 틈새나 사이사이에 일어난 현상들을 설명할 수 없게 된다. 보기를 들어 1990년대 말 일본내 한국 영화 붐이나 시기적으로는 3차와 4차 사이에 해당하는 영화 〈기생충〉의 인기, 한국 문학 번역 붐을 일으킨 『82년 김지영』의 출판과 한국의 페미니즘 문학번역, 젊은 여성영화작가들의 영화붐 등의 자리가 애매해지기 때문이다.

이른바 '3차 붐'의 중심에는 일본인 멤버가 있는 걸그룹 트와이스의 인기와 평창동계올림픽의 영향 등으로 인한 치즈닭갈비의 유행이 있고, 그 다음에는 드라마 〈사랑의 불시착〉과 달고나 커피, 그리고 지금은 카눌레 등의 베이커리 메뉴도 유행하고 있는 중이다. COVID-19으로 인해 재택기간이 길어지면서 OTT 사용량이 급증하는데 〈사랑의 불시착〉, 〈이태원클라쓰〉, 〈동백꽃 필 무렵〉, 〈사이코지만 괜찮아〉 등이 넷플릭스를 통해 일본을 포함한 세계 각국에서 방영되었다.

1. 〈사랑의 불시착〉 관련 데이터로 보는 일본에서의 인기

2019년 12월 14일부터 2020년 2월 16일까지 한국의 tvN에서 방영된 이후 넷플릭스를 통해 세계 각국 190여개국에서 방영된 드라마 〈사랑의 불시착〉은 2020년 한 해 동안 일본에서 인기가 있었던 드라마 중 하나로 기록된다. flixpatrol이 제공하는 통계를 보면 2020년 12월 현재 넷플릭스를 통해 방영된 드라마중에 인기가 있었던 작품은 [표 2]와 같다.

이 표에서 주목할 만한 점은 한국드라마가 많이 방영되는 나라 중에서 특히 일본에서 〈사랑의 불시착〉의 순위가 높다는 것이다. 일본의 경우에 탑10 중에 〈사랑의 불시착〉은 229일 동안 탑10의 자리를 지키고 있었다. 다른 지역에서는 이 드라마가 방영된 3월이나 4월, 혹은 6월에 1위를 한 적은 있지만 서서히 순위에서 밀려나게 된다. 이 표에서 인기가 있는 한국 드라마는 〈사이코지만 괜찮아〉가 세계 통산 15위, 아시아 각국(대만, 말레이시아, 베트남, 필리핀 등)에서 1위, 아프리카의 나이지리아에서도 3위를 기록하고 있다.

[표 2] 2020년 12월 11일 현재 넷플릭스에서 클릭된 방송 콘텐츠

나라	1위	2위	3위	비고
한국	슬기로운 의사생활	비밀의 숲	사이코지만 괜찮아	5. 청춘기록 6. 응답하라 1988
일본	사랑의 불시착 (5월 1일이후)	귀멸의 칼날 (애니메이션)	이태원 클라쓰	4. 사이코지만 괜찮아 7. 김비서가 왜 그럴까 10. 청춘기록
홍콩	사이코지만 괜찮아	더 킹	청춘기록	4. 우리 사랑했을까 8. 사랑의 불시착

대만	사이코지만 괜찮아	슬기로운 의사생활	귀멸의 칼	4. 더 킹 5. 우리 사랑했을까 8. 사랑의 불시착
베트남	사이코지만 괜찮아	응답하라 1988	청춘기록	6. 우리 사랑했을까 7. 사생활 8. 비밀의 숲

한국에서 〈사랑의 불시착〉은 북한을 배경으로 하는 점에서 오는 불안과 신선함과 비판이 몰리는 복잡한 논의의 장이었다. 북한을 멜로드라마 무대로 판타지 공간으로 그려내는 것은 모험적인 일이고, 남북분단이라는 현실과 판타지 멜로드라마의 결합은 처음에는 실패처럼 보였던 것이다.[45] 그러나 조연배우들의 탄탄한 연기와 극 중에 나오는 인간성, 그리고 서로 협력하며 어려움을 헤쳐가는 모습 등이 나오면서 한국의 시청자들은 노스탤지어를 느끼기도 했다.

양국의 시청자들이 이 드라마를 통해 노스탤지어를 느낄 수 있는 것은 북한을 배경으로 하지만 한국에서 만들어진 드라마이기 때문에 그 지형학적 공간이 판타지처럼 보여지고 있고, 우리와 같은 사람들이 살고 있다는 안심감에서 나오는 것이다. 휴전상태를 지속하며 아직도 적국으로 북한을 규정하고 있는 한국에서 이런 안심감과 노스탤지어의 감정은 굉장히 양가적인 것이다.

그러나 일본의 경우 북한을 묘사한 한국 드라마에서 느끼는 노스탤지어는 한국 시청자들이 느끼는 노스탤지어와는 다른 감정이다. 2000년대

---

45   〈사랑의 불시착〉 이전에 남북분단과 판타지가 멜로드라마의 소재로 사용된 작품으로는 『더 킹 투 하츠』가 있다. 자세한 것은 이승현, 「텔레비전드라마의 국민국가에 대한 전근대적 판타지」, 『한국극예술연구』 59, 2018.을 참조할 것.

중반 일본에서 유행했던 쇼와노스탤지어붐[昭和ノスタルジアブーム]을 생각해보면 돌아갈 수 없지만 돌아가고 싶은 감정이 노스탤지어인 것이다. 이 감정은 오래된 경제불황과 되돌아 갈 수 없는 고도경제성장기에 대한 동경, 아직 완성되지 않은 도쿄타워를 보며 느꼈었던 내일은 더 나아질 거라는 희망 등이 얽힌 감정이기도 하다. 북한 묘사에서 느껴지는 노스탤지어는 경제적으로는 풍족하지 않지만 인간적인 모습이 더 남아 있는 시절과 북한의 사택촌을 연결하는 공간으로 작용한다. 경험한 적이 없고 경험할 수도 없고 직접 체험하는 게 불가능한 공간에 대한 노스탤지어와 문화적 유사성은 이런 감정을 더 배가시켰다고도 볼 수 있다. 일본의 안보와 평화를 위협하는 북한이라는 존재에 대한 현실감은 한국에서 만들어낸 판타지 공간 속 "공주와 왕자의 동화"[46]로 소비되면서 상쇄되는 것이다.

2. 남북의 동성사회성(homo-social)─그들만의 세상

한국 영상물 속에서 북한 혹은 북한군인은 조금씩 변화해왔다. 영화연구자 박유희는 2000년대 중반이후 한국의 드라마나 영화에서 북한군인은 소위 말하는 꽃미남 계열의 배우들이 맡게 됐는데, 남북관계가 악화되면 될수록 북한군인에 대한 인식을 위해 영화감독들은 더욱 더 이런 경향을 강조해 왔다고 한다. 북한 남성은 행복한 가족을 북한에 남겨둔 채 가족이

---

46 「한류특집(상) 세계 공통의 콘텐츠를 빼놓지 않는 것이 장점」,『주간 금요일』, 2022. 2. 4.(「韓流特集(上)世界共通のコンテンツに事欠かないのが強み」,『週刊 金曜日』, 2022)

나 국가를 위해서 어떤 임무를 맡아 남한에 오는데, 파트너인 남한 남성들은 가정이 없거나 이혼한 상태이다. 이 둘의 관계는 대체로 남한 측의 악역에 의해 파괴될 위기를 맞지만, 권선징악의 서사구조로 북한 남성은 임무를 무사히 마치고 가족에게 돌아가게 된다. 라고 분석했다.[47]

이런 권선징악의 서사구조는 이른바 막장드라마를 제외한 최근의 한국 드라마에서는 잘 볼 수 없는 것이기도 하지만 일본에서 유행한 또 하나의 드라마 〈이태원 클라쓰〉에서도 전형적으로 보인다. 넷플릭스라는 새로운 미디어를 통해 한국 드라마를 접하는 많은 일본의 시청자들이 여전히 NHK의 아침드라마나 대하드라마를 통해 익숙해 있는 동성사회성과 권선징악적 서사구조를 찾고 있는 것이다.

또한 사회학자 한동현은 한류 드라마가 일본의 팬들에게 익숙한 이야기를 낯설고 세련된 방식을 만들어내면서 인기를 끌었다고 분석한다. 일본의 드라마 팬들에게 익숙한 아침 드라마 속 여성의 자립과 성공(여성 팬 흡입), 대하 드라마가 주제로 삼아온 권선징악과 실패(남성 팬 흡입), 그리고 한국에서만 만들 수 있는 분단이라는 소재, 배우들의 훌륭한 연기 등은 일본 내에서 만들어 낼 수 없는 또 하나의 새로운 장르를 만들어내고 있는 것이다 .

한편 〈사랑의 불시착〉은 한국에서의 구체적인 시청률을 보면 1회가 6%, 10회가 14%, 최종회는 21.7%였다. 한국에서는 10회에서 시청률이 터닝포인트였다고 할 수 있다. 시청률 터닝포인트는 북한을 배경으로 한 드라마에 대한 불안한 시선, 북한에 대한 미화 등에 대한 불만 등이 북한 어

---

47   박유희, 『한국영화 표상의 지도』, 책과 함께, 2019.

벤저스 혹은 F4라는 별명이 생긴 5중대 중대원들과 사택촌 주민들의 존재감 등으로 조금씩 약화된 점을 들 수 있다.

또한 다른 드라마와는 달리 이 작품 족 조연들은 누군가의 부하, 혹은 누군가의 아내로 불리지 않고 각각의 이름으로 불린다. 그러나 주인공 윤세리는 북한에서 생활하는 동안 자신의 정체를 숨기기 위해, 북한에서는 최삼숙이라는 이름으로 살게 된다. 윤세리는 특유의 밝은 성격과 친화력과 비지니스의 기술을 살려 제5중대 대원들이나 사택의 4총사하고도 사이 좋게 지내지만, 그녀가 할 수 있는 일은 제한되어 있어, 많은 부분에서 리정혁의 도움을 받으며 살게 된다. 이렇게 도와주는 남성(돈과 권력)/도움을 받는 여성(가난하고 지위도 없는)의 구조는 전형적인 한국 드라마의 남녀관계였는데, 〈사랑의 불시착〉에서도 북한이라는 특수상황 때문에 이런 젠더배치가 보였다.

그러나 10회 이후 배경이 남한으로 바뀌면서, 윤세리는 윤세리의 정체성을 회복하는데 아마 이 지점이 시청율의 터닝포인트가 됐을 것이다. 2020년 상반기 〈사랑의 불시착〉의 한국에서의 인기는 해외에서의 인기를 역수입한 것처럼 보이기도 한다. 특히 일본에서 〈기생충〉이나 『82년생 김지영』의 문학작품과 그 영화의 유행으로 인한 K-페미니즘 등과 더불어 '4차한류'가 시작되고 있다는 뉴스는 이 드라마의 인기를 뒷받침하며 한국에서도 화제가 된 것이다.

V. 일본 내 〈사랑의 불시착〉 수용

1. 『아사히 신문』의 〈사랑의 불시착〉 관련 기사들

그렇다면 이 드라마는 왜 일본에서 이렇게 인기가 있었을까. 이 작품은 2020년 2월에 동 신문에 처음 소개된 이후 『아사히신문』 계열 및 관련 잡지에 적극적인 홍보와 관련 기사가 게재되었다. 앞에서도 말했듯이 일본 내 미디어에서 한류 관련 기사를 가장 많이 싣는 매체는 아사히 계열이다. 그리고 2020년을 결산하는 엔터테인먼트 부문 히트상품 베스트 30 중 하나로도 선정되었다.

『아사히신문』 관련 기사를 조금 더 구체적으로 보자면 화면 속 북한은 아름답다. 인테리어는 세련됐고 등장인물들은 예쁘고 멋있다. 여기에 분단된 남북의 남녀 로맨스라는 기사도 있었다. 또한 『아사히 신문』의 특집 대담에서 〈사랑의 불시착〉은 "한국과 북한에 사는 남녀가 주인공. 두 사람은 각각 책임감있는 입장에서 일하고 다른 체제에서 살면서 하나의 팀으로 연대하고 역경에 맞서기도 한다. 남녀의 완벽한 대등함과 대등한 남녀 관계에서 오는 젠더적인 안심감, 그리고 지배하지 않고 지키려는 정혁(약한 여자를 지켜주는 나 가 아닌)에 끌리고 있음을 알 수 있다"고 한다.

이러한 분석은 한국 대중 문화의 흐름을 볼 때 매우 시사적이다. 2000년대 이후, 그리고 미투운동 이후 대중문화 속 젠더와 계급의 재현이 구체적인 양상을 띠어왔기 때문이다. 영화나 드라마, 소설 등에서는 소소한 배역에도 이름을 부여하고, 그/그녀들을 호명하며 대등한 남녀관계를 지향하면서 역사 속 민중들의 움직임에도 '이름 없는 민초'라는 불특정 다수가 아니라 한 명 한 명 이름을 부여하는 서사[48]를 만들어왔다. 특히 『82년생 김지영』 이후 이런 변화가 크게 눈에 띄는데 아주 작은 역할에도 이름을 부여하면서 여성캐릭터나 조연(신스틸러)의 존재를 조금씩 부각시켜 왔다. 역사를 움직인 원동력이 한두 명의 영웅들이 아니라 민중들의 힘이었음을 그리는 작품들도 많아졌다. 이런 인식이 〈사랑의 불시착〉의 시청률 상승에도 기여했다고 생각할 수 있을 것이다.

그러나 일본에서의 〈사랑의 불시착〉의 인기는 역사나 사회 인식의 변화보다는 '대등한 남녀관계'라는 젠더적 측면이 강조되었다. 일본에서는 2020년에 권선징악의 서사구조가 유행했는데 『닛케이우먼 엔터테인먼트 동영상 및 작품13선』(2020년 12호)을 보면 1위가 『MIU404』, 2위 『한자와 나오키』, 3위가 『사랑의 불시착이었다』. 이런 상냥한 남성상을 원하는 경향은 2004년 〈겨울연가〉에서 시작된 한류붐에서도 이야기된 것이다. 그 이후 15년 동안 불/변한 일본 사회의 젠더관에 대해 생각해볼 여지를 〈사랑의 불시착〉의 인기는 말해주고 있는 것이다.

---

48   구체적으로는 영화 〈항거〉(2019, 조민호), TV드라마인 〈녹두꽃〉(2019. 4. 26.-7. 13, SBS) 〈미스터 션샤인〉(2018. 7. 7-9. 30. tvN) 등을 들 수 있다.

2. 한국 콘텐츠의 매력

일본에서는 봉준호의 〈기생충〉과 〈82년생 김지영〉의 영화[49]와 소설이 인기를 끌면서 K-페미니즘에 관심이 높아졌고, 1차 한류 이후 조금씩 한국 콘텐츠에서 멀어져 갔던 팬들이 다시 돌아오기 시작했다. 게다가 COVID-19로 인해 집에 머무는 시간이 많아진 사람들이 한국 드라마를 다시 보기 시작했다. 최근2, 3년 사이의 일본의 이런 미디어소비경향은 넷플릭스라는 OTT를 통한 콘텐츠소비의 트렌드의 변화를 함께 살펴볼 필요가 있다.

한편 〈사랑의 불시착〉에 다시 시청자가 모인 이유에 대해 사회학자 한동현은 이 드라마가 "본격적으로 이야기가 시작되는 시기가 다른 드라마에 비해 빨라서[50]"라고 한다. 또한 순애보와 권선징악의 서사구조가 맞물려 일본 시청자층이 좋아하는 드라마가 되었다고 분석한다.

더 이상 행복한 미래를 꿈꿀 수 없어 현재에 행복을 느끼는 일본의 청년층을 연구한 저서가 번역되어 한국에 알려진 사회학자 후루이치 노리토시[51]는 이 드라마의 주인공 리정혁이 북한에서는 "유복하고 연줄과 권력으로" 모든 걸 해결할 수 있는 남자 주인공이지만 북한의 경제사정과 사회상

---

49   〈벌새〉, 〈찬실이는 복도 많지〉 등의 영화 흥행으로 한국 독립영화계와 여성감독들의 이야기에도 관심이 모아지고 있다.

50   니시모리 미치요, 한동현, 『한국영화·드라마 우리들의 수다 기록 2014-2020』, 2021.(西森路代+ハン·トンヒョン, 『韓国映画·ドラマ わたしたちのおしゃべりの記録 2014-2020』, 駒草出版, 2021.)

51   후루이치 노리토시, 이언숙 역, 오찬호 해제, 『절망의 나라의 행복한 젊은이들』, 민음사, 2011.

항으로 어쩔 수 없는 상황-정전으로 열차가 멈추고 장작불 옆에서 노숙하는 상황이나 커피 콩을 갈아서 커피를 타는 장면-에서 보이듯이 "가난한 남자의 소박함과 부유한 남자의 강함이 합체된 최강의 히어로"라고 분석[52] 한다.

여기서 주목할 점은 스위치 하나로 혹은 스마트폰 하나로 모든 것을 해결할 수 있는 21세기 자본주의에서 이런 불편함은 오히려 시간적, 경제적 여유를 가질 수 있는 사람만이 누릴 수 있는 "힐링"이라는 것이다. 직접 커피콩을 갈고 집을 떠나 야외에서 불편함을 감수하며 캠핑을 하고 조명을 끄고 촛불을 켜는 행위 등은 경제적·정서적 여유의 산물이다. 이를 알고 있는 "우리들"은 이 드라마를 보면서 "가난했지만 행복했던 시절의 노스탤지어와 낭만"을 다시 한번 상기하며 러브 로망스 속으로 빠져들어간다. 이런 불편함은 로맨틱한 신으로 연출되고 자본주의 소비자들의 욕망과 결합되어 이 드라마를 대표하는 신이 되었다.[53]

한편 한국국제문화산업교류진흥원 일본지부는 2021년 4월에 이 드라마를 본 시청자들을 대상으로 앙케이트 조사를 실시했다. "드라마 〈사랑의 불시착〉 앙케이트로 본 일본사회와 한류 드라마"라는 제목아래 "코로나

---

52 후루이치 노리토시·나카세 유카리 대담 「38도선을 끼고 '울고 웃는' 일편단심 사랑이야기 〈사랑의 불시착〉, 여기에 우리들 열광하고 있습니다!」(古市憲寿·中瀬ゆかり対談, 「38度線を挟んで『泣けて, 笑える』一途な恋物語『愛の不時着』, ココに私たち熱狂しています!」)

53 모닥불 앞에서 두 남녀 주인공이 이야기를 나누는 신은 각종 미디어 홍보자료에서 〈사랑의 불시착〉을 대표하는 사진으로 사용되었고, 2022년 3월 10일 대통령 선거개표방송에서 SBS는 여당과 야당의 후보가 각축전을 벌이는 상황에서 이 신을 차용하기도 했다.

세계 속의 한류—국적과 영역을 초월한 융합문화로서의 한류

재난하의 일본에 다시 한류 드라마 붐이 왔다. 사람들은 이를 제4차 한류 붐이라든가 신한류붐이라고 하며 즐기고 있다. 이 신한류붐의 불씨가 된 것이 배우 현빈과 손예진이 주연한 러브로망스 〈사랑의 불시착〉이다"라고 하고 있다. 이 앙케이트는 한국국제문화교류진흥원의 SNS를 통해 설문조사를 했으며 131명이 회신을 했다고 한다. 전체 회신자중 93.2%가 여성이었고, 전체 회신자중 20대가 11.4%로 '의외로' 많았으며 30대는 9.9%, 40대가 24.0%, 50대가 42.4%, 60대가 12.1%였다.

이들 중 25.8%는 처음부터 본 것이 아니라 인터넷과 SNS의 입소문(25.5%)이나, 친구나 지인이 추천해서(18.9%) 혹은 가족 추천(5.3%), TV뉴스나 라디오 뉴스(2.3%), 잡지기사(0.8%)를 통해 본 시청자가 원래 한류 드라마에 관심이 있었다는 층(21.2%)을 압도적으로 앞지르고 있다. 이외에도 넷플릭스 회원이어서가 13.6%, 출연 배우들의 팬이어서가 11.4%, 그냥이 0.8%였다. 현재 넷플릭스를 통해 한류 드라마를 접하는 시청자들은 입소문이나 인터넷 등을 통해 적극적으로 정보를 수집하는 등 사전 지식을 얻은 후에 비로소 드라마를 접한다는 지점이 2000년대 초반의 한류붐과는 다른 점이라 할 수 있다.

여기서 주목할 만한 점은 남북한의 분단을 다룬 이 드라마가 현실을 직시하고 강한 메시지를 던지고 있다는 것을 일본의 시청자들도 느끼고 있다는 점이다. 주인공의 대사 "남극이든 어디든 갈 수 있는데 하필이면 당신은 여기(북한)에 있네요.", "남북 분단의 무거움을 느끼고 이런 부분을 드라마를 통해서라도 확실하게 호소하는 부분이 매력적", "한국드라마에서 북한사람들과의 교류를 이런 드라마로 만들 수 있다는 것에 감탄", "일본인에게 잘 알려지지 않은 남북분단사정을 정면에서 다룬 점" 등인데 이에 대해 한국국제문화교류진흥원는 20세기 마지막으로 남은 분단국가의 한국과 북한이 드라마보다 더 드라마스러운 현실이 시청자의 마음을 잡았다, 고 분석했다.

그러나 〈사랑의 불시착〉을 보면서 남북 분단의 무거움을 느끼고 매력을 느끼는 시청자들이 남북 분단의 현실을 생각하는 것은 아니다. 한류 드라마의 오랜 팬으로 알려진 기타하라 미노리는 〈사랑의 불시착〉에 대해 이야기하는 이벤트에 나가서 북한에 실제로 갔었다고 말한 부분에 불만이 많았다고 한다.[54] 〈사랑의 불시착〉의 팬들은 "북한의 실제 현실"이나 "남북 분단의 이유"를 알고 싶은 것이 아니라 현실에서 안심하고 즐길 수 있는 북한 배경 한국 드라마의 판타지를 즐기고 있는 것이다.

3. 일본 드라마의 "답답함"

그렇다면 일본의 넷플릭스 시청자들은 혹은 COVID-19로 인해 집에 머무는 시간이 많아진 일본의 시청자들은 왜 다른 나라의 콘텐츠가 아닌 한국 콘텐츠로 몰렸을까. 이에 대해 많은 의견이 있겠지만 우선 일본의 미디어가 현재 처한 상황이 그 답중 하나일 수 있다.

2021년 5월 현재 일본에서 화제가 된 드라마가 있다. 마쓰자카 도오리(松坂桃李)와 스즈키 안(鈴木杏)이 주연을 맡아 NHK에서 매주 토요일 밤에

---

54   「한류특집(하) 멋있는 여성들의 활약을 즐기기」, 『주간 금요일』, 2022. 2. 11.(「[韓流特集(下) 格好いい女性たちの活躍を堪能], 『週刊金曜日』」, 2022. 2. 11.)

방영되는 〈지금 여기에 있는 위기와 나의 호감도에 대해(今ここにある危機とぼくの好感度について)〉(이하, 〈여기 나(ここ僕)〉)는 아나운서였지만 그 한계를 느끼고 유명 국립대학교 홍보과(지금은 총장이 된 지도교수의 추천으로) 로 가게 된 간자키의 이야기이다. 제목에서도 알 수 있듯이 간자키는 눈 앞의 위기를 보고도 이를 극복하거나 고민하기 보다 자신의 호감도에 더 신경을 쓴다. 공식석상에서 '의미있는 말은 아무 말도 하지 않는다'는 총장, 그리고 대학교 홍보과의 이런 생각에 예전 제자였던 한 외국인 기자는 "제가 유감으로 생각하는 것은 교수님의 그 침묵입니다"라며 실망감을 표출한다. 총장은 이 말을 듣고 '각성'하지만 주인공은 각성하지 않는다.

이에 대해 니시모리 미치요는 이 부분이 일본의 상황과 비슷하다고 말한다. 그리고 각성하지 않는 간자키와 같은 인물이 주인공인 것은 "이상한 일이 일어나고 모두가 그 이상함에 이의를 제기하더라도 아무 변화도 일어나지 않는 어려운 일본의 상황"[55]과 주인공 간자키의 성격이 비슷하다는 것이다.

그리고 앞에서 말한 총장의 각성도 외국인 클럽의 외국인 기자에 의한 것이라는 점에 점에 주목할 필요가 있다. 스스로 해결책을 생각하기 어려운 사회, 변화시키기 어려운 일본의 상황, 노력해도 변하지 않을 거라는 포기 등이 드라마 속에 반영된 것이다. 영화 〈신문기자〉를 보면 영화 중반까지는 문제의식도 비판의식도 확실하지만 중반 이후 아무 것도 해결되지

---

55   니시모리 미치요, 「마쓰자카 도오리를 "각성하지 않는 주인공"으로 만든 이유 (여기 나) 동화에서 거리가 먼 이야기로」(西森路代, 「松坂桃李を"覚醒しない"主人公とした理由, 『ここぼく』は"おとぎ話"から程遠い物語)に」, https://realsound.jp/movie/2021/05/post-764452_2.html)

않은 채 끝을 맺는데, 드라마도 영화도 유사한 스토리텔링 구조를 갖고 있다고 볼 수 있다.

일본 드라마 〈파견의 품격(派遣の品格)〉이나 〈여왕의 교실(女王の教室)〉의 주인공들은 "비정규직으로 운영되는 경제구조와 살벌한 경쟁일변도의 교육현실"을 문제삼으면서도 이런 "부조리한 현실을 비판하기 보다는 그 것을 받아들여" 모든 자격증을 다 섭렵하고 경쟁에 필요한 교실을 운영한다. 그러면서도 현실적으로는 불가능한 이런 모습들을 드라마가 보여줌으로서 "초영웅이 되지 않으면 도저히 벗어날 수 없는 사회적 모순 구조의 고착"[56]을 말했었다.

그러나 2011년 동일본대지진 이후 일본의 드라마는 "위험한 공동체와 분투하는 개인이라는 배치"[57]로 일관되어 왔다. 더군다나 가족의 유대를 강조하고 국내 여론이 보수화되어가는 상황에서 현실의 가난과 부조리는 개인의 문제로 치부되었다. 〈사랑의 불시착〉이 COVID-19가 시작되었을 때 자신을 지켜주는 부적과 같았다고 말하는 한 저널리스트는 "주인공 세리는 여러 가지 역경에 처하게 됩니다. 여성의 40, 50대는 일에서도 인생에서도 여러가지 회한을 맞보게 되는 시기인데 이 드라마는 이를 어떻게 극복할 것인가하는 지혜도 산재되어 있어서(생략)"라며 이 드라마가 코로나시대의 부적이었다고 한다. 이어서 외출을 '자숙(自肅)'하라던 2020년 3월에서 6월 사이 SNS에는 코로나에 대한 불안과 유언비어, 정권 비판이 넘쳐났지만 불시착을 보면서 SNS와 거리두기가 가능했고 이 드라마가 신경

---

56   서영인, 「후쿠시마 이후의 일본 드라마」, 『실천문학』, 2014. 11월호, 423면.

57   서영인, 「후쿠시마 이후의 일본 드라마」, 『실천문학』, 2014. 11월호, 421-430면.

안정제와 같은 역할을 했다고 말한다.[58]

VI. 결론을 대신하여
─익숙하지만 낯선, 낯설지만 세련된 한국 드라마

역사사회학자 오구마 에이지(小熊英二)는 헤이세이(平成)30년(1989년 1월 8일부터 2019년 4월 30일까지)을 돌아보며 헤이세이란 "1975년 전후에 확립한 일본형 공업사회가 기능할 수 없게 되었지만 그 상황에 대한 인식과 가치관의 전환을 거부하고 문제 해결을 미루기 위해 보조금과 노력을 소비해 온 시대"[59]라고 정의한다. 또한 국제무대에서 점점 패권을 잃고 고립되어 가는 과정이 헤이세이였다고도 하며 냉전의 기억에 머무르고 있는 시기였다고도 분석하고 있다.[60]

경제적으로 가장 부유했던 쇼와시대를 기억하며 노스탤지어를 상기하고 냉전의 기억을 간직하면서 아직도 그 기억에서 벗어나지 못한 채 정체되어 있는 레이와[令和] 일본에서 〈사랑의 불시착〉은 2022년 2월 현재도 넷플릭스에서 여전히 재생회수 상위권에 랭크되고 있는 중요한 콘텐츠이

---

58   지부 렌게, 「'최애'에 대한 사랑, 내 삶의 보람」, 『아사히 신문』, 2020.(治部れんげ, 「『推し』への愛, 私の生きがい」, 『朝日新聞』, 2020. 11. 29.)

59   오구마 에이지 편, 『헤이세이의 역사』, 가와데쇼보신샤, 2021, 87면.(小熊英二編, 『平成史』, 河出書房新社, 2021.)

60   오구마 에이지, 위의 책, 605면.

다, 가장 이상적인 연인은 기억속에 존재하는데[61], 기억 속 이상적 연인을 찾는 신에서 시작되어 다시 그 기억을 더듬어 스위스에서 정기적으로 만나는 엔딩을 맞이하는 〈사랑의 불시착〉은 일본에서 여전히 인기 있는 순애보[62]라는 테마와 연결되면서 강력한 영향력을 발휘했다.[63]

이런 노스탤지어적 기억은 2006년 〈겨울연가〉 관련 담론에서도 보여진다. 중국에서 일본드라마 〈오싱(おしん)〉[64]이 다시 한번 방영되면서 그 인

---

61   후루이지 노리토시, 앞의 기사.

62   2016년 화제가 된 신카이 마코토의 애니메이션 〈너의 이름은(君の名は)〉도 기억
      속 이상적 연인을 찾는 과정을 그리는 순애보를 주 서사로 삼는다.

63   드라마 속에서 두 남녀 주인공이 처음 만나는 장소가 비무장지대였는데 드라마
      가 진행되면서 실제로는 스위스에서 이미 스쳐 지나간 적이 있으며, 마지막 엔딩
      에서는 스위스에서 정기적으로 만나는 모습이 그려진다. 비무장지대와 스위스라
      는 제3의 지역은 세계 유일의 분단국가 한국과 북한이라는 특수성을 배경으로 하
      는 드라마에서 남녀 주인공이 만날 수 있는 거의 유일한 장소일 것이다.

64   〈오싱〉은 1983년 4월 4일부터 1984년 3월 31일까지 NHK에서 방영된 연속텔
      레비전소설(連続テレビ小説)인데, 동사 방송개시기념 30주년을 기념해 만든 드
      라마기도 하다. 방영 당시 50%가 넘는 시청률을 보이며 '오싱신드롬'이란 새
      로운 용어를 만들었다. 동사 홈페이지에 따르면 1980년대는 "일본의 고도경제
      성장을 배경으로 일본의 방송계도 황금기를 맞게" 되었고 NHK는 드라마 장르
      의 다양화, 민영방송은 트렌디 드라마가 인기 있던 시기였다고 한다. 또한 일본
      의 방송계가 '국제화'를 지향하던 시기에 국제공동제작 드라마가 아니면서도
      "아시아, 중동, 동유럽 등 많은 나라에서 방영되어 각 국민들에게 압도적인 지지
      를 " 받았던 작품이기도 하다(https://www2.nhk.or.jp/archives/search/special/
      detail/?d=drama010). 방영 이후 원작을 토대로 만화(1983), 소설(2003, 2010), 연극
      작품(1984, 1995) 등으로 만들어졌으며, 2013년에는 영화로 개봉되기도 했다. 주로
      여성시청자들을 끌어들였던 일일드라마는 1970년대 중반부터 시청률 40%를 넘
      었고, 〈오싱〉과 같은 시청률 50%를 넘는 작품의 탄생으로 인해 대하드라마와 연
      속텔레비전소설이 일본의 "공통문화를 키우는 이야기"로 불리게 되었다. 쓰루미
      슌스케, 『전후일본의 대중문화사 1945-1980』, 이와나미서점, 1991, 214면.(鶴見俊

기가 재연되길 바라는 기사[65]는 중경에서 20여 년 만에 재방영되고 있는 〈오싱〉을 보며 매일 울고 있다는 대학생의 말을 인용한다. 일본의 국경 밖에서 한류와 경쟁할 수 있는 일본 대중문화는 동시대적인 텍스트가 아니라 "첫 방영시에 거리에 사람들이 없었다"는 노스탤지어를 상기시키는 콘텐츠였다. 그리고 이 담론에서 주목할 만한 지점은 드라마 〈오싱〉이 일본 외무성의 산하에 있는 국제교류기금의 후원으로 여러 나라에 무상으로 공급된 텍스트라는 점이다. "아시아에 깊이 남아있는" 기억을 지우고 "일본 스스로 다른 아시아 나라들과 같은 근대화의 고뇌와 곤란을 경험했던 사실을 알려주"면서 "일본의 근대사를 여성의 시점에서 나타내고 전쟁이 가져온 재난을 어떻게 극복했는지가 강조된 젠더화된 문화와 역사의 이야기가 일본 근대의 부정적 측면을 적절히 없애고" 있다.[66]

재일코리언 에세이스트 박경남은 "식민지, 민족 분단, 군사독재정치, 백색 테러, 민주화 투쟁, 징병, IMF 경제위기에 의한 국가 경제의 파탄, 급격한 신자유주의, SARS(중동호흡기신질환), 메르스 등이 감염증, 유교를 기반

輔, 『戦後日本の大衆文化史 1945-1980』, 岩波書店, 1991.). 〈오싱〉은 일본의 국민 드라마이면서 동시에 초국적 드라마이기도 했다.

65   「오싱의 인기 중국에서 재연, 20년 만에 방영」, 『일본경제신문』, 2006.(「おしん人気中国で再燃, 20年ぶり放映」, 『日本経済新聞』, 2006. 5. 8.)
      또한 다른 기사에서는 일본의 한 시장조사에서는 베트남에서 인기 있는 배우를 물어본 결과, "한국은 최지우, 일본은 오싱"이라며 "한국의 배우 이름은 최지우 말고도 계속 나오지만 일본의 배우 이름은 빈곤을 그린 드라마의 주인공 이름 정도일 뿐이었다"고 한탄하고 있다. 「춘추」, 『일본경제신문』, 2010. 11. 14.(「春秋」, 『日本経済新聞』)

66   이와부치 고이치, 「일본 대중 문화의 이용가치」, 『문화연구03 '한류'와 아시아의 대중문화』, 연세대학교 출판부, 2003, 87-123면, 109면.

으로 하는 강한 가부장제, 입시전쟁, 국책 이민, 미군 기지, 지역 차별 등 세계 공통의 아픔이 한국에 다 몰려있다"고 하며 이것이 한국의 콘텐츠에 반영되어 있다[67]고 한다.

또한 한류가 아직 일본에 들어오기 전인 2001년 아시아 각국의 한류붐을 분석한 김현미는 욕망의 동시성이란 용어를 사용했다. 한류가 "한국 대중문화의 질적인 우수성이나 문화적 고유성 때문에 생겨난 것이라기보다 아시아 지역에서 새롭게 부상하는 욕망들과 다양한 갈등들을 가장 세속적인 자본주의적 물적 욕망으로 포장해 내는 능력 때문에 탄생한 것"[68]이라고 한다. 이러한 욕망들은 20여 년이 지난 지금 한국의 근현대사와 어울어지면서 새로운 감각을 지닌 콘텐츠로 탄생하고 있다. 한국의 드라마나 영화, 그리고 음악은 이러한 사회적, 역사적, 시대적 배경을 품으면서도 익숙하면서도 낯선 감각으로 일본에서 소비되고 있고[69], 더 나아가 새롭고 세련된 감각으로 연출되는 콘텐츠로 받아들여지기도 한다.[70]

일본 내 한류 콘텐츠의 소비는 또한 일본의 내셔널리즘, 여성 혐오의 기운과 맞물려 젠더 백러시, 혐한론, 외국인 혐오의 움직임과 공존해 왔다. 최근 일본에서 출판되어 5쇄까지 증쇄했다는 『"한일간"의 답답함과 대학생

67　『주간 금요일』, 2022. 2. 4, 앞의 글.

68　김현미, 「욕망의 동시성」, 『한겨레21』, 2001. 10. 30.

69　소설가 이노우에 아레노는 드라마 〈사랑의 불시착〉의 인기 요인이 "서사구조의 폭탄(物語爆彈)"이라고 하는데 그 내용은 모두가 알고 있고 안심할 수 있는 정형화된 이야기이면서도 시청자를 끌어들이는 매력이 있는 내용이라고 설명한다. 이노우에 아레노, 「서사 구조 폭탄의 기술―이노우에 아레노(문화)」, 『일본경제신문』, 2020. 7. 12.(「物語爆彈のしわざ―井上荒野(文化)」, 『日本經濟新聞』, 2020.)

70　니시모리 미치요, 한동현, 앞의 책, 228면.

인 나』[71]를 보면 한국 대중문화에 관심을 가지고 역사에 대해 공부를 하고 한국으로 역사 투어를 갔던 일본 대학생들의 경험담이 기록되어 있는데 한류가 일본 내에서 생활 속으로 정착한 것처럼 혐한류적 사고도 같이 정착되어 왔음을 알 수 있다. 대형 서점 한쪽에는 K-POP이나 드라마를 다루는 잡지와 책이 진열되어 있고, 바로 옆에는 혐한류와 젠더 백러시, 헤이트 스피치 등의 서적이나 잡지가 놓여 있다. 오사카나 도쿄의 일본에서 나가라는 데모와 한류를 소비하려는 팬들, 그리고 일본에서 나고 자란 재일코리언들이 혐한류의 공격을 직접적으로 받으며[72] 한류 팬들과 공존해왔다.

일본 내 한국 드라마의 소비패턴은 전후 일본사회와 한일관계의 맥락 위에서 수용되고 받아들여져 왔다. 그래서 일본 국경의 외부에서 시작되어 국내로 '흘러 들어온' 한류는 자극제로 작용하며 수면 위로 떠오르지 못하고 침전해 있던 갈등을 가시화시키고 있다. 이렇게 생각하면 일본에서는 넷플릭스와 같은 초국적 OTT를 경유하는 지금도 여전히 드라마를 소비하는 방식은 지역적 콘텍스트의 한계에서 자유롭지 못하다고 할 수 있을 것이다.

---

71 가토 게이키 편, 『"한일간"의 답답함과 대학생인 나』, 오쓰키 서점, 2021.(加藤圭木 編, 『「日韓」のモヤモヤと大学生のわたし』, 大月書店, 2021.)

72 2009년 12월 4일 재특회[在特会](在日特権を許さない市民の会, 재일의 특권을 허용하지 않는 시민의 모임) 회원들이 교토시 남쪽에 있는 교토조선제1초급학교 앞에서 난동을 부린 사건이나 재일제주인들이 모여 사는 오사카 쓰루하시 역 앞에서 종종 이루어지는 항의 데모 등을 사례로 들 수 있다.

1. 단행본 및 자료

가토 게이키 편, 『"한일간"의 답답함과 대학생인 나』 오쓰키서점, 2021.(加藤
　　圭木編, 『「日韓」のモヤモヤと大学生のわたし』, 大月書店, 2021.)

기타하라 미노리, 『안녕 한류』, 가와데서방신사(北原みのり, 『さよなら,
　　韓流』, 河出書房新社, 2013.), 2013.

김성민, 『케이팝의 작은 역사 : 신감각의 미디어』, 글항아리, 2018.(金成玟,
　　『K-POP 新感覚のメディア』, 岩波書店, 2018.)

김의영, 「일본 내 한류비즈니스의 현황과 향후 과제 전문가와의 인터뷰
　　를 중심으로」, 『인문과학연구논총』 39(1), 명지대학교 인문과학
　　연구소 편, 2018. 131-158면.

니시모리 미치요·한동현 역, 『한국영화·드라마 우리들의 수다 기록
　　2014-2020』, 2021.(西森路代＋ハン·トンヒョン, 『韓国映画·ドラマ
　　わたしたちのおしゃべりの記録2014-2020』, 駒草出版, 2021.)

백원담, 『동아시아의 문화선택 : 한류』, 도서출판 펜타그램, 2005.

박유희, 『한국영화 표상의 지도』, 책과 함께, 2019.

서영인, 「후쿠시마 이후의 일본 드라마」, 『실천문학』 2014. 11, 2019. 421-
　　430면.

쓰루미 스케, 『전후일본의 대중문화사 1945-1980』, 이와니미서점, 1991.
　　214면.(鶴見俊輔, 『戦後日本の大衆文化史 1945-1980』, 岩波書店, 1991)

오구마 에이지 편, 『헤이세이의 역사』, 가와데쇼보신샤, 2021.(小熊英二編,
　　『平成史』, 河出書房新社, 2021).

오사와 마사지, 『서브 컬쳐의 상상력은 자본주의를 넘을 수 있을까』,
　　2018.(大澤真幸, 『サブカルの想像力は資本主義を超えるか』,
　　KADOKAWA, 2018.).

야마시타 영애, 『여자들의 한류―한국 드라마를 읽는다』, 이와나미신서,
　　2013.(山下英愛, 『女たちの韓流―韓国ドラマを読み解く』, 岩波新書,
　　2013.).

이동후, 「한국 트렌디 드라마의 문화적 형성」, 『문화연구03 '한류'와 아시아
　　의 대중문화』, 연세대학교 출판부, 2003. 125-153면.

이석, 「일본 한류의 미디어에 관한 고찰―인스타그램의 역할에 주목하

여」, 아시아문화학술원, 『인문사회21』 10⑸, 2019, 1115-1130면.

이와모토 시게키, 『동경의 블론디 전후 일본의 아메리카니제이션』, 신요샤, 2007.(岩本茂樹, 『東京のブロンディ 戰後日本のアメリカニゼーション』, 新曜社, 2007.)

이와모토 겐지·이와모토 겐지·다케다 기요시·사이토 아야코 편, 「해설 장르」, 『신영화이론─역사·인종·젠더』, 필름아트사, 1998.(岩本憲児, 「解説 ジャンル」岩本憲児, 武田潔, 齊藤綾子編, 『「新」映画理論─歴史·人種·ジェンダー』フィルムアート社, 1998.)

이와부치 고이치, 「일본 대중 문화의 이용가치」, 『문화연구03 '한류'와 아시아의 대중문화』, 연세대학교 출판부, 2003, 87-123면.

야마구치 도모미·히구치 나오토 편, 「인터넷우익과 페미니즘」, 『인터넷우익이란 무엇인가』, 세이큐샤, 2019, 164-194면.(山口智美, 「ネット右翼とフェミニズム」, 樋口直人編, 『ネット右翼とは何か』, 青弓社, 2019.)

야스다 코이치, 『인터넷과 애국 재특회의 "어둠"을 쫓아서』, 고단샤, 2012.(安田浩一, 『ネットと愛国 在特会の, 「闇」, を追いかけて』, 講談社, 2012.)

정수영, 「'신한류'드라마 〈미남이시네요〉의 수용 및 소비 방식은 한류 드라마와 어떻게 다른가?─일본의 인터넷 게시판 분석 및 FGI를 중심으로」, 『한국언론정보학보』(85), 2017, 61-100면.

채지영, 『한류20년, 성과와 미래전략』, 한국문화관광연구원, 2020.

홍유선·임대근, 「용어 한류(韓流)의 기원」, 『인문사회』21 9⑸, 아시아문화학술원, 2018, 559-574면.

황미요조, 「한류의 시대, 한국 영화의 혼종성과 초국적인 수용에 접근하는 문화연구의 방법론」, 『인문학연구』(27), 인천대학교 인문학연구소, 2017, 3-30면

후루이치 노리토시, 이언숙 역, 오찬호 해제, 『절망의 나라의 행복한 젊은이들』, 민음사, 2011.

『에토세토라VOL.4 특집 여성운동과 백러시』, 에토세토라북스, 2020.(『エトセトラ VOL.4 特集 女性運動とバックラッシュ』)

2. 참고자료

日本内閣府, 「外交に関する世論調査」 https://survey.gov-online.go.jp/r03/r03-gaiko/index.html (최종열람일 2022. 1. 21.)

[대담2] 「世界共通のコンテンツに事欠かないのが強み韓流はなぜ多くの人に受け入れられるのか?」

[대담2] 「人間の悲喜劇に対する想像力を深める扉に」(이상 『주간 금요일[週刊 金曜日]』, 2022년

2월 4일호)

[대담3] 「格好いい女性たちの活躍を堪能礼儀正しく美しく女に敬意を払える『理想の男』がいた」

[대담4] 「BTSと『兵役』〜銀のスプーンを蹴り上げろ〜」(『주간 금요일[週刊 金曜日]』, 2022년 2월 11일호)

일본ABC협회 https://www.jabc.or.jp/newspaper.html

NHK방송사[NHK放送史] https://www2.nhk.or.jp/archives/tv60bin/detail/index.cgi?das_id=D0009030324_00000

https://sportsseoulweb.jp/star_topic/id=3820

그 외 각 신문기사는 각주에 표기했다.

베트남의 한류 현상 고찰
─한국 드라마를 중심으로

Ⅰ. 머리말

한류(韓流, Hàn Lưu, Hallyu)는 중국 언론에서 호명한 이후 전 세계적으로 인기 있는 한국 문화 현상을 지칭하는 용어이다. 최근에는 코로나19 팬데믹으로 인해 신한류가 급속하게 확산하고 있다. 예컨대 봉준호 감독의 〈기생충〉(2019)이 미국에서 최우수작품상, 감독상, 각본상, 국제장편영화상을 수상하면서 한국 영화의 황금시대를 열었다. 이뿐만 아니라 방탄소년단(BTS)은 총 35편의 억 단위 조회수 뮤직비디오를 보유한 아이돌 그룹이다. BTS가 미국 빌보드 차트의 정상을 잇달아 점령하는 사태를 두고 '케이팝'이라고 불러야 할지 아니면 다른 신조어를 만들어야 할지 의문이다. 한국의 드라마는 이제 넷플릭스 OTT로 이동하면서 〈킹덤1〉(2019)을 기점으로 〈오징어 게임〉(2021), 〈지옥〉

(2021), 〈지금 우리 학교는〉(2022) 등으로 확장되고 있다. 이러한 현상을 두고 한 기자는 1964년 비틀즈가 JFK공항에 모습을 드러낸 이후 '영국의 것'이 미국의 대중문화를 지배하였다면, 반세기가 지난 2021년 이후 한국의 대중문화는 이제 'K-인베이전'이 되어 미국을 넘어 전 세계를 강타하고 있다고 말하였다.[1] 1990년대 중반 아시아권에서 시작된 한류가 30년이 되기도 전에 글로벌 시대의 '주류문화'로 성장한 것이다.

한류 현상에 대한 본격적인 논의는 2000년대 들어서면서 언론학자와 문화연구자들에 의해 진행되었다. 지금까지 한류와 관련된 연구는 많으나 크게 두 가지 범주로 나눠볼 수 있다. 첫째, 한류 현상을 경제적 측면에서 바라보는 연구이다. 2020년 7월 14일부터 9월 25일까지 2,535개 사업체를 대상으로 산업 규모를 추정한 『2020년 상반기 콘텐츠산업 동향분석 보고서』 같은 경우가 이에 해당한다.[2] 이러한 연구는 한류 관련 사업 동향을 분석한 것으로 한류를 문화산업과 연계해서 지원·육성하는데 초점을 맞춘다. 아마 이러한 연구는 한류가 지속되는 한 앞으로도 계속 진행될 것이다. 둘째, 드물게 진행된 현지의 수용자들을 대상으로 한 심층적인 현장연구이다. 각국 수용자들이 한류 관련 미디어 텍스트 소비와 문화적 양상에 관한 현장연구를 통해 한류가 수용자들의 라이프 스타일, 패션, 화장법 등에 어떤 변화를 주는지를 연구한 것이다. 이를 통해 미디어 콘텐츠 내지 '문화적 형식들(cultural forms)'이 물리적 국경을 넘어 현지인들에게 새롭게 형

---

1   유승목, 「BTS가 끌고, 오징어 게임이 밀었다」, 『한류스토리』 60호, 한국국제문화교류진흥원, 2021, 6-7면.

2   한국콘텐츠진흥원, 『2020년 상반기 콘텐츠산업 동향분석 보고서』, 2020, 2-4면.

성 또는 재구성되는 양상을 제시한다.[5]

본 연구는 현지의 수용자들을 대상으로 하여 코로나19 팬데믹 상황에서도 여전히 지속되고 있는 베트남의 한류 현상을 한국 드라마에 기초하여 밝히는 것이 목적이다. 코로나19 팬데믹 상황에서도 베트남은 한류 현상이 식지 않고 확산하고 있다. 이러한 현상의 원인을 파악하기 위해 본 연구자는 현지인을 대상으로 한 설문조사를 실시하였다. 이를 토대로 한류 1.0 시대의 핵심 분야였던 한국 드라마가 베트남에서도 여전히 베트남 한류를 이끄는 중요한 콘텐츠임을 밝힐 것이다. 또한 베트남에서 불고 있는 한류 현상이 꾸준히 발전하기 위해서는 드라마 한류의 현지화 전략이 어떻게 진행되어야 하는지 전망할 것이다. 또한 본 연구는 베트남이라는 지역에서 최근에 벌어지는 한류 현상이 갖는 역사적·문화적·산업적·정치적 의미를 토대로 신한류 전략을 세울 때 고려해야 할 사항을 살펴볼 것이다. 이를 위해 한국의 TV 드라마와 관련된 문헌 연구도 병행할 것이다. 〈꽃보다 남자〉(2009)와 〈태양의 후예〉(2016)를 중심으로 한국 드라마가 현지인에게 인기를 얻고 있는 원인을 분석하고 미적 구조를 밝힐 것이다. 이를 통해 드라마 한류의 세계적 보편성과 한국적 특수성이 무엇인지 짚어볼 것이다.

한류 현상은 1990년대 중반 중국과 일본을 중심으로 시작되었다. 문화체육관광부에서 발표한 자료에 따르면 한류의 역사는 다음과 같이 구분할 수 있다.[4]

---

3   김영찬, 「베트남의 한국 TV드라마 수용에 관한 현장연구」, 『커뮤니케이션학 연구』 제16권 3호, 한국커뮤니케이션학회, 2008, 5-29면.

4   관계부처 합동, 『신한류 진흥정책 추진 계획』, 2020, 2면.

[표 1] 한류의 구분

구분	한류 1.0	한류 2.0	한류 3.0	신한류(K-Culture*)
시기	1997년 -2000년대 중반	2000년대 중반 -2010년대 초반	2010년대 초반 -2019년	2020년-
특징	한류의 태동 영상콘텐츠 중심	한류의 확산 아이돌스타 중심	한류의 세계화 세계적 스타 · 상품 등장	한류의 다양화 + 세계화(온라인 소통)
핵심 분야	드라마	대중음악	대중문화	한국문화 + 연관산업
대상 국가	아시아	아시아, 중남미, 중동, 구미주 일부 등	전 세계	전 세계 (전략적 확산)
소비자	소수 마니아	10-20대	세계시민	세계시민 (맞춤형 접근)

* 케이-컬쳐(K-Culture)는 신한류의 영문 명칭 겸 국제 홍보브랜드

표에서 알 수 있듯이 문체부는 시기·특징·핵심 분야·대상 국가·소비자로 구분하여 한류가 지구촌에서 어떻게 진행되었는지를 밝혔다. 베트남은 한류의 역사와 궤를 같이하면서 한국의 대중문화를 수용하였다. 베트남은 중국과 일본에 이어 동남아시아에서 한류를 적극적으로 수용한 국가이다. 베트남은 1986년 도이모이 정책에 따라 시장을 개방하고 자유경제 체제를 도입하면서 사회 전반에 걸친 변화를 유도하였다.[5] 한국과 베트남은 1992년에 정식 수교하였고 한국 드라마는 1997년 이후 본격적으로 보급되었다. 한류 1.0 시기에 전형적으로 부합하는 경우에 해당한다.

---

5   장윤희, 「베트남 한류문화 연구의 전개와 현황: 한국과 현지 학자의 한류연구주제와 접근법 비교를 중심으로」, 『음악과 문화』 제38호, 세계음악학회, 2018, 112면.

2000년대 초 베트남에 '대장금 한식당'이 생기고, 한국 제품은 드라마의 인기에 힘입어 빠르게 자리를 잡아갔다. 이 시기에 한국 연예인이 베트남에서 공연을 했다. 예컨대 2000년 초에 베트남에 방영된 〈모델〉(1997)의 인기가 높아지자 김남주는 호찌민시를 방문하여 〈사이공 밤의 색깔(Sac mau Dem Saigon)〉이라는 공연에 참가하였다. 〈별은 내 가슴에〉(1997)로 인기를 얻은 안재욱은 2001년 7월에 호찌민시 통일경기장에서 공연할 예정이었지만 관계 당국의 공연 취소로 무산되기도 하였다. 한류스타를 통해 한국의 대중음악이 베트남 사회에 전파된 것도 한류 2.0 시기와 대체로 일치한다.

현재 베트남은 한류 3.0 확산 단계에 있다. 이 시기에 베트남에서의 한국 음악은 〈천국의 계단〉(2003)과 같은 드라마 삽입곡과 가수 비, 원더걸스의 공연을 통해 대중에게 전파되었다. 한국 드라마는 인터넷을 통해 〈응답하라 1998〉(2015), 〈육룡이 나르샤〉(2015) 등이 인기를 얻었다고 한다.[6] 베트남 사람들에게 한류가 잘 받아들여진 이유는 베트남 국민의 한국 드라마에 대한 소비 욕구가 증가한 것도 원인이지만, 베트남 자체의 드라마 콘텐츠가 부족했던 것도 빼놓을 수 없는 요인이다. 이 시기에 한국의 우수한 대중문화는 베트남의 방송 틈새를 파고들면서 베트남 시청자의 인기를 얻을 수 있었다.[7]

---

6   박갑룡, 「동남아시아의 한류 동향과 신남방정책 관련 과제 연구: 한국문화사업교류재단의 한류백서를 중심으로」, 『재외한인연구』 제52호, 재외한인학회, 2020, 92-94면.

7   이한우, 「베트남에서의 "한류", 그 형성과정과 사회경제적 효과」, 『東亞研究』 제42집, 서강대학교 동아연구소, 2002, 99-100면.

II. 베트남 국민의 한류 인식

필자는 코로나 이후 한류에 관한 베트남 현지인의 인식을 알기 위해 2022년 2월 8일부터 2월 13일에 걸쳐 베트남에 거주하는 현지인을 대상으로 한류 선호도 설문조사를 실시하였다. 설문지는 베트남 조사기관인 'Q&Me'에서 2019년에 실시한 설문지와 같은 내용으로 구성하였다[8]. 이를 통해 베트남 국민들이 코로나19와 같은 팬데믹 상황에서도 한국문화를 어떻게 생각하는지 알 수 있었다. 참고로 Q&Me에서 2019년 실시한 설문 조사는 2019년 5월 전국 18세 이상 베트남인 917명을 대상으로 진행하였고 응답자 중 남성은 43%, 여성은 57%였다. 2022년에 필자가 실시한 설문 조사는 전국 18세 이상 베트남인 105명을 대상으로 한 것으로 남성 36.5%, 여성은 63.5%이다.

[표 2] 한류 선호도 조사

문항	년도	답변 문항에 대한 응답 비율			
		매우 좋아한다	좋아한다	별로 좋아하지 않는다	매우 좋아하지 않는다
한국 선호도	2019	37%	39%	2%	3%
	2022	42.3%	33.7%	1.0%	1.9%

---

8   Q&Me, *"How Vietnamese recognize Korean cultures"*, Q&Me Vietnam Market Research, 2019.

한국 음악	2019	20%	31%	6%	3%
	2022	25.2%	26.2%	4.9%	2.9%
한국 드라마 ·영화	2019	25%	43%	1%	3%
	2022	36.9%	33%	0%	1%
한국 음식	2019	32%	36%	2%	1%
	2022	38.8%	36.9%	3.9%	0%

1) '한국 선호도'에 대한 결과는, 2019년 조사에서는 베트남 국민의 76%가 한국에 대해 긍정적인 느낌을 가지고 있음을 보여준다. 코로나19가 진행 중인 2022년 조사에서도 베트남 국민의 76%가 한국에 대해 긍정적인 인식을 보여주고 있다. 차이점은 2019년에 비해 2022년에는 '매우 좋아한다'는 응답 비율이 '좋아한다'는 응답 비율보다 높았다는 점이다.

2) '한국 음악'에 대한 결과는 2019년 조사에서는 베트남 국민의 51%가 긍정적인 인식을 보여주었고, 2022년 조사에서는 51.4%가 긍정적으로 답변하였다. 응답 비율은 비슷했지만 2019년에 비해 2022년에는 '매우 좋아한다'는 응답 비율이 소폭 상승하였다.

3) '한국 드라마·영화'에 대한 결과는 2019년 조사에서는 베트남 국민의 68%가 긍정적으로 답변하였고, 2022년 조사에서는 69,9%가 긍정적인 반응을 보여주었다. 응답 비율은 2019년보다 소폭 상승하였고 '매우 좋아한다'는 응답 비율이 눈에 띄게 높았다.

4) '한국 음식'에 대한 결과는 2019년 조사에서는 베트남 국민의 68%가 긍정적인 인식을 보여주었고, 2022년 조사에서는 75.7%가 긍정적으로 반응하였다. 다른 항목에 비해 한국 음식에 대한 선호도가 코로나 이후 급상승했음을 알 수 있다.

이외에도 설문조사에 참가한 베트남 현지인 답변 결과, 2019년에는 한국의 대표적인 이미지로 한국 음식(42%), 한국 음악(21%), 한국 영화(11%), 한국의 자연환경(10%), 김치(28%), 친절(6%)을 꼽았다. 그러나 2022년 조사에서는 한국 음악(29.1%), 한국 음식(27.2%), 한국 드라마(16.5%), 한국 영화(13.6%), 한국의 자연환경(13.6%) 순으로 나타났다. 특이한 점은 2019년 조사와 달리 2022년 조사에서는 한국 음식에 비해 한국 음악에 대한 선호도가 높았는데 이는 코로나19로 인해 베트남의 젊은이들이 가상의 공간에서 한국 음식보다는 한국 음악을 접할 기회가 늘어난 데 따른 것으로 보인다. 또한 한국 드라마로 가장 많은 응답률을 보인 것은 2019년의 경우, 〈꽃보다 남자〉(13%), 〈태양의 후예〉(13%), 〈기황후〉(7%) 순이었으며, 2022년에는 〈태양의 후예〉(5%), 〈꽃보다 남자〉(4%), 〈김비서가 왜 그럴까?〉(4%) 순으로 비율은 낮지만 비슷한 선호도 양상을 보여주었다. 두 조사의 결과에서 알 수 있듯이 코로나19 팬데믹 상황에서도 여전히 베트남에는 한류 바람이 강하게 불고 있음을 알 수 있다. 요약하자면 한류 팬데믹이 지속적인 상황에서도 '매우 좋아한다'는 응답이 2019년에 비해 늘어난 것은 베트남 국민이 한류를 인식하는 수준이 '한류 선호형'에서 '한류 환호형'으로 바뀌고

있음을 보여준다.[9]

III. 한국 드라마에 나타난 베트남의 한류 현상

아시아 국가를 상대로 한 조사에서 한국 드라마 시청을 가장 많이 하는 국가는 베트남으로 확인되었다. 주당 한국 드라마 평균 시청 시간은 베트남(540분), 태국(318분), 중국(317분), 일본(215분) 순으로 나타났다.[10] 90년대 중반 한류 붐이 시작된 베트남은 2000년대 초반 드라마 한류로 이어지고 2000년 후반에는 음악 한류로 확장하였다. 최근 조사된 자료에서 알 수 있듯이 베트남은 여전히 음악 한류보다는 드라마 한류가 강세이다. 참고로 방송 한류의 지역별 수출 현황 기준에 따르면, 일본(35.5%), 중국(5.9%), 베트남(3.2%), 태국(2.6%) 순으로 일본에 비해 베트남에 수출되는 방송 콘텐츠가 낮은 것은 사실이다. 그럼에도 베트남은 우리나라 방송 프로그램 수출국 7위에 해당한다. 전체적으로 드라마 수출로 한정하여 우리나라의 생산유발효과를 산정하면, 2017년 드라마 총수출액은 2.03억 달러로 소비재 수출액 5.03억 달러를 견인했으며, 이로 인한 생산유발효과는 1조 1,200억 원으로 추정된다.[11]

---

9   응엔 부디에링, 오원환, 「베트남 대학생의 한류에 대한 주관적 인식 연구」, 『주관성 연구』 제57호, 한국주관성연구학회, 2021, 40-45면.

10   한국콘텐츠진흥원, 「국가별 한류 콘텐츠 수출동향과 한국 상품 소비인식 분석―중국, 일본, 태국, 베트남 사례 비교―」, 『코카포커스』 제68호, 2013, 19면.

11   한국콘텐츠진흥원, 「방송 영상 콘텐츠 수출의 경제적 파급 효과」, 『코카포커스』

한국 드라마에 대한 베트남 국민의 관심은 꾸준하게 증가 추세에 있다. 베트남에서 한국의 대중문화인 '한류'의 본격적인 시작을 알린 것은 한국 TV 드라마였다. KBS에서 제작한 〈느낌〉(1994)이 1997년에 매주 2회 두 달 간 호찌민시TV에 방영된 것을 시작으로 1998년에는 〈내 사랑 유미〉(1995), 〈아들과 딸〉(1992), 〈의가형제〉(1997) 등이 호찌민시TV를 통해 베트남 내에 방영되었다. 1997년부터 1999년 5월까지 베트남 내에 소개된 한국 드라마 작품 편수는 14편이었다. 이 가운데 가장 주목을 받은 작품은 MBC에서 제작한 〈의가형제〉였다. 특히 주인공을 맡은 장동건은 베트남 국민들로부터 큰 인기를 얻어 '국민배우'로 불리었다. 2002년부터 2005년 7월까지 베트남에 수출된 한국 TV 드라마는 총 110편이었다.[12] 이 시기에 베트남에서 인기 있었던 한국 TV 드라마는 〈대장금〉(2003), 〈풀하우스〉(2004) 등이다. 2005년 이후 2018년까지 한국 TV 드라마는 베트남에 지속적으로 소개되었고 〈꽃보다 남자〉(2009), 〈별에서 온 그대〉(2014), 〈태양의 후예〉(2016), 〈도깨비〉(2017), 〈김비서가 왜 그럴까?〉(2018) 등은 지금까지도 베트남에서 인기 있는 TV 프로그램이다. 한국 드라마는 2020년 2월 넷플릭스 베트남의 '인기 TV 시리즈 10선'에 7편이 오를 만큼 베트남에서 인기는 식을 줄을 모른다.[13]

조사 시기마다 차이가 나지만, 한 연구자는 베트남에서 방송된 한국

제124호, 2020, 29면.

12   김종욱, 「베트남의 한류가 한·베 관계 발전에 미친 영향」, 『가톨릭대학교 인문과학연구소』 제18호, 가톨릭대학교 인문과학연구소, 2005, 52-53면.

13   임용태, 『한국 드라마, 넷플릭스 베트남 채널 석권, 10위 내 7개』, 2020. 2. 28. http://www.insidevina.com/news/articleView.html?idxno=12726

드라마 중 지금까지 〈첫사랑〉(1996)의 시청률(65.8%)은 역사상 가장 높은 수치라고 말한다.[14] 또한 가장 빛나는 한국 드라마 중에 첫 번째는 〈태양의 후예〉(2016)와 〈별에서 온 그대〉(2014)를 꼽았다. 그다음으로 〈시크릿가든〉(2010), 〈상속자들〉(2013), 〈꽃보다 남자〉(2009), 〈그 겨울, 바람이 분다〉(2013)가 뒤를 이었다. 이를 통해 알 수 있는 것은 한국 드라마는 시의성보다는 작품성이 베트남 시청자에게 영향을 준다는 사실이다. 물론 한국 드라마의 영향력은 초기 단계에 매우 컸다가 퇴조기를 거쳐 다시 커지는 양상을 보여주고 있다. 이는 최근 조사한 설문지를 통해서도 확인할 수 있다. 최근에는 OTT 서비스를 구축한 넷플릭스(Netflix), 디즈니플러스(Disney+), 국내 웨이브(Wavve) 등이 전면에 나서면서 기존 TV 드라마의 판권을 구입하여 실시간 시청할 수 있다는 점도 시의성보다는 작품성에 영향을 준 것으로 보인다. 베트남은 이제 한류 4.0 초입에 있다. 베트남의 젊은이들은 페이스북, 유튜브와 같은 웹을 통해 한국 드라마를 시청한다. 앞으로 베트남에는 콘텐츠와 커머스가 결합한 MCN이라는 새로운 콘텐츠 시장이 열리면서 온라인 동영상 플랫폼에 대한 기대감이 높아질 것이다.[15]

---

14   응엔 부디에링, 오원환, 앞의 글, 34면.

15   한국콘텐츠진흥원, 「한류 확산 전략: 크리에이터, IP, 플랫폼, 자본」, 『코카포커스』 제16-04호, 2016, 7면.

Ⅳ. 한국 드라마의 미적 구조

1.〈꽃보다 남자〉: 여성의 주체적 성장 서사

베트남 한류 현상의 시작은 'K-드라마'였다. 여전히 한국 드라마는 베트남에서 한류의 중심을 차지하고 있다. 앞서 논의한 베트남 현지 시장조사 사업체인 'Q&Me'는 〈꽃보다 남자〉(2009)와 〈태양의 후예〉(2016)가 공동으로 13%라는 높은 응답자의 반응을 끌어냈음을 보여주었다. 한국 드라마가 베트남 국민으로부터 사랑을 받는 비결은 무엇일까? 한국 드라마에 대한 일반적인 해석은 한국과 베트남이 유교와 불교 문화권을 갖고 있기에 '가족애'가 주제로 등장하면 베트남 시청자의 인기를 얻었다는 점이다. 또한 두 나라의 역사가 비슷한 점을 들어 강대국에 흡수되지 않고 주권 국가를 지켰기에 '강한 자존심', '애국심'이 드러나면 문화할인율이 낮다는 점을 들어 한국 드라마의 인기 요인으로 삼았다. 과연 〈꽃보다 남자〉는 이러한 해석으로 설명할 수 있을까?

〈꽃보다 남자〉는 일본 원작을 리메이크한 작품이다. 오랜 시간 아시아 각국에서 사랑받았던 이 작품은 2009년에 KBS에서 방영되었다. 제작단계에서부터 많은 여성의 관심과 지지를 받았다고 한다. 베트남 여대생이 선호하는 한국 영상 콘텐츠 항목에서도 이 작품은 응답 빈도수가 높은 편이다.[16] 이 작품은 만화라는 장르에 따른 소비층이 많지 않았기에 예상 독자

---

16   이정화·남기범, 「베트남 여대생의 문화콘텐츠 추구가치 분석: 자국 콘텐츠와 한류 콘텐츠 소비의 비교」, 『아태연구』 제28권 1호, 경희대학교 국제지역연구원,

층도 제한적일 것으로 보았다. 게다가 원작만화가 가지고 있는 '이지메 문화', '물질만능주의', '성 상품화' 등의 문제도 존재하였다. 그럼에도 이 작품은 한중일 삼국에서 모두 소비되고 다양하게 리메이크되어 성공한 작품이 되었다.[17] 〈꽃보다 남자〉는 일본, 홍콩, 싱가포르 및 아시아 여러 나라에 선판매되었으며, 한류를 이끄는 한국 드라마 역할을 톡톡히 하였다.

〈꽃보다 남자〉는 방영 초반에 미스 캐스팅 논란이 있었으나 최종평가는 긍정적으로 귀결되었다. 일부 팬들에게는 한국 배우들이 예쁘고 잘 생겼다는 평가를 받기도 하였다. 반면에 한국 스타들은 성형미인이라는 식의 혹평도 있었다. 그러나 로맨스 플롯을 기본 축으로 하는 이 드라마는 전통적인 성관념에서 탈피한 남성 캐릭터를 보여주었고, 독립적인 여성 캐릭터를 재현했다는 점에서 많은 여성의 공감을 얻었다. 구체적으로 살펴보면, 이 작품은 가난한 집에서 태어난 여주인공의 성장 서사를 중심으로 이야기가 전개된다. '금잔디'라는 이름에서 알 수 있듯이 야생의 잡초처럼 꿋꿋하게 살아가는 인물을 설정했는데 이러한 면은 성장 서사의 보편성과 한국 여성의 특수성을 보여준다. 베트남 여대생들이 선호하는 '배경-고난 대처-

---

2021, 141면. 베트남 여대생들이 좋아하는 한국 콘텐츠는 38개 작품으로 조사되었다. 가장 높은 빈도수를 차지한 작품은 〈7번방의 선물〉(2013)로 7이었다. 〈꽃보다 남자〉는 빈도수 3을 차지했다. 같은 빈도수를 차지한 작품을 제외하면 5개의 작품이 〈꽃보다 남자〉보다 높은 빈도수를 보여준다. 베트남의 하노이대학교 여대생 73명을 대상으로 2014년에 실시한 심층면접에서도 〈꽃보다 남자〉는 여성들에게 인기가 높았음을 알 수 있다.

17   김정은, 「〈꽃보다 남자〉를 통해 본 동아시아 대중문화의 허와 실」, 『중국어문논역총간』 제47집, 중국어문논역학회, 2020, 143면.

사랑'플롯이 전반적으로 작동한 것이다.[18]

공간적 측면에서 볼 때, 이 작품은 한국 드라마의 흥행 공식인 가정과 학교라는 일상적 공간을 배경으로 하고 있다. 구준표로 대표되는 재벌 가문과 금잔디로 상징되는 서민 집안의 혼합적 문화가 산재되어 나타난다. 이 작품은 금잔디 집안의 가족애를 돋보이면서 상류층을 압도할 수 있는 가치 있는 관계를 그려낸 것이다.[19] 이러한 면은 금잔디 이미지에 몰입한 시청자로 하여금 현실성이 부족한 환상성을 갖게 한다. 〈꽃보다 남자〉에서 금잔디가 보여준 세계는 '신데렐라 콤플렉스'로 비하되는 여성의 수동적이고 순응적인 여성성을 뛰어넘는다.[20] 〈꽃보다 남자〉 마지막 회인 25회에서 구준표는 케이블카에서 행한 첫 번째 프러포즈 이후 4년이 지난 후에 한국에 돌아온다. 그는 의대생이 되어 봉사활동을 하고 있는 금잔디에게 바닷가에서 두 번째 프러포즈를 한다. 구준표를 대하는 금잔디의 모습은 우리가 알고 있는 '신데렐라'는 아니다. 이러한 금잔디의 모습은 여성이 주도적으로 판단하고 결정하겠다는 의지를 반영한다. 드라마는 금잔디가 구준표의 청혼을 받아들였는지 혹은 결혼했는지 알 수 없는 오픈 플롯으로 끝을 맺는다.

〈꽃보다 남자〉가 베트남에서 인기를 얻은 비결은 한류 스타 이미지에

---

18   이정화·남기범, 앞의 글, 151면.

19   김종수, 「21세기 동북아시아 문화융합과 문화적 취향의 공유: 〈꽃보다 남자〉의 유행 현상을 중심으로」, 『비교문화연구』 제40집, 경희대학교 비교문화연구소, 2015, 48-50면.

20   신원선, 「한국 드라마를 통해 본 '신데렐라 콤플렉스' 비평의 문제점—〈꽃보다 남자〉를 중심으로」, 『한민족문화연구』 제31집, 한민족문화학회, 2009, 506-511면.

힘입은 바가 크다. 베트남 여성 응답자들은 한국에 대한 국가 이미지도 좋은 편이지만 F4로 상징되는 잘생긴 한류 스타 이미지도 긍정적으로 작용한 것으로 보인다.[21] 또한 이 드라마가 보여준 주체적으로 성장하는 여성 인물의 모습은 문화할인율을 낮췄으며, 여성 인물의 홀로서기를 통한 대등한 남녀관계의 모습은 베트남 여성들의 정서적 공감을 불러일으켰을 것이다.

2. 〈태양의 후예〉: 휴머니즘과 결합된 멜로 서사

〈태양의 후예〉는 16부작으로 구성된 드라마로 한국을 넘어 아시아 각국에서 인기를 얻었다. 중국 동영상 플랫폼 아이치이(愛奇艺: iQiyi)에서 8회 만에 누적 조회수 10억 뷰를 넘을 만큼 중국에서도 인기가 높았다.[22] 중국에서의 인기 요인은 스타 마케팅, 신선한 소재, 정서적 공감대 형성을 들수 있다. 중국에서 인기가 높은 송혜교와 송중기를 캐스팅한 것은 시청자의 관심을 끌기에 충분했다. 또한 가상 국가 '우르크'라는 공간에서 펼쳐지는 군부대 대위와 종합병원 의사와의 사랑이라는 설정은 네티즌의 호기심을 자극할만한 소재였다. 남녀 주인공이 평등한 관계를 보이며 자기 일에

---

21   반티뀌민·전범수, 「한국 및 한류 스타 이미지가 베트남 여성들의 한국 드라마와 영화 이용의도에 미치는 영향」, 『영상문화콘텐츠연구』 제23집, 동국대학교 영상문화콘텐츠연구원, 2021, 215-216면.

22   한국콘텐츠진흥원, 「〈태양의 후예〉 열풍과 K-드라마의 매력」, 『코카포커스』 제16-03호, 2016, 5면.

최선을 다하는 모습에서 중국인들은 친화감을 느꼈을 것이다

〈태양의 후예〉는 한동안 잠잠했던 드라마 한류의 열풍을 재점화한 기념비적인 작품으로 볼 수 있다. 2000년대 초반 드라마 한류 붐을 일으켰던 대표적인 작품인 〈겨울연가〉(2002), 〈대장금〉(2003) 이후 선도적인 한국 드라마가 없었던 것이 사실이다. 〈별에서 온 그대〉(2013-2014)가 중화권에서 인기를 끌며 드라마 한류의 명맥을 이어온 것이다. 그러다가 2016년에 발표된 〈태양의 후예〉가 등장하면서 10여 년간의 드라마 한류의 공백을 무너뜨렸다. 이를 통해 드라마 한류 열풍이 일시적인 현상이 아니라는 것을 입증하였다.[25] 이 작품이 동아시아인들의 관심을 사로잡은 비결은 전쟁터를 배경으로 한 휴머니즘의 구현에 있다.

〈태양의 후예〉의 서사는 엘리트 군인 남자와 흉부외과 전문의인 여자의 만남으로부터 시작된다. 두 남녀는 지위와 직업 면에서 대등한 관계이다. 기본적으로 이 드라마에 등장하는 남녀 구도는 한국의 대중 멜로드라마와는 다르다. 예컨대 네 명의 남녀 주인공인 유시진과 강모연, 서대영과 윤명주의 2대2 구도가 서사의 중심축을 이끌어 간다. 〈태양의 후예〉 5회에 나타난 재난 현장에서 희생적인 강모연과 동료 의료진들의 목숨을 건 환자 구호 행위는 시청자들에게 감동을 선사한다. 강모연이 유시진이라는 이상화된 대상의 가치에 동조하는 순간 이상화된 의사 강모연의 모습을 볼 수 있다. 이런 점에서 이 작품은 멜로드라마에서 흔히 볼 수 있는 남녀 관계가 아닌 휴머니즘의 구현을 위해 설정된 인물임을 알 수 있다. 〈태양

---

23   신원선, 「한류를 재점화한 태양의 후예의 대중화 전략」, 『한국학연구』 제62집, 한민족문화학회, 2017, 200-201면.

의 후예〉는 한국 드라마에서 흔히 볼 수 있는 삼각관계, 재벌, 출생의 비밀 등이 없다는 점에서 기존 멜로드라마의 공식을 깬 것으로 볼 수 있다.

〈태양의 후예〉는 베트남에서도 흥행에 성공했다. 베트남에서의 흥행 요인으로는 영상의 아름다움, 주연 남자 배우인 송중기에 대한 호감도를 들 수 있다.[24] 우루크라는 가상 공간을 설정하여 군대 파병, 북한군과의 대치 등을 통해 리얼리티를 확보한 것은 독특한 구성이다. 이런 배경하에서 남녀 인물이 사랑 감정을 묘사할 때마다 등장하는 화려한 미장센과 화면 구성은 낭만적 로맨스 판타지를 강화한다.[25] 남녀 주인공이 겪는 재난·납치·감염 등에 따른 죽음의 위기와 그에 따른 로맨스를 이루어가는 과정은 휴머니즘과 블록버스터가 성공적으로 결합된 드라마임을 보여준다. 이러한 멜로 서사는 한국 드라마에 환호하는 베트남 젊은 층에 영향을 미치고 있는 것은 사실이다. 〈태양의 후예〉와 같은 드라마를 통해 한국에 대한 선호가 높아지고 있는 것이다.

그러나 이 작품은 베트남에서 현지 방영을 둘러싸고 찬반 논란을 불러

---

24 이미나·윤호영, 「베트남의 한국 드라마 인기 요인—〈태양의 후예〉와 〈밥 잘 사주는 예쁜 누나〉에 대한 베트남 뉴스 보도 분석」, 『영상문화콘텐츠연구』 제19집, 영상문화콘텐츠연구원, 2020, 70-76면. 이 논문은 키워드 분석과 토픽모델링 분석을 토대로 두 작품을 분석한 것이다. 〈태양의 후예〉 드라마는 중국에서는 남녀 주인공이 인기를 얻었지만, 베트남에서는 남자 배우가 더 많은 주목을 받은 것으로 나타났다. 베트남의 경우 여성 시청자의 영향을 고려한 것으로 보인다.

25 김공숙·이대영, 「한류 로맨스 드라마 캐릭터와 재가가인(才子佳人) 비교연구: 〈태양의 후예〉 캐릭터를 중심으로」, 『디지털영상』 제15집, 한국디지털영상학회, 2018, 18-19면.

일으켰다.[26] 베트남 전쟁이 끝난 지 40년이 지났지만 베트남 국민들 사이에서는 아직도 한국군에 대한 기억이 사회적 트라우마로 남아 있기 때문이다. 양국 간의 문화 교류가 봇물 터지듯 늘어가지만 〈태양의 후예〉에서 알 수 있듯이 한국군을 소재로 한 드라마는 여전히 조심스러울 수밖에 없다. 따라서 한·베 양국의 과거사를 직시할 필요가 있고, 양국이 대중문화를 통해 이 숙제를 해결하는 것을 더 이상 미룰 수만은 없다.

V. 맺음말

오늘날 세계는 문화를 중심으로 한 콘텐츠 경쟁이 한창이다. 이 글은 코로나19 팬데믹 상황에서 여전히 확장되고 있는 베트남의 한류 현상을 한국 드라마를 중심으로 고찰한 것이다. 베트남에 불고 있는 한류 현상의 중심에는 한국 드라마가 있다. 한류 1.0 시기를 주도한 한국 드라마가 신한류 시대로 접어들고 있는 지금까지도 여전히 영향력을 잃지 않고 있는 것이다. 코로나19 팬데믹은 OTT와 더불어 드라마 한류를 부채질하고 있다. 이런 현상의 이면에는 베트남이 민주주의를 이루는 과정에서 발생한 문화 결핍의 빈자리를 한국 드라마가 채워주고 있기 때문이다.

이 글에서는 코로나19 팬데믹 상황에서도 베트남 현지에 불고 있는 한류 열풍을 현지인들의 설문조사를 통해 알아보았다. 논의 결과, 베트남 국

---

26   서어리, 『〈태양의 후예〉 베트남에선 논란, 왜 그럴까?』, 2016. 4. 27. https://www.pressian.com/pages/articles/135983#0DKU

민의 한류 인식은 코로나 이전과 대체로 일치하였다. 차이점은 '한류 선호형'보다는 '한류 환호형'이 증가했다는 점이다. 한국 드라마는 일반적으로 가족 화목, 이국적 정취, 순애보, 노인공경, 교육, 발전된 경제, 미남미녀 배우, 아름다운 화면, 자연스러운 연기, 패션, 진실의 집합체로 이루어진다.[27] 본문에서 다룬 〈꽃보다 남자〉는 여성 주체의 성장 서사를 다뤘다는 점에서 기존의 드라마 문법에서 예외적임을 알 수 있었다. 〈태양의 후예〉는 멜로 서사를 축으로 한 휴머니즘을 추구했다는 점에서 기존 드라마와 차이점을 보여주었다. 이러한 서사적 특성은 기존의 드라마와 다른 특징을 보여주었기에 시간이 지나서도 베트남 국민으로부터 많은 인기를 얻을 수 있을 것이다.

그러나 〈태양의 후예〉가 베트남 현지에서 방영되기 전에 많은 논란을 일으킨 사실은 주목할 필요가 있다. 한·베 양국 사이에는 베트남 전쟁의 트라우마가 있기에 전쟁을 소재로 한 드라마는 문화접변 과정에서 반한류의 정서를 불러일으킬 수 있다. 중국은 '자국문화산업의 보호'라는 명분으로 항한류(抗韓流) 기조를 유지하고 있다. 베트남의 반한류는 드라마보다는 '케이팝'에 빠진 청소년 열성팬에 대한 반감이 크며,[28] 드라마의 경우는 엇비슷한 모티브의 반복에 따른 비호감과 한국군에 대한 부정적 이미지를 통해 나타난다. 베트남에 일부 남아 있는 반한류를 극복하고 미래로 나아가기 위해서는 국가 간 상호이해가 필수적이다. 무엇보다도 한류에 대한

---

27   박장순, 『한류의 흥행 유전자 밈』, 북북서, 2011, 59면.

28   김수정·김은준, 「동남아시아 반한류에 나타난 문화적 갈등과 특성: 인도네시아와 베트남을 중심으로」, 『동남아시아연구』 제26권 3호, 한국동남아학회, 2016, 30면.

지나친 국가적 자부심과 문화적 우월성 인식이 자칫 민족주의와 자국 산업 보호주의를 자극하여 반한류를 촉진할 수 있다는 점에 유의할 필요가 있다.[29]

한류 4.0이 본격화된 2020년이 되면서 방송 한류는 급격하게 전 세계적으로 확산하고 있다. 이른바 글로벌 OTT(Over the top, 온라인 동영상 스트리밍 서비스) 사업이 등장한 것이다. 코로나19 팬데믹은 외출이 제한적인 사람들을 겨냥하여 OTT 사업 확장을 가져왔다. 채널 사업자가 지상파를 추월하면서 스튜디오 시스템을 갖춘 넷플릭스와 같은 기업들이 대거 등장하면서 한국 드라마는 신한류의 날개를 타고 전 세계로 뻗어나갔다. 영화와 같은 대규모 투자를 받은 드라마를 세계 어디서나 즐길 수 있는 시대가 된 것이다. OTT를 통한 영상 콘텐츠 소비가 늘어나면서 드라마 한류는 지각 변동이 일어났다. 〈2021 해외한류실태조사〉를 보면 '가장 좋아하는 한국 드라마'에 〈사랑의 불시착〉(2019-2020), 〈사이코지만 괜찮아〉(2020) 등이 넷플릭스 상위권에 올랐다.[30] 급기야 넷플릭스가 직접 제작에 투자한 〈스위트홈〉(2020)이 넷플릭스에서 1위를 차지하였다. 그 뒤를 이어서 〈오징어게임〉(2021)이 전 세계 여러 곳에서 1위를 차지하였다. 〈오징어게임〉이 미국뿐 아니라 전 세계 넷플릭스에서 인기 작품 1위에 오른 것은 처음 있는 일이었다.[31] 〈오징어 게임〉의 성공은 특히 온라인 드라마와 한국 영상의 새

---

29   한국콘텐츠진흥원, 「한류의 지속과 새로운 가치 창출을 위한 정책 패러다임 전환」, 『코카포커스』 제125호, 2020, 14면.

30   한국국제문화교류진흥원, 『2020 한류백서』, 한국국제문화교류진흥원, 2021, 42면.

31   심소정, 「국내 콘텐츠의 성공 사례 분석과 그 효과에 대하여—오징어게임을 중심으로」, 『커뮤니케이션디자인학연구』 제78호, 한국커뮤니케이션디자인협회,

로운 시대를 열었다.

베트남어 웹사이트인 VNExpress는 코로나19 팬데믹에 따른 불황 속에서도 2000년대 베트남을 포함한 아시아 국가에서 한류 또는 '신한류'가 폭발하기 시작했으며 이후 대륙 전체에 강하게 퍼졌다고 밝혔다. 베트남 국민들, 그중에서도 젊은 관객들은 베트남이 영화·드라마 제작을 협력하고 싶은 나라 1순위로 한국을 꼽는다. 현재 베트남 정부는 영화·드라마를 통해 국가 이미지를 홍보하는 데 정책적 역점을 두고 있다. 이를 위해 '2030년 영화·드라마 비전'을 수립하고, 작품 제작의 국제 협력을 전폭 지원하고 있다고 한다. 베트남과 한국이 공동 제작한 드라마 〈Tuổi Thanh Xuân(오늘도 청춘)〉(2014/2016), 〈Cô dâu vàng (황금 신부)〉(2007), 〈Mùi Ngò Gai(쿨란트로 향기)〉(2006) 등이 성공한 전례가 있어 전망은 밝을 것으로 기대된다.

과거 한국과 베트남은 드라마 협력 제작이 활발하게 진행됐으며, 대표적 협력 유형으로 '공동 제작 드라마(Co-Produced Flim)'와 '리메이크 드라마(Flim Remake)'가 있다. 양국의 공동 제작은 제작사가 투자와 함께 인력과 장비를 공유하며, 시나리오 작성, 배경 구축, 촬영, 전후 처리 등을 함께 하는 방식이다.[32] 리메이크 드라마는 한국과 베트남 간 드라마 협업의 보편적 형태로, 2000년대부터 베트남에서 한국 드라마 판권 구매가 유행하기 시작했다. 지금까지 한국 원작을 리메이크한 드라마는 수십 편에 이를 정

2020, 161면.

32   한국콘텐츠진흥원, 『베트남과 한국의 드라마 제작 협력 동기』, 2021. 10. 1. https://post.naver.com/viewer/postView.naver?memberNo=28980604&volumeNo=32461793

두루 활발하다.

한국 드라마는 이제 TV 드라마 제작사와 OTT 서비스라는 플랫폼을 통해 한국과 베트남에서의 동시 시청이 가능하게 되었다. 매체 경쟁 체제에서 드라마 한류가 확장하기 위해서는 한류의 새로운 전기를 마련할 전략이 필요하다. 대중문화와 순수문화가 융합된 콘텐츠를 개발한다거나 웹드라마 사례에서 알 수 있듯이 드라마 송출 플랫폼의 다변화도 필요하다. 앞으로 SNS에 열광하는 10대, 20대를 위한 웹드라마의 수요도 증가할 것이기 때문이다. 그러나 지금까지 수익을 올리지 못하기에 상용할 수 있는 단계에 이르지는 못했다. 그러나 민간차원에서 현지와의 협업이 증대되고 좋은 콘텐츠가 만들어진다면 드라마 한류의 새로운 차원이 열릴 것이다.

1. 단행본

박장순, 『한류의 흥행 유전자 밈』, 북북서, 2011.
한국국제문화교류진흥원, 『2020 한류백서』, 2021.

2. 논문

김공숙·이대영, 「한류 로맨스 드라마 캐릭터와 재가가인(才子佳人) 비교
　　연구: 〈태양의 후예〉 캐릭터를 중심으로」, 『디지털영상』 제15집,
　　한국디지털영상학회, 2018.
김수정·김은준, 「동남아시아 반한류에 나타난 문화적 갈등과 특성: 인도
　　네시아와 베트남을 중심으로」, 『동남아시아연구』 제26권 3호,
　　한국동남아학회, 2016.
김영찬, 「베트남의 한국 TV드라마 수용에 관한 현장연구」, 『커뮤니케이
　　션학 연구』 제16권 3호, 한국커뮤니케이션학회, 2008.
김종수, 「21세기 동북아시아 문화융합과 문화적 취향의 공유: 〈꽃보다
　　남자〉의 유행 현상을 중심으로」, 『비교문화연구』 제40집, 경희
　　대학교 비교문화연구소, 2015.
김종욱, 「베트남의 한류가 한·베 관계 발전에 미친 영향」, 『인문과학 연
　　구』 제10호, 가톨릭대학교 인문과학연구소, 2005.
김정은, 「〈꽃보다 남자〉를 통해 본 동아시아 대중문화의 허와 실」, 『중
　　국어문논역총간』 제47집, 중국어문논역학회, 2020.
문화체육관광부, 『신한류 진흥정책 추진 계획』, 2020.
박갑룡, 「동남아시아의 한류 동향과 신남방정책 관련 과제 연구: 한국문
　　화사업교류재단의 한류백서를 중심으로」, 『재외한인연구』 제52호,
　　재외한인학회, 2020.
반티뀌민·전범수, 「한국 및 한류 스타 이미지가 베트남 여성들의 한국 드
　　라마와 영화 이용 의도에 미치는 영향」, 『영상문화콘텐츠연구』
　　제23집, 동국대학교 영상문화콘텐츠연구원, 2021.
신원선, 「한국 드라마를 통해 본 '신데렐라 콤플렉스' 비평의 문제점─〈꽃
　　보다 남자〉를 중심으로」, 『한민족문화연구』 제31집, 한민족문
　　화학회, 2009.

_____, 「한류를 재점화한 태양의 후예의 대중화 전략」, 『한국학연구』 제62집, 한민 족문화학회, 2017.

심소정, 「국내 콘텐츠의 성공 사례 분석과 그 효과에 대하여—오징어게임을 중심 으로」, 『커뮤니케이션디자인학연구』 제78호, 한국커뮤니케이션디자인협회 커뮤니케이션디자인학회, 2020.

유승목, 「BTS가 끌고, 오징어 게임이 밀었다」, 『한류스토리』 60호, 2021.

응엔 부디에링·오원환, 「베트남 대학생의 한류에 대한 주관적 인식 연구」, 『주관성 연구』 제57호, 한국주관성연구학회, 2021.

이미나·윤호영, 「베트남의 한국 드라마 인기 요인—〈태양의 후예〉와 〈밥 잘 사주는 예쁜 누나〉에 대한 베트남 뉴스 보도 분석」, 『영상문화콘텐츠연구』 제19집, 영상문화콘텐츠연구원, 2020.

이정화·남기범, 「베트남 여대생의 문화콘텐츠 추구가치 분석: 자국 콘텐츠와 한류 콘텐츠 소비의 비교」, 『아태연구』 제28권 1호, 경희대학교 국제지역연구원, 2021.

이한우, 「베트남에서의 "한류", 그 형성과정과 사회경제적 효과」, 『東亞研究』 제42집, 서강대학교 동아연구소, 2002.

장윤희, 「베트남 한류문화 연구의 전개와 현황: 한국과 현지 학자의 한류연구주제와 접근법 비교를 중심으로」, 『음악과 문화』 제38호, 세계음악학회, 2018.

한국콘텐츠진흥원, 「국가별 한류 콘텐츠 수출동향과 한국 상품 소비인식 분석—중국, 일본, 태국, 베트남 사례 비교—」, 『코카포커스』 제68호, 2013.

_____, 「한류 확산 전략: 크리에이터, IP, 플랫폼, 자본」, 『코카포커스』 제 16-04호, 2016.

_____, 「방송 영상 콘텐츠 수출의 경제적 파급 효과」, 『코카포커스』 제12 4호, 2020.

_____, 「한류의 지속과 새로운 가치 창출을 위한 정책 패러다임 전환」, 『코카포커스』 제125호, 2020.

_____, 『2020년 상반기 콘텐츠산업 동향분석 보고서』, 2020.

_____, 『베트남과 한국의 드라마 제작 협력 동기』, 2021.

3. 자료

서어리, 「〈태양의 후예〉 베트남에선 논란, 왜 그럴까?」, 2016. 4. 27. https://www. pressian.com/pages/articles/135983#0DKU

임용태, 「한국 드라마, 넷플릭스 베트남 채널 석권, 10위 내 7개」, 2020. 2. 28. http: //www.insidevina.com/news/articleView.html?idxno=12726

김재선

스페인의 한국영화 수용 연구
─봉준호 감독을 중심으로

Ⅰ. 머리말

2020년 2월 제92회 미국 아카데미 시상식에서 봉준호 감독의 영화 〈기생충〉은 작품상, 감독상, 각본상, 국제장편영화상이라는 4관왕을 차지하는 쾌거를 이룩했다. 이는 2019년에 100주년을 기념한 한국영화계는 물론이고 상을 수여한 미국을 비롯해 전 세계영화계에 중요한 한 획을 긋는 역사적인 사건이었다. 사실, 이 영화는 2019년 개봉 이후 제72회 칸영화제 황금종려상을 비롯해 해외 유수의 영화제에서 많은 상을 휩쓸면서 이미 뜨거운 주목을 받아왔다.

결국, 봉준호 감독은 미국의 시사주간지 타임(*Time*)이 아티스트 부문에서 발표한 '2020년 세계에서 가장 영향력 있는 100인'에 선정되기도 했다. 이때 봉감독과 함께 작업했던 여배우 틸다 스위튼(Tilda Swinton)의 추천사가 잡지에 같이 실리면서 더욱 많은 사람의 눈길을 끌었다. "봉준호 감독은 매우 똑똑하고 고도로 숙련되어 있으며, 영화를 굉장히 잘 다룰 줄 안다. 활력이 넘치고 불손하기도 하며 자기 주도적이고 터무니없이 우스꽝스럽게 낭만적이기도 하다. 매우 원칙적이고 치밀하며 마지막까지 정이 많다. 그의 영화에는 항상 이 모든 것들이 있었다. 이제는 세계가 그를 따라잡을 때가 온 것 같다."[1]

한편 스페인은 봉준호 감독의 재능을 일찍부터 알아봤다. 2000년 봉준호 감독의 첫 번째 장편영화인 〈플란다스의 개〉를 산세바스티안 국제영화제에서 초청하여 그를 유럽의 세계무대에 알렸다. 2003년에는 〈살인의 추억〉으로 은조개 최우수 감독상을 수여했으며 이후 바야돌리드 국제영화제, 시체스 국제영화제 등에서도 봉준호 감독과 그의 영화에 대해 꾸준히 매우 특별한 관심을 보여왔다.

본고에서는 세계적인 거장의 반열에 오른 봉준호 감독과 그의 영화를 중심으로 스페인에서 한국영화를 어떻게 수용하고 있는지 알아보고자 한다. 이는 스페인에서 한국영화를 어떻게 바라보고 어떤 부문에 주목하고 있는지를 정리해보고, 세계적으로 유행처럼 번지는 한국문화에 대한 스페인의 반응도 살펴보는 계기가 될 것이다. 이를 위해 우선, 스페인에 한국영화가 소개되는 과정이나 방식에 있어서 중요한 역할을 하는 몇몇 국제영화제에 대해 알아보고, 스페인의 주요일간지에 실린 글을 중심으로 분석

---

[1] Tilda Swinton, "THE 100 MOST INFLUENTIAL PEOPLE OF 2020: Bong Joon Ho", (SEPTEMBER 22, 2020) https://time.com/collection/100-most-influential-people-2020/5888477/bong-joon-ho/

하고자 한다.

II. 영화제

일정 기간 많은 영화를 한곳에 모아 상영하고 심사하는 영화제는 영화
인들의 축제로 창작자들의 예술성을 선보이고 문화적 교류를 활성화하는
장이다. 수용자인 관객들의 측면에서는 일반 극장에서 쉽게 접할 수 없는
영화들을 다양하게 볼 수 있는 이점을 누릴 수 있는 행사다. 또한, 상업적
으로도 영화제는 매우 중요한 교류의 장으로 영화제에서 작품성을 인정받
고 영화제의 명성에 힘입거나 영화제에서 만나는 영화산업 관련자들을 통
해 상업적으로 성공한 사례들이 있기 때문이다. 그러나 대중적인 성공으
로 이어지지 않더라도 영화제는 영화인들에게 창작자 자신의 작품 세계를
알리는 중요한 플랫폼이 된다. 그러다 보니 영화제에 따라 다소 차이는 있
으나 영화제에 출품하는 영화들은 대중성보다는 작품성이나 감독의 작가
주의를 지향하는 경향이 많다. 이는 세계 3대 영화제라 불리는 칸, 베를린,
베니스 영화제의 수상작들을 살펴보아도 짐작할 수 있다.

한국영화는 2000년대 초반부터 지속적으로 주요 국제영화제에 존재감
을 드러내며 작품상 각본상 감독상 등의 중요한 상들을 차지해왔다. 위에
서 언급한 세계 3대 영화제가 주목한 작품들은 이창동 감독의 〈오아시스〉
(2002)·〈밀양〉(2007)·〈시〉(2010), 김기덕 감독의 〈사마리아〉(2004)·〈빈집〉
(2004)·〈피에타〉(2012), 홍상수 감독의 〈하하하〉(2009), 박찬욱 감독의 〈올드
보이〉(2003)·〈친절한 금자씨〉(2005)·〈박쥐〉(2009) 등이다. 세계 3대 영화제

입에두 권위 있는 많은 영화제 수상 목록을 참조하며 작가로서 감독의 이름을 알리고, 신선하고 독특한 소재나 관점을 담은 작품으로 상을 받은 한국 감독들은 훨씬 더 많다. 결국, 이들은 한국영화의 새로운 흐름을 만들어 냈고 국내는 물론 국제무대에서 한국영화의 인지도를 한껏 높여주었다. 해외의 영화 학자들은 이들을 가리켜 '한국영화의 뉴웨이브(the Korean New Wave)' 혹은 '한국영화의 누벨바그(la nouvelle vague du cinéma coréen)'[2] 라는 용어로 일컫는다.

스페인에서도 매우 다양한 영화제들이 매년 열리고 있으며 그중에서도 산세바스티안, 바야돌리드, 시체스 국제영화제는 시간이 흐르면서 명망이 높아져 갈수록 더 많은 영화인과 작품들이 참가하고 있다. 위에서 언급한 한국 감독들은 여러 스페인 영화제에서도 그 역량을 인정받아 한국영화의 새로운 흐름을 더 공고히 할 수 있게 되었다.

1. 산세바스티안 국제영화제

스페인 북부의 아름다운 해안 도시 산세바스티안에서 9월에 개최되는 산세바스티안 국제영화제(San Sebastián International Film Festival)는 베를린 국제영화제보다 2년이 늦은 1953년에 시작되었을 만큼 오래되었다. 그리고 지금까지 단 한 번도 중단된 적이 없다. 첫해에는 영화를 상영하고 상

---

2   이지현, 「2000년대 한국영화의 국제 교류에 관한 연구」, 『현대영화연구』 No 19, 2014, 151면에서 재인용.

업적으로 활성화하기 위한 취지에 맞추어 '국제영화주간'으로 불렸고, 그 행사를 성공적으로 마친 덕분에 그다음 해에 바로 '국제영화제'라는 명칭을 얻게 되었다. 1955년부터는 영화제를 경쟁, 부분 경쟁, 비경쟁, 다큐멘터리 또는 단편으로 분류하는 국제영화제작자연맹의 기준에 따라 경쟁부문 국제영화제로 공인되었으며 1957년부터는 A급 영화제의 지위를 얻었다. 또한, 2010년부터는 요리영화, 어린이영화 부문을 추가하여 영화를 더 세부적으로 분류하며 진행한다.

산세바스티안 국제영화제는 기존의 시스템이나 가치관에 순응하기보다 매 순간 새롭게 바꾸어나가기를 시도하는 영화들을 응원한다. 그런 맥락에서 지금은 거장이 되었지만, 과거 무명 시절에 이 영화제를 통해 인정받고 성장한 감독들을 홈페이지에서 언급하고 있다. 폴란드 태생의 로만 폴란스키(Roman Polanski, 1933-)가 아직 영화학교 학생이었을 때 처음으로 발을 들여놓은 영화제가 바로 이 영화제이며, 영화 〈대부〉로 세계적인 명성을 얻은 미국의 프란시스 코폴라(Francis Ford Coppola, 1936-) 감독, 〈트리 오브 라이프〉로 칸의 황금종려상을 받은 테렌스 맬릭(Terrence Malick, 1943-) 감독 또한 이 영화제에서 처음으로 수상했다. 그 외에도 장래가 기대되는 감독들에게 주목하는 것을 '내기를 걸다'라는 표현으로 설명하며 여러 감독을 언급하고 있다. 그중에는 '봉준호'의 이름도 보인다.[3] 다음은 2000년부터 2020년까지 이 영화제에서 수상한 한국영화 목록이다.

---

3   http://www.sansebastianfestival.com/

[표 1] 2000년부터 2020년까지 산세바스티안 국제영화제에서 수상한 한국영화

연도	영화 제목	감독	수상 부문
2020	도망친 여자	홍상수	자발테기 특별언급상
	갈매기	김미조	TVE 어나더룩 특별언급상
2016	당신 자신과 당신의 것	홍상수	은조개상 감독상
2005	사과	강이관	신인각본상
2003	살인의 추억	봉준호	은조개상, 신인감독상, FIPRESCI상
	봄 여름 가을 겨울 그리고 봄	김기덕	관객상

2003년 제51회 영화제에서 봉준호 감독이 수상하자 스페인에서 가장 많이 구독하고 있는 일간지 엘파이스(*El País*)에는 '특별할 것이 없었던 이번 영화제에서 봉준호의 수상은 기분 좋은 서프라이즈를 제공했다'며[4] 〈살인의 추억〉에 대해 긍정적으로 소개하는 기사가 실렸다. "경기도에서 벌어진 연쇄살인 사건을 영화적으로 매우 재미나게 풀면서 탐정물 특유의 리듬을 잘 살렸다. 다른 민족이고 문화와 전통이 다르지만, 인간에 대한 보편적 정서를 공유할 수 있으며, 집단 광기가 정상으로 여겨질 수 있는 것에 대해 생각하게 한다."[5] 아울러, 영화팬들의 요구에 따라 작품의 원제목을 스페인어로 발음하는 소리에 맞춰 'Sa-lin-eui chu-eok'으로도 표기했다.

또한, 수상은 아니어도 이 영화제에 초청받은 한국 작품들을 살펴보면, 봉준호 감독의 〈플란다스의 개〉, 이정향 감독의 〈집으로〉(2002), 한재림 감

---

4   https://elpais.com/diario/2003/09/22/cultura/1064181606_850215.
     html?rel=buscador_noticias

5   *Ibid.*

독의 〈우아한 세계〉(2007), 김기덕 감독의 〈비몽〉(2008) 〈아멘〉(2011), 이창동 감독의 〈시〉(2010), 김지운 감독의 〈악마를 보았다〉(2010) 〈밀정〉(2016) 〈인랑〉(2018) 등 우리에게 이미 알려진 감독이나 작품들도 있지만, 김미정 감독의 〈궁녀〉(2007), 전수일 감독의 〈영도다리〉(2009), 전규환 감독의 〈애니멀 타운〉(2009)처럼 일반 관객에게는 다소 낯선 감독이나 작품들도 있다.

2014년 제62회 영화제에서는 공식경쟁부문에 심성보 감독이 처음으로 작품 〈해무〉로 초대되어 선보였으나 수상으로 이어지지는 않았다. 하지만 당시 일간지 엘문도(El Mundo)에서 루이스 마르티네스(Luis Martínez) 기자는 심감독이 봉준호 감독과 함께 〈살인의 추억〉을 쓴 작가이며, 디테일이 강하고, 지옥처럼 닫힌 세계에서 생존하려고 치열하게 노력하는 모습이 비극적으로 다가오는 것을 넘어 찬사로도 보인다고, '잔인하고 놓칠 수 없는 영화'라며 칭찬했다.[6]

2. 바야돌리드 국제영화제

마드리드에서 북서쪽으로 약 170km 떨어진 곳에 위치한 바야돌리드는 작지만 스페인의 정통성을 유지하고 있다는 자부심이 강한 도시이다. 콜럼버스의 신대륙 발견 이후, 아메리카를 본격적으로 개발하면서 원주민을 노예로 부리고 학대하여 원주민을 보호하려는 측과 악용하려는 측의

---

6   https://www.elmundo.es/cultura/2014/09/22/542030bce2704eb6778b459a.
html

갈등이 심해지자 원주민이 동물인지 인간인지에 대해 1550년에 신학적 논쟁이 벌어진 곳이기도 하다.

이곳에서 영화제가 시작된 것은 1956년으로 스페인이 프랑코(Francisco Franco, 1892-1975) 장군이 이끄는 군사독재 정권하에 놓여 있던 시기이다. 프랑코는 자신이 주축이 되어 일으킨 쿠데타를 정당화하고 하나로 통합된 정권을 유지하기 위해 가톨릭 종교를 강조하고 거기서 파생된 도덕적 가치를 매우 잘 활용했다. 바야돌리드 영화제도 바로 이런 취지에서 종교적 가치를 예술적으로 잘 전파할 수 있도록 '종교영화주간'이라는 이름으로 출발했다. 그리고 사순절 기간에 개최했다. 하지만 독재 정권하에서 가톨릭 종교를 주제로 다루는 영화는 많지 않을 뿐만 아니라 전개에 있어서 다양한 관점이 허용되지 않으므로 영화제에 출품하는 작품 수는 양적으로 부족했다. 결국, 4년 뒤인 1960년에 이 영화제는 종교와 인간 고유의 가치를 추구하는 영화제로 방향을 전환했으며 1973년부터는 정식 명칭인 바야돌리드 국제영화제(Semana Internacional de Cine de Valladolid)로, 약칭은 'SEMINCI'로 호칭을 바꾸고 종교적인 색채를 제거하는 것으로 영화제의 성격을 탈바꿈했다.[7] 이 영화제에서 주목한 한국영화는 아래와 같다.

---

7   https://www.seminci.es/

[표 2] 2000년부터 2020년까지 바야돌리드 국제영화제에서 수상한 한국영화

연도	영화 제목	감독	수상 부문
2019	움직임의 사전	정다희	공식 부문 은이삭 단편상
2018	회귀	최말레네	엔쿠엔트로 부문 최우수 장편상
2004	빈집	김기덕	금이삭상, 청년상

최말레네 감독의 〈회귀〉는 입양아 문제를 다룬 작품으로 덴마크와 공동으로 제작했다. 참고로, 엔쿠엔트로 부문(Punto de Encuentro)이란 공식 경쟁부문에 초대되기에는 부족하지만 주제나 기법이 매우 돋보이는 작품을 발견해내려는 취지로 만들어졌다. 수상한 감독에게는 상금 2만 유로가 돌아간다. 2019년에는 장준환 감독의 〈1987〉이 모비스타(Movistar)라는 통신회사의 후원으로 영화제에 초청되기도 했다. 또한, 김진아 감독의 〈동두천〉(2017), 황호길 감독의 〈감자〉(2011) 등 한국의 단편영화에도 꾸준히 관심을 보여왔다.

무엇보다도 바야돌리드 국제영화제는 2014년 10월에 봉준호 감독의 특별전을 개최했다. 당시 초청된 작품은 〈플란다스의 개〉〈살인의 추억〉〈괴물〉(2006) 〈흔들리는 도쿄〉(2008) 〈마더〉(2009) 〈마더〉(2013-흑백판) 〈설국열차〉(2013)로 모두 7편이다. 또한, 봉준호 감독에게 영감을 준 감독과 영화들이라며 앙리 조르주 클루조(Henri-Georges Clouzot, 1907-1977) 감독의 〈공포의 보수〉(1953), 이마무라 쇼헤이(Shohei Imamura, 1926-2006) 감독의 〈붉은 살의〉(1964), 신도 가네토(Shindo Kaneto, 1912-2012) 감독의 〈오니바바〉(1964), 김기영(1919-1998) 감독의 〈화녀〉(1970), 아르투로 립스테인(Arturo Ripstein, 1943-) 감독의 〈짙은 선홍색〉(1996), 구로사와 기요시(Kurosawa Kiyoshi,

1955-) 감독의 〈큐어〉(1997) 상영관을 마련했다. 그리고 영화평론가이자 교수인 카를로스 에레데로(Carlos F. Heredero, 1953-)가 240쪽 분량으로 봉준호 감독에 대한 단행본 『봉준호, 장르의 재발명』(*Bong Joon-ho, la reinvención de los géneros*)을 집필하여 헌정했다. 굉장히 이례적인 일이었다. 당시 스페인 영화인들도 영화제 주최 측이 45세의 나이에 장편영화를 5편밖에 만들지 않은 한국 감독에게 공로상을 수여하고 그에 따르는 특별전을 개최했다는 사실에 대해 수군거렸다.[8]

한편, 매년 전 세계에 있는 대표적인 영화학교 중 하나를 선택해 그 학생들의 단편영화를 영화제 기간에 소개하고 있는데, 2001년에는 1984년에 설립된 한국영화아카데미(KAFA)가 초대되었다. 김의석 감독의 〈창수의 취업시대〉(1984), 봉준호 감독의 〈지리멸렬〉(1995), 신한솔 감독의 〈염소가족〉(2001) 등 모두 15편의 단편영화가 상영되었다. 바야돌리드는 비록 매우 작고 새로운 흐름을 적극적으로 수용하는 도시는 아니지만, 한국영화와 봉준호 감독에 대해서는 일찍부터 적극적으로 호감을 표현해왔다.

3. 시체스 국제영화제

시체스는 바르셀로나 주에 있는 아름다운 해변 마을로 바르셀로나 도시에서 35km 정도 떨어져 있다. 이곳에서 10월에 개최되는 시체스 국제영

---

8   https://elpais.com/cultura/2015/02/05/babelia/1423170604_217664.html?rel=buscador_noticias

화제(SITGES International Fantastic Film Festival of Catalonia)는 1968년에 판타지와 공포 영화 중심으로 시작했다. 현재는 SF, 공포, 스릴러, 애니메이션 등 판타스틱 장르에 초점을 맞추며 브뤼셀의 국제 판타스틱 영화제(Brussels International Festival of Fantastic Film), 포르투갈의 판타스포르토 국제 영화제(Fantasporto: Oporto International Film Festival)와 함께 세계 3대 판타스틱 영화제가 되었다. 공포, 스릴러로 영화제의 성격을 규정한 탓인지 스페인의 다른 국제영화제에서보다 이 영화제에서 한국영화는 더 많은 주목을 받고 더 많은 상을 차지했다. 홈페이지에서도 이 영화제를 빛낸 사람들로 김기덕, 박찬욱의 이름을 볼 수 있다.[9] 한편, 바르셀로나 주가 속해 있는 카탈루냐 지역이 스페인의 중앙정부로부터 독립하려는 움직임을 여러 차례 적극적으로 시도한 것은 우리가 익히 알고 있다. 이런 상황을 반영하듯 영화제 홈페이지에는 영어 스페인어 카탈루냐어 서비스를 갖추고 있으며, 영어로 된 영화제의 정식 명칭에서도 이 영화제가 카탈루냐 지역에서 개최되고 있음을 분명히 밝히고 있다.

[표 3] 2000년부터 2020년까지 시체스 국제영화제에서 수상한 한국영화

연도	영화 제목	감독	수상 부문
2019	악인전	이원태	포커스 아시아 관객상
2018	물괴	허종호	파노라마 판타스틱 관객상
2017	군함도	류승완	오피셜 판타스틱 작품상
	미옥	이안규	포커스 아시아 작품상

---

9   http://sitgesfilmfestival.com/

2016	부산행	연상호	오피셜 판타스틱 감독상, 특수효과상
	곡성	나홍진	오피셜 판타스틱 촬영상, 포커스 아시아 작품상
	아가씨	박찬욱	관객상
2015	베테랑	류승완	포커스 아시아 작품상
2014	한공주	이수진	새로운 시선 작품상
	논픽션 다이어리	정윤석	새로운 시선 논픽션상
	화이: 괴물을 삼킨 아이	장준환	포커스 아시아 작품상-특별언급
	신촌좀비만화	류승완 한지승 김태용	포커스 아시아 작품상
	우리별 일호와 얼룩소	장형윤	ANIMA'T-애니메이션상
2013	신세계	박훈정	포커스 아시아 작품상
	사이비	연상호	ANIMA'T-애니메이션상
2012	황해	나홍진	오피셜 판타스틱 감독상
	에일리언 비키니	오영두	새로운 시선 디스커버리상
	마당을 나온 암탉	오성윤	ANIMA'T-가족영화상
	부당거래	류승완	포커스 아시아 작품상
2009	박쥐	박찬욱	오피셜 판타스틱상-여우주연상
2008	좋은 놈 나쁜 놈, 이상한 놈	김지운	오피셜 판타스틱-최우수감독상
	추격자	나홍진	오리엔탈 익스프레스-최우수작품상
2007	사이보그지만 괜찮아	박찬욱	오피셜 판타스틱-최우수각본상
2006	괴물	봉준호	오리엔탈 익스프레스-최우수작품상
2005	친절한 금자씨	박찬욱	오피셜 판타스틱-여우주연상

세계 속의 한류─국적과 영역을 초월한 융합문화로서의 한류

2004	올드보이	박찬욱	오피셜 판타스틱-최우수 작품상
2003	4인용 식탁	이수연	시민케인상-주목받는 감독
2002	나쁜 남자	김기덕	오리엔탈 익스프레스-최우수 작품상

2006년 봉준호 감독이 〈괴물〉로 최우수 작품상을 타자 일간지 엘파이스에는 북한으로 납치되었던 신상옥(1926-2006) 감독의 〈불가사리〉(1985)를 자세히 소개하면서 봉감독과의 인터뷰 기사를 실었다. 봉감독이 북한의 첫 번째 SF 영화인 〈불가사리〉를 봤는지도 물었고, 〈불가사리〉와 〈괴물〉은 괴물이 등장한다는 공통점 외에도 두 작품 모두 정치적인 메시지가 들어있다는 점도 언급했다.[10]

2008년에는 〈추격자〉로 최우수 작품상을 수상한 나홍진 감독이 영화제 기간에 있었던 기자회견에서 설명한 영화와 한국 이야기가 일간지 엘문도에 실렸다. 기자 호세 올리바(José Oliva)는 이 영화가 연쇄 살인범 이야기를 한국식으로 풀어냈다고 기사의 소제목에 달기도 했다. 이에 나감독은 한국은 1987년까지 독재 정부가 집권해서 경찰에 대해 부정적인 편견이 있었으며, 영화에 생동감을 불어넣고자 여러 방법으로 자료 조사를 하고 많은 사람과 인터뷰도 했으나 무엇보다 본인이 범인이라면 어떻게 했을까를 상상하며 영화를 전개했다고 설명했다. 그리고 동네에서 나감독이 직접 여자들을 뒤쫓아 가보는 경험도 했다고 밝히면서 영화를 만들지 않았으면 홀

---

10   https://elpais.com/diario/2006/10/08/cultura/1160258406_850215.
      html?rel=buscador_noticias

릉한 살인가가 되었은 것이라는 농담도 곁들였다.[11]

또한, 2016년에 영화 〈부산행〉으로 감독상을 받고 영화 〈반도〉 홍보를 위해 미국을 방문한 연상호 감독을 2021년 미국에서 인터뷰한 기사를 일간지 아베세(ABC)가 소개했다. 기자는 〈부산행〉이 좀비 장르에서 숭배할 영화가 되었으며 코로나 상황에서 더욱 빛이 난다고 덧붙이기도 했다.[12]

4. 한국문화원의 한국영화제

스페인 주재 한국문화원은 2011년 마드리드에서 개관해서 한국문화를 알리고 보급하기 위해 다양한 행사를 진행하고 있으며 그중 하나로 한국영화도 소개하고 있다. 처음에는 예술영화 전용관을 대관해 세계무대에서 수상했거나 이름이 거론되는 한국 감독들의 작품 몇 편을 중심으로 진행했으나, 해를 거듭해 가면서 음식 국악 역사 한국전쟁 등 주제를 다양화하여 상영하고 한국에서 흥행에 성공했던 작품들도 소개하고 있다. 대부분의 영화제가 작가주의 경향의 작품들을 소개하는 것에 반해 한국문화원에서 주관하는 영화제에는 상업적인 영화들도 볼 수 있어서 스페인 관객들에게 더 편안하고 매력적으로 다가갈 수 있다. 또한, 신상옥 감독의 〈지옥화〉(1958)

11   https://www.elmundo.es/cultura/2014/09/22/542030bce2704eb6778b459a.html

12   https://www.abc.es/play/cine/noticias/abci-peninsula-zombies-tren-busan-hacen-mas-grandes-pandemia-202104230029_noticia.html

〈열녀문〉(1962), 김수영 감독의 〈안개〉(1967), 이만희 감독의 〈들국화는 피었는데〉(1974) 〈삼포 가는 길〉(1975), 임권택 감독의 〈길소뜸〉(1985) 〈씨받이〉(1986) 등 한국영화의 고전도 소개했으며 2020년에는 '한국영화 100주년'을 기념하는 프로그램을 마련하기도 했다.[15] 예를 들어, 세계 3대 국제영화제 여우주연상을 받은 작품들만 모아 특별 세션에서 상영했다.

한국영화 상영은 마드리드나 바르셀로나 같은 대도시에만 국한된 것이 아니라 빌바오 말라가 코르도바 같은 중소도시나, 무르시아 엑스트레마두라 같은 주 단위로 진행하기도 하며 북아프리카 서쪽에 위치한 스페인령 카나리아 제도에서도 개최되었다. 물론 카나리아 제도는 서독으로 한국인들이 광부나 간호사로 일하러 갔던 것처럼, 1966년부터 원양어업 선원으로 일하며 정착했던 곳이라 한국 문화가 오래전부터 선보인 곳이기는 하다. 현재에도 수도 라스팔마스에는 한국 영사관이 있다.

코로나 사태 이후로는 오프라인과 온라인을 동시에 진행해 OTT 플랫폼 필름인(Filmin)을 통해서도 한국영화를 관람할 수 있다. 사실, 코로나 사태가 아니어도 영화를 관람하는 방식에 커다란 변화가 생겨 많은 영화제가 그 운영 방식을 변경해야 했다. 영화 스트리밍 기술이 발달하고 넷플릭스가 주도하는 OTT 산업이 빠르게 확장되면서 영화를 제작하고 유통하고 소비하는 패턴이 바뀌었기 때문이다. 영화를 보려고 극장을 찾아가는 관객의 수는 줄어들었고, 시간이 흐른 뒤에 방송국에서 TV로 송출하는 영화를 관람하는 문화도 사라져 간다. 이제 영화는 관객이 원하는 시간에, 원하는 장소에서, 원하는 개인용 모바일 매체로 관람한다. 그러다 보니 봉준

---

13   https://spain.korean-culture.org/es

호 감독의 〈옥자〉(2017)처럼 극장이 아닌 OTT로만 개봉하고 유통하는 영화가 생겨났고 이로 인해 많은 논란이 야기되었다. 감독과 대본, 주연배우, 심지어는 영화 제목으로 보면 한국영화이지만 자본과 인력으로 판단하면 미국 영화이기 때문이다. 또한, 이 영화를 시사했던 제70회 칸영화제는 처음부터 이 영화에 대해 의견 충돌이 있었고, 그다음 해부터 칸영화제에 출품하는 영화는 극장에서 개봉하는 영화로 제한한다는 새로운 규정까지 만들었다. 그럴 수밖에 없는 것이 프랑스에서는 영화산업을 보호하려는 홀드백이라는 제도가 있어서 영화의 상영을 극장에서 제일 먼저 하도록 순서를 엄격하게 정해놓았는데 OTT 플랫폼 개봉으로 인해 그 시스템에 큰 타격을 주었기 때문이다.

한국문화원은 이런 영화 소비 구조의 현실과 코로나 사태를 고려해서 2020년에 열렸던 제13회 한국영화제는 스페인 최대 플랫폼 업체 필름인을 통해 전면 온라인으로 진행했다. 관객 수는 극장에서 개최했던 전년도 대비 785%가 증가해 총 1만여 명에 이른다.[14] 또한, 2018년부터 시작한 '인디&다큐 한국영화제'는 서울독립영화제(SIFF)와 공동주관하고 마드리드 자치주 영화학교(ECAM)와 협력하고 있으며, 2020년에는 온라인과 오프라인을 병행했다. 이 영화제도 오프라인으로 진행했던 전년 대비 관객 수가 1600%가 증가해 총 8,500명을 기록하는 성장을 이루었다.[15] 한 영화가 얼마나 많은 사람에게 다가가 만날 수 있는지, 얼마나 많은 이야기를 공유하며 느낌을 나누고 연대할 수 있는지를 고려하면 이제 OTT 플랫폼이라는

---

14   http://www.jybtv.kr/news/articleView.html?idxno=57757

15   http://www.globalnewsagency.kr/news/articleView.html?idxno=209503

극장은 영화산업에서 필수 조건으로 보인다.

한국영화제 행사에는 영화 상영 외에도 관객의 참여를 유도하는 다양한 부대 행사가 준비되어 있으며 상품으로 한국 과자나 소품들을 선물하기도 한다. 또한, 현지 언론에서도 이 행사를 언급하거나 한국영화에 대해 좀 더 심도 있는 기사를 내보내 영화제에 힘을 실어 주고 있다. 2021년 일간지 엘파이스는 '한국 독립영화가 마드리드에 상륙한다'[16]라는 제목으로 제4회 '인디&다큐 한국영화제'를 소개했다. 영화제 개막 작품인 김초희 감독의 〈찬실이는 복도 많지〉(2020)에 대한 설명은 물론 2020년 한국에서 제작한 영화가 모두 615편인데 그중에서 106편이 독립영화라면서 한국 내에 활발한 독립영화 활동에 대해서도 전했다.

온라인이든 오프라인이든 한국영화에 관한 스페인 사람들의 관심은 확실히 증가했다. 스페인 문화체육부에서 발표하는 자료에 따르면,[17] 매년 스페인에서 상영한 외국 영화 중 입장한 관객 수에 따라 국가별로 순위를 매겨 25위까지 발표하는데, 한국은 2018년에는 12개의 영화를 소개하고 24위, 2019년에는 11개의 영화와 6위, 2020년에는 무려 18개의 작품을 상영하고 4위를 차지했다. 이렇게 놀라운 상승세를 기록한 것은 봉준호 감독의 〈기생충〉이 칸영화제에서 황금종려상을 받고 미국의 아카데미 시상식에서 4관왕을 차지한 것이 결정적인 계기가 되었음을 부인할 수 없다. 하지만 동시에 〈기생충〉이라는 영화 한 편만으로 이룰 수 있는 현상이 아니

---

16   https://elpais.com/espana/madrid/2021-06-05/el-cine-coreano-independiente-aterriza-en-madrid.html?rel=buscador_noticias

17   https://www.culturaydeporte.gob.es/cultura/areas/cine/mc/anuario-cine/portada.html

라는 점도 간과할 수 있다. 다른 수많은 한국영화 외에도 BTS를 포함한 K-팝, 〈오징어 게임〉을 비롯한 K-드라마, K-뷰티, 게임과 웹툰 등 한국의 많은 문화콘텐츠가 세계무대 전방위에서 두드러지게 사랑을 받으며 활동하여 얻게 된 결과물이다.

Ⅲ. 스페인이 바라본 봉준호 감독과 그의 영화 세계

앞에서 살펴본 것처럼 2000년 산세바스티안 국제영화제에서 봉준호 감독의 첫 번째 장편영화 〈플란다스의 개〉를 초청한 것은 영화제 측에서는 탁월한 신인을 발굴한 뛰어난 선택이었고, 봉감독 입장에서는 세계무대의 첫발을 스페인에서 시작하는 특별한 인연을 맺은 것이었다. 아직 세계적인 거장의 반열에 오르지 않았던 2014년에도 봉준호 감독은 바야돌리드 국제영화제에서 공로상을 받고 특별전이 열리고, 자신의 영화 세계에 대해 스페인어로 출판된 단행본을 헌정 받았으니 스페인에 대해서 각별한 마음을 갖게 되었을 것이다. 봉준호 감독은 이런 자신의 마음을 2019년 10월 칸영화제에서 만난 스페인 엘파이스 신문 기자에게 직접 밝혔다. 본인은 산세바스티안 영화제의 열매이며 바야돌리드에서 받은 공로상에 진심으로 감사하고 있다고.[18] 당시 그레고리오(Gregorio Belinchón) 기자는 봉감독이 황금종려상을 받고 이틀 뒤 복도에서 우연히 다시 만났을 때

---

18   https://elpais.com/cultura/2019/10/19/actualidad/1571496178_897888.
html?rel=buscador_noticias

도 봉감독이 산세바스티안과 바야돌리드에 안부를 전해달라고 인사했다는 내용과 함께 봉준호와 〈기생충〉 영화에 대해 자세하게 보도했다. 대화 중에 봉감독이 스페인어 단어를 한두 개라도 기억해내려고 애썼으며 스페인의 카를로스 사우라(Carlos Saura, 1932-) 감독과 파코 플라사(Paco Plaza, 1973-) 감독을 좋아한다는 말도 전했다. 그리고 영화 〈괴물〉에서 감독이 괴물과 사람들의 움직임을 구성할 때, 스페인 산페르민(San Fermín) 축제의 소몰이 영상을 보고 아이디어를 얻은 것이라고 이전에 인터뷰했던 것을 환기시켰다.

한편, 2015년 2월 6일 엘파이스지에는 봉준호 감독에게 심취한 스페인 감독 4명이 봉준호 감독의 영화 4편을 소개하고 있다.[19] 이는 봉감독이 몇 개월 전에 있었던 바야돌리드 국제영화제에서 워낙 크게 스포트라이트를 받았고, 제65회 베를린 영화제가 막 개막한 시기라 스페인 신문에서 다룬 것으로 추정된다. 한 명의 감독을 제외하고는 모두 봉준호 감독보다 젊다. 〈살라미나의 병사들〉(2003)로 명성을 다진 다비드 트루에바(David Trueba, 1969-) 감독은 〈괴물〉을 추천하면서 대본도 좋고 인물도 좋고 장르의 특징들을 잘 살리면서도 뻔하지 않았다고 평했다. 이미 〈살인의 추억〉을 통해서 봉감독의 재능을 알아봤는데 봉감독은 히치콕과 부뉴엘 감독의 고전 영화를 잘 알고 있고 그들에게 받은 영향을 영상에 잘 담아 그들을 능가하고 있다고 칭찬했다. 알베르토 로드리게스(Alberto Rodríguez, 1971-) 감독은 〈살인의 추억〉에 대해 말하면서 단순한 이야기를 그렇게 여러 겹으로

---

19   https://elpais.com/cultura/2015/02/05/babelia/1423171736_931873.html?rel=buscador_noticias

끌고 나가는 봉감독의 능력에 감탄했다고 한다. 스릴러가 갑자기 코미디로 바뀌는 등 장르를 뒤섞어가는 재미도 컸고 강박에 시달리던 경찰이 카메라에 대고 말하는 장면이 인상적이었다고 한다. 파코 플라사 감독은 〈마더〉를 꼽았고 장르를 뒤섞어 더 자유로워진 영화를, 작가주의와 상업주의에서 모두 성공한 작품을 보게 되었다고 평했다. 카를로스 베르뭇(Carlos Vermut, 1980-) 감독은 〈설국열차〉에서 찾아볼 수 있는 수많은 은유가 좋았지만, 미래세계를 그린 미학적 측면에서는 부족한 점도 많았다고 지적했다. 그러면서 〈마더〉를 더 좋아한다고 밝힌다. 장르를 통해 일상에서, 너무나 가까이에서 불안과 공포를 유발시키는 데에 있어서 봉감독이 매우 뛰어나다고 인정했다.

이외에도 스페인 주요일간지에서는 봉준호 감독과 그의 영화 세계에 대해 여러 번 보도했다. 이제는 세계적인 감독이 된 봉감독이지만 장편영화가 7편뿐인 점을 고려하면 스페인 언론이 보여주는 그의 영화에 대한 관심은 꽤나 구체적이고 우호적이다. 지금부터는 관련 기사 내용을 크게 봉준호 감독 영화의 양식과 내용이라는 두 부분으로 나누어 분석해보겠다.

1. 장르의 혼합과 전복

흔히 전통적인 영화제에서 주목하는 작가주의 영화에는 장르라는 용어를 잘 사용하지 않는다. 장르로 분류하면 어딘가 모르게 대중적이거나 통속적으로 느껴지기도 하고, 작품에 따라서는 분류 자체가 어렵기 때문이다. 하지만 SF 판타지, 액션, 스릴러, 범죄 등 장르마다 그 고유한 양식

또는 관습에 따라 소개되는 영화는 관객으로 하여금 사건 전개를 중시하고 이야기 자체에 더 깊이 몰입하는 즐거움을 얻게 한다. 봉준호 감독은 여러 국제영화제에서 수상한 것으로 증명하듯이 작가주의 영화를 만들지만, 천만 관객 이상이 좋아해서 수익성을 올려 상업적인 면에서도 인정을 받았다. 그것도 역시 세계적으로. 그의 영화가 작품성과 상업성 모두에서 이렇게 성공을 거둘 수 있었던 비결 중 하나는 바로 양식적인 면에서 장르를 혼합하고 전복시킨 것이다. 우선, 봉감독 스스로가 장르 영화는 사회를 읽을 수 있는 완벽한 도구이며 복합적인 문제에 접근할 수 있는 좋은 방법이라고 생각한다. 장르를 조금만 우회하면 영화의 메시지를 전달하는 데에 매우 효과적이라는 것이다.[20]

봉준호의 영화를 보는 관객은 영화 속에서 익숙한 장르를 발견하여 이야기에 쉽게 몰입하지만, 예상하지 못했던 순간에 이야기가 장르의 틀을 벗어나고 장르에 전복되면서 신선한 매력에 빠지게 된다. 스페인에서 처음 선보인 영화 〈플란다스의 개〉에서도 스릴러 장르의 규칙이 있는 것 같은데 스릴이 느껴지지 않고, 처음으로 상을 탄 영화 〈살인의 추억〉에서도 범죄 스릴러 영화 같은데 범인을 잡지 못하고 허탈감만 남게 한다. 영화평론가 이동진은 이런 봉준호 영화의 특징을 다음과 같이 설명했다.

> 봉준호의 영화는 장르를 차용해서 시작하고, 그 장르를 배신하면서 끝난다. 그가 바라보는 곳은 늘 장르의 뒤편에 있다. 규칙과 관습에 따라 진행되는 장르의 작동 원리는 이야기의 갈래마다 누

---

20   https://www.elmundo.es/cultura/cine/2019/10/25/5db1bde821efa034718b4
      60c.html

적되어온 '계획'이지만, 봉준호는 그 주먹만 한 계획이 바닥을 알 수 없는 '무계획'의 무저갱 속으로 소리도 없이 추락하는 광경을 기어이 보아낸다.[21]

스페인의 평론가나 영화인들도 장르에 있어서 봉준호가 보여준 특성들을 여러 번 반복해서 주목했다. "스페인에서도 봉준호처럼 젊고 새로운 세대의 영화인들은 SF, 스릴러, 공포, 괴물을 이용해서 현실 너머의 또 다른 서사를 전하고 싶어 한다. 많은 젊은 감독들이 봉준호에 대해서 이야기한다. 그는 본받아야 할 장르의 재발명가이다."[22] "영화 〈괴물〉은 괴물 영화를 가족 드라마와 코미디 장르를 섞어서 인간의 완벽한 파렴치함을 보여주었다. [⋯] 멜로드라마의 전형에서 암흑가를 다루는 영화로 전환 시켰다."[23] 더 나아가, 미국의 아카데미에서도 그에게 상을 주자 할리우드에서 신선한 봉준호 영화를 기존의 장르대로 분류할 수 없다면 봉준호만의 유일한 장르가 있다는 것을 보여준 결과라는 평도 실렸다.[24] 2014년 바야돌리드에서 헌정한 책 제목도 '장르의 재발명'이었다.

장르를 위반 또는 배신하는 봉준호 영화의 특징은 어떤 추상적인 생각이나 실제 이야기를 바탕으로 대본을 쓰는 것이 아니라 이미지에서 영감

21   이동진, 『영화는 두 번 시작된다』, 위즈덤하우스, 2019, 24면.

22   https://elpais.com/cultura/2015/02/05/babelia/1423170604_217664.html?rel=buscador_noticias

23   *Ibid.*

24   https://elpais.com/elpais/2020/02/13/gente/1581607666_246937.html?rel=buscador_noticias

을 얻어서 하기 때문이라고 본인은 설명한다. 그러다 보니 작업을 스스로 규제할 아웃라인이 없고 연결고리가 없어 결말도 뜬금없이 바뀌게 된다는 것이다. 봉감독은 스스로도 어떻게 정의해야 할지 모르겠다고, 그런 것은 마케팅 사람들이 하는 일이라고 농담하면서 웃음으로 인터뷰를 마무리하기도 했다.[25] 봉준호의 영화가 전형적인 장르 영화에 머물지 않는 것은 영화가 담고 있는 사회적 메시지 때문일 것이다. 봉준호는 심각한 사회적 메시지를 너무 엄숙하게 담아내지 않으려고, 관객에게 부담 없이 다가갈 수 있도록 장르적 특징들을 혼합하고 전복시키는지 모른다.

2. 사회적 메시지

봉준호의 영화에는 보고 싶지 않은 축축하고 어두컴컴한 구석이 보인다. 물리적인 공간의 구석만이 아니라 사회 시스템의 구석, 인간 내면의 축축하고 어두컴컴한 구석이 보인다. 초라하고 가난해서가 아니라 비굴하고 부조리해서 느껴지는 어두컴컴함, 더 나아가, 무력감이다. 이는 우리가 사는 사회의 모습이며 인간의 모습이기도 하다. 영화 〈기생충〉에서는 경제적 사회적 양극화와 계급 문제가 전면에 두드러져 부조리한 사회, 부조리한 삶이 더 강하게 다가온다. 특히, 빈부의 차이를 냄새로 분명하게 드러낸 점은 관객들에게 강한 인상을 남겼으며, 봉테일이라는 별명에서 알 수 있듯

---

25   https://elpais.com/cultura/2015/02/05/babelia/1423170604_217664.
html?rel=buscador_noticias

이 봉감독이 얼마나 꼼꼼하고 섬세한지를 확인시켜주었다. 스페인에서도 이 영화의 운전사 기택에게서 나는 냄새에 대해 묘사한 대사 "오래된 무말랭이 같은, 행주 삶을 때 나는 듯한, 지하철 타면 나는 냄새"를 기사의 첫 구절로 인용하면서 영화를 소개하기도 했다.[26]

평론가 강유정도 지적했듯이 냄새에 대한 봉준호의 이 표현은 촌철살인을 넘어서 우리 사회 양극화의 본질을 관통하며, 이런 의미에서 〈기생충〉은 매우 공격적인 영화로 봉 감독이 이 세상에 대해 가졌던 의구심과 불만, 모순과 폭력을 폭발시키고 있다.[27]

> 겉으로 보기엔 너무 예의 바르고 친절한 박 사장이지만 누구든 '선'을 넘으면 노골적으로 불쾌해한다. 상대가 손을 뻗거나, 발을 들이밀거나 할 땐 선이 유효하다. 하지만 '냄새' 앞에서 선은 무의미하다. 부유하고 안정된 그들의 삶의 경계 너머로 스며드는 '을'의 냄새. 박 사장은 이를 가리켜 "지하철 탈 때 거기서 나는 냄새"라고 표현한다. 대중교통, 대중의 삶, 평범한 사람들의 삶에서 나는 냄새, 그것에 대한 경멸. 지금껏 어떤 영화에서 보아 왔던 갑질보다 더 잔인하고 표독스러운 표현이다.[28]

봉 감독이 언제부터 계급의 불평등과 차별에 대한 서사를 다루기로 다짐했는지, 큰 상을 받고 성공하는 것이 사회를 비판하는 시각에 영향을 주

26   https://elpais.com/cultura/2019/10/19/actualidad/1571496178_897888.
      html?rel=buscador_noticias
27   강유정, 『시네마토피아』, 민음사, 2021, 416면.
28   위의 책, 417면.

지는 않는지 묻는 기자의 질문에 봉준호 감독은 창작자는 현실과 유리되어 사는 사람이 아니라 오히려 주변 환경에 더 민감한 사람이라고 답했다. 그리고 상은 즐거운 기분전환이 아니라 진짜 주위에서 무슨 일이 벌어지는지 잘 알고 작품에 잘 형상화해야 하는 의무를 확인시켜주는 것이라고.[29] 이 인터뷰는 2019년 칸영화제에서 황금종려상을 받고 10월에 오스카상 홍보를 위해 미국에 방문했을 때 한 것으로 칸, 토론토, 로스앤젤레스에서 관객들과 시사회를 본 봉감독은 외국어로 만들어진 외국 영화라 충분히 이해하기 어려울 수 있는데도 어느 나라든 관객들이 비슷한 지점에서 웃으며 잘 이해하고 반응하는 것에 놀랐고 깊이 감사하다고, 이 영화가 지금 우리 사회의 공통적인 문제를 다루고 있다는 확신이 들었다고 한다.[30] 또 다른 기자가 본인의 영화가 정치적이라고 생각하느냐에 대한 질문에 봉준호는 당연히 정치적이라고, 빈부 차이를 이야기하는데 어떻게 정치적이 아닐 수 있느냐고 반문했다. 다만 시위를 하려고 한 것이 아니라, 대칭되는 구도에서 인물들을 보여주고 싶었다고 말했다.[31]

영화가 사회를 반영하거나 고발한다고 해서, 진실이 드러났다고 해서 정의가 바로 실현되거나, 현실이 바뀔 것이라는 거짓 희망이 봉준호 감독의 영화에는 없다. 그런 면에서 봉준호의 영화는 어두운 세상을 견디게 하

---

29   https://www.abc.es/play/cine/noticias/abci-bong-joon-ho-director-obra-maestra-parasitos-necesitamos-valores-educacion-respeto-perdido-201910242101_noticia.html

30   앞의 책.

31   https://www.elmundo.es/cultura/cine/2019/10/25/5db1bde821efa034718b460c.html

는 따뜻한 영화는 아니다. 봉쥬호 감독 스스로도 영화가 현실을 변화시킬 능력이 있다고 생각하지 않는다. 하지만 영화는 우리의 상황이 어떠한지 확인할 수 있도록 조명을 비추어주고, 우리가 어디에 있으며 우리 곁에 누가 있는지를 잊지 않게 해준다고 밝혔다.[32] 이런 의미에서는 평론가 이동진도 봉준호 감독을 회의론자라고 설명한다.

> 봉준호의 영화들에는 카타르시스가 없다. 거기에 희망은 없거나, 있다고 해도 횃불이 아니라 불씨로서 간신히 존재한다. (그 불씨를 그나마 유지하려면 영화 밖에서 영화 안을 향해 인간의 숨을 계속 불어넣어야 할 것이다.) 탁월하게 연출된 그의 작품들을 보고 나서 번져오는 무력감의 진짜 이유는 싸움의 결과가 아니라 그 싸움의 구도이다. 봉준호는 그 무력감이 지배하는 그라운드 제로(Ground zero)의 폐허에서 다시금 이 세계의 모순에 대해 치열하게 생각해볼 것을 제안하는 회의론자다.[33]

이렇듯 무겁고 진지한 사회적 메시지를 영화에 담고 있어서 봉준호는 중간중간에 웃음 코드를 심어놓았을 것이다. 봉준호 감독도 인터뷰에서 "사실, 유머 없이는 아무것도 할 수가 없다."[34]고 밝힌 바 있다. 다시 말해, 봉준호 영화는 섬세하고 웃기지만 놀랍고 잔인하기도 하다. 선과 악을 구

---

32   https://elpais.com/cultura/2019/10/19/actualidad/1571496178_897888. html?rel=buscador_noticias

33   이동진, 앞의 책, 44-45면.

34   https://www.elmundo.es/cultura/cine/2019/10/25/5db1bde821efa034718b4 60c.html

분하기가 어렵다. 많은 스페인 기자들이 언급했듯이 봉준호의 영화는 블록버스터 영화처럼 대중의 관심을 많이 받으나 할리우드 영화와는 다르다.

3. 영화 〈기생충〉 효과

영화 〈기생충〉은 세계적인 영화제, 칸과 아카데미 두 곳에서 동시에 작품상을 수상했다. 65년 만의 일이다. 또한, 90년이 넘은 역사를 자랑하는 아카데미 시상 부문의 타이틀을 외국어영화상에서 국제영화상으로 바꾸어놓았다. 전 세계가 열광했다는 표현이 과하지 않을 만큼 주목받고 사랑받았으며 전 세계에 엄청난 파급효과를 일으켰다. 영화의 포스터가 패러디되어 떠돌았으며, 제시카 노래가 패러디로 흥얼거려졌으며, 짜파구리의 다양한 조리법이 유행하더니 단독 상품으로까지 출시되었다. 유튜브를 통해 조리법이 세계 곳곳으로 퍼져나가면서 만들어 먹었다는 인증 샷을 남기기도 했다. 세계가 한국영화, 한국문화에 대해 더 많은 호기심을 가지고 다가왔으며 스페인도 예외는 아니었다. 그 한 예로, 영화 〈기생충〉의 아카데미 수상 이후에는 봉준호 감독 개인과 〈기생충〉을 비롯한 영화에 대한 기사가 많았으나 시간이 흐를수록 언론은 한국 문화로 관심이 확장되고 한국의 문화산업을 분석하는 글도 많아졌다.

우선, 미국의 골든글로브와 아카데미 시상식에서 봉준호 감독이 화제를 일으켰던 수상 소감 '1인치의 자막을 뛰어넘으면', '오스카는 로컬 영화제다', '가장 개인적인 것이 가장 창의적인 것이다' 등이 스페인에서도 그대로 자세하게 보도되었으며 영화 〈기생충〉의 비하인드 스토리는 물론이고, 〈설국열차〉가 미국 배급사와 계약할 때 영화 상영 시간 때문에 삭제를 요구한 하비 와인스타인(Harvey Weinstein)과의 일화도 설명했다. 그리고 봉준호 영화의 성공 비결로 섬세하고 꼼꼼한 그의 작업 스타일을 꼽으며 '봉테일(Bong-tail)'이라는 별명도 소개했다.[35] 또한, 어느 대학을 나왔고 할아버지와 아버지는 어떤 사람이었으며, 〈기생충〉에서 친구로부터 과외를 소개받는 과정은 봉감독이 대학생 때 직접 경험한 일이었다고 알려줬다. 당시 여자친구가 부잣집 영어 과외를 하고 있었는데 수학 과외도 필요하다고 해서 봉감독을 추천했고, 그 집이 너무 부자라 놀랐다고, 하지만 두 달 만에 해고됐으며 당시 여자친구는 지금은 시나리오 작가이기도 한 본인의 부인이라고. 아예 기사 제목을 '봉준호의 삶에서 오스카의 '기생충'이 된 것 : 영화에서처럼 감독은 여자친구의 소개로 부잣집 딸에게 과외를 했었다, 그 여자친구는 지금은 부인이 된 시나리오 작가 정선영이다'로 처리했을 정도로 봉준호의 사적인 삶에도 관심이 많았다.[36]

봉준호 영화에 대한 애정은 2020년 아카데미상 후보로 국제장편영화상 부문에 같이 올랐던 스페인 감독 페드로 알모도바르(Pedro Almodóvar, 1949-)에게서도 드러났다. 결과를 발표하기 며칠 전 소감을 묻는 기자의 질문에 알모도바르 감독은, "만약 〈기생충〉이 상을 받는다면 난 이의 없이 봉준호에게 박수를 보낼 것이다."[37]라고 답변했다. 또한, 아카데미 시상식

35   https://www.abc.es/play/cine/noticias/abci-como-bong-joon-ho-derribo-barrera-subtitulos-ayuda-predecesores-202002120139_noticia.html

36   https://elpais.com/elpais/2020/02/13/gente/1581607666_246937.html?rel=buscador_noticias

37   https://www.abc.es/cultura/abci-almodovar-si-parasitos-estare-tranquilo-y-

바로 다음 날인 2월 10일 산세바스티안 국제영화제 예술감독 레보르디노스(José Luis Rebordinos)는 엘파이스지와의 인터뷰에서 영화 〈기생충〉을 칸영화제에서 봤다면서 봉준호 감독을 회고했다. 2000년에 〈플란다스의 개〉를 봤을 때 뭔가 특별하다는 것을 알아차렸고 그때 이미 감독상을 주고 싶었으나 내부적으로 의견이 일치되지 않아 안타깝게도 주지 못했다고. 하지만 2003년에 〈살인의 추억〉으로 다시 돌아온 봉준호에게 상을 줄 수 있어서 행운이었다고. 봉준호 감독을 세계가 알아본 것에 대해 산세바스티안 영화제가 조금은 도움이 됐다고 느낀다고 전했다.[38]

한편, 문화산업 차원에서는 '기생충의 성공과 세계를 정복하려는 한국의 계획'이라는 제목으로 영화는 물론, TV 드라마, 예능, 게임, K-pop 등 한류와 한국의 소프트 파워를 경제면에서 소개했다. 〈기생충〉 영화가 훌륭하다고 칭찬하면서 이는 감독의 천재성만으로는 설명할 수 없다고, 영화산업의 메카를 급습한 것은 굉장한 일이며 앞으로도 미국 영화시장을 점령하게 될 것이라는 낙관론을 펼치기도 했다.[39] 또 다른 주요일간지 아베세에서는 한국 정부는 영화산업에 매년 스페인의 두 배가 넘는 8천만 유로 이상을 투자하며 큰 프로젝트만이 아니라 독립영화 같은 소규모 프로젝트도 적극적으로 후원하고 있다고 전하면서 스페인의 문제점도 지적했다.[40]

---

aplaudiendo-bong-joon-ho-202002091657_video.html

38   https://elpais.com/cultura/2020/02/10/actualidad/1581351400_959176.html?rel=buscador_noticias

39   https://cincodias.elpais.com/cincodias/2020/02/10/fortunas/1581366804_122140.html

40   https://www.abc.es/play/cine/noticias/abci-como-bong-joon-ho-derribo-

Ⅳ. 마치는 말

이제는 이미 상징이 되어버린 봉준호 감독은 〈기생충〉의 아카데미 레이스 기간 동안 많은 화제의 말들을 남기며 여러 개의 상징을 만들어냈다. 전세계 영화산업의 최대 강자인 할리우드를 '로컬'로 규정했고, 자막을 '장벽'으로 상징화했으며, 아카데미 외국어영화상이 국제장편영화상으로 바뀐 것에 대해서도, 다시 말해, 명칭이 외국(foreign)에서 국제(international)로 바뀐 것에 대해 매우 상징적이라며 호의적으로 반응했다.[41]

역시 상징이 된 그의 영화 〈기생충〉도 한국적인 소재, 한국적인 주제를 다룬 것 같았으나 그가 던진 풍자와 은유 가득한 이야기에, 국적과 상관없이 전 세계가 웃고 놀라고 마음을 조아리고 씁쓸해하는 경험을 하면서 깊은 인상을 받았다. 이는 스페인에서도 확인할 수 있었다. 더욱이 스페인은 20여 년 전에 그의 첫 번째 장편영화가 산세바스티안 국제영화제에서 선보인 이후부터 계속 봉감독에게 특별한 관심을 보여왔다.

본고에서는 스페인의 여러 국제영화제와 주요일간지에 실린 글을 통해 봉준호 감독과 그의 영화에 대한 스페인의 애정을 정리해보고 한국영화의 위상이 높아가는 것을 확인했다. 사실, 한국영화만이 아니라 전반적인 한국문화콘텐츠의 위상이 달라지고 있었다.

비록 봉준호가 세계의 주목을 받았으나 봉준호 혼자 이룬 일은 아니었다. 봉준호 이전의 수많은 한국영화인들, 신상옥 김기영 임권택 이창동 김

---

barrera-subtitulos-ayuda-predecesores-202002120139_noticia.html

41   강유정, 앞의 책, 426-427면.

기덕 홍상수 김지운 박찬욱 같은 선배들, 나홍진 연상호 심성보 같은 후배들이 있어 가능한 일이었다. 스페인에서도 한국영화의 저력을 확인할 수 있었다. 세상은 달라지고 삶이 팍팍해져도 영화만이 줄 수 있는 위안과 사유를 기다리는 사람들이 있다. 세상이 어떤 곳인지 말해주는 영화든, 지금 여기 존재하지 않는 세상을 말해주는 영화든 다른 사람을 위해 기뻐하거나 슬퍼할 능력을 길러주는 영화를 기다리는 사람들이 있다. 한국만이 아니라 전 세계에. 또 다른 봉준호, 내일의 한국영화를 통해 이 사람들의 기다림이 헛되지 않기를 기대한다.

1. 단행본 및 논문

강유정, 『시네마토피아』, 민음사, 2021.
이동진, 『영화는 두 번 시작된다』, 위즈덤하우스, 2019.
이지현, 「2000년대 한국영화의 국제 교류에 관한 연구」, 『현대영화연구』
　　　No 19, 2014, 139-176면.

2. 웹사이트

http://www.sansebastianfestival.com/
https://www.seminci.es/
http://sitgesfilmfestival.com/
https://spain.korean-culture.org/es
https://elpais.com/diario/2003/09/22/cultura/1064181606_850215.ht
　　　ml?rel=buscador_noticias
https://elpais.com/diario/2006/10/08/cultura/1160258406_850215.ht
　　　ml?rel=buscador_noticias
https://elpais.com/cultura/2015/02/05/babelia/1423171736_931873.ht
　　　ml?rel=buscador_noticias
https://elpais.com/cultura/2019/10/19/actualidad/1571496178_897888
　　　.html?rel=buscador_noticias
https://cincodias.elpais.com/cincodias/2020/02/10/fortunas
　　　/1581366804_122140.html
https://elpais.com/elpais/2020/02/13/gente/1581607666_246937.htm
　　　l?rel=buscador_noticias
https://elpais.com/espana/madrid/2021-06-05/el-cine-coreano-
　　　independiente-aterriza-en-madrid.html?rel=buscador_noticias
https://www.abc.es/play/cine/noticias/abci-como-bong-joon-
　　　ho-derribo-barrera-subtitulos-ayuda-predecesores-
　　　202002120139_noticia.html
https://www.abc.es/play/cine/noticias/abci-bong-joon-ho-director-

obra-maestra-parasitos-necesitamos-valores-educacion-respeto-perdido-201910242101_noticia.html

https://www.elmundo.es/cultura/cine/2019/10/25/5db1bde821efa034718b460c.html

https://www.elmundo.es/cultura/2014/09/22/542030bce2704eb6778b459a.html

https://www.culturaydeporte.gob.es/cultura/areas/cine/mc/anuario-cine/portada.html

2부 - 한류 확산의 현장

한류와 베트남

I. 들어가며

1990년대 후반에 해외에서 한류가 시작된 지 사반세기가 지났다. 한국 드라마 〈사랑이 뭐길래〉, 〈별은 내 가슴에〉가 기대 이상의 인기를 끌고, 2인조 그룹 클론의 역동적인 댄스와 보이밴드 H.O.T의 매력적인 음악이 중화권 관객을 사로잡으며 한류라는 팬덤 현상이 시작했다. 하지만 국내외에서 한류를 바라보는 시선은 차가웠다. 보수적 언론은 "서구와 일본에 영향받은 저급한 청소년문화는 한국을 대표할 수 없다"라고 주장했으며, 진보적 지식인들은 "한류 현상은 실체가 불분명한 것으로, 국가주의에 매몰된 언론이 과장해 만들어 낸 것"이라는 식으로 깎아내렸다. 한편, 외국에서도 "한국의 대중문화 생산력은 그리 높지 않으니 금세 사라질 것이다"라는 식으로 폄하했다. 사실, 한류라

는 조어법 자체도 중국과 대만에서 '차가운 해류'라는 의미의 '한류(寒流)'
를 '한류(韓流)'로 바꿔 만들어 낸 것으로서, '한 시절의 조류(潮流)'로 그치
기를 바라는 기대심리가 담겨있었다.

2002년 〈겨울연가〉가 등장하기 전에 필자의 주변인들만 해도 "한류
가 있다손 치더라도 저급한 한국 드라마는 중화권에서나 잠깐 인기를 끌
고 말 것이다. 한국보다 대중문화가 발달한 일본에서 한류 현상이 없지 않
은가?"라고 반문했다. 놀랍게도 〈겨울연가〉는 다른 어느 나라보다 일본에
서 커다란 인기를 얻었다. 하지만 〈겨울연가〉라는 빅히트작 이후 이를 이
을 인기작이 나타나지 않자, "한류는 끝났다"라는 반응이 다시 등장했다.
그런데 〈겨울연가〉가 나온 지 1년 반쯤 지난 시점에 〈대장금〉이 〈겨울연
가〉보다 더 많은 지역에서 훨씬 인기 있는 작품이 되었다. 이란에서, 또 아
프리카 동부 여러 국가에서 〈대장금〉과 〈주몽〉은 90%에 육박하는 상당한
시청률을 기록했으며, 〈주몽〉의 주인공 송일국을 광고모델로 한 LG그룹은
엄청난 매출 성과를 올렸다(하재근 2016). 하지만 잠시 멈췄던 한류 비관론
이 금세 떠올랐다. "'출생의 비밀'이라는 유사한 서사에 의존하는 데다, 더
는 히트 드라마가 나오지 않으니 한류는 끝났다"라는 게 그 요지였다. 그
런데 2008년 무렵, 드라마가 아닌 걸그룹 원더걸스의 노래 "노바디"가 동
남아시아 상가와 카페에서, 그리고 거리와 라디오에서 매일 들을 수 있는
인기곡이 되었다. 필리핀에서는 "노바디"를 모른다는 이유로 길거리 행인
끼리 시비를 벌이다 살인사건이 발생하기도 했다. 일본에서는 소녀시대와
카라가 K-pop 걸그룹 붐을 일으켰다. 그럼에도 불구하고, 한류는 아시아에
서만의 현상이라는 식의 폄훼가 여전했다.

2011년 프랑스 파리에서 열린 SM Town 공연이 성공하자 지상파방송

은 이를 주요 뉴스로 (심지어 저녁 8시 뉴스 프로그램의 첫 꼭지로) 연일 보도했다. 팬들은 한류가 '문화의 본고장' 프랑스에서도 인기 있다는 사실이 증명되자, 그간 고자세로 일관하던 보수매체가 갑자기 표변했다며 어이없어했다. 하지만 2012년 "강남스타일"이 전 세계적인 열풍을 끌었을 때도 비판자들의 목소리는 사라지지 않았다. 필자의 친구이자 동아시아 문화연구학자인 미국 듀크대학교(Duke University) 리오 칭(Leo Ching)교수도 싸이는 원히트원더(one hit wonder)로 끝날 것이며, 한류도 오래가지 않을 것"이라고 사석에서 장담할 정도였다.

드라마 중심 한류에서 걸그룹과 보이밴드가 이끄는 케이팝 중심 한류로 완전히 넘어갔다고 여길 즈음인 2013년 말, 한류는 또다시 진화했다. 드라마 〈별에서 온 그대〉가 전 세계에서 큰 히트를 거두었고, 중국과 동남아에서는 '치맥'(치킨과 맥주) 유행도 전파되었다. '먹방'과 같은 한국의 일상문화에 주목하는 해외 언론의 보도가 증가하기 시작했다. 〈별에서 온 그대〉의 기억이 희미해질 즈음인 2016년에는 〈태양의 후예〉가 킬러 콘텐츠로 등장했다. 르몽드(Le Monde) 등 서구 유수 언론은 아시아의 10대와 중년여성뿐 아니라, 전 세계 중년 남성들도 〈태양의 후예〉에 열광하는 현상을 대서특필했다. 〈태양의 후예〉는 한국 드라마 중 최고가로 미국에 수출되었으며, 태국, 필리핀, 베트남 등지에서 리메이크될 정도로 인기를 끌었다(신진아 2016). 한류는 계속해서 지역적으로 확장했다. 2010년대 후반 보이밴드 방탄소년단은 그간 한류 논의에서 덜 언급되던 중남미에서의 인기를 기반으로 서구 음악계에 진입하더니, 이제는 '21세기 비틀스'라는 명칭이 무색하지 않게 국제적으로 인정받는 뮤지션으로 성장했다. 영화 〈기생충〉은 2020년 제92회 미국 아카데미상 시상식에서 외국영화로는 최초로 작품상 수상과 함께, 감독상, 각본상, 국제장편영화상을 받음으로써 비판자들의 목소리를 숨죽였다. 2021년에는 넷플릭스에서 방영된 드라마 〈오징어 게임〉이 공개된 지 단 17일 만에 전 세계 1억 1,100만 유료가입 가구가 시청함으로써 넷플릭스 역대 최다 시청 가구수 기록을 세웠으며, 넷플릭스가 정식 서비스된 모든 국가에서 시청 가구수 1위를 달성한 최초의 작품이 되었다.

Ⅱ. 베트남의 한류

위에서 살펴보았듯 한류는 계속된 불신과 비관적 전망 속에서도, 지리적 범위를 넓히며 팬덤 구성원의 인구통계학적 속성을 다양화해 발전했다. 이제 한류는 지구촌 곳곳에서 확인되는 현상이다. 하지만, 가장 비중있는 시장은 여전히 아시아다. 그런데 여기서 주목할 게 있다. 아시아에서 가장 큰 시장인 중국과 일본이 한류의 성장을 견제하고, 역사·문화적 이유에서 때때로 한국과 갈등하는 반면, 한류의 태동기부터 현재까지 안정적인 시장으로 기능해 온 지역은 동남아시아다. '한류'라는 단어가 중국과 대만에서 만들어진 것일 뿐, 사실 '한류'라고 칭할만한 해외의 한국 대중문화 팬덤 현상은 베트남에서도 비슷한 시기에 발생했다.[1]

---

1   물론, 베트남과 인도네시아 등 동남아시아에서도 반한류 풍조는 있다. 하지만, 중국과 일본에서의 반한류가 역사·정치적인 관점과 연결되어 사회적 휘발성이 강하다면, 동남아시아에서의 반한류는 주로 청소년에 대한 한류의 악영향에 대한 비판적 성격이 강하다.

베트남의 한류(베트남어로 '란성한꿱' Lan song han quoc)는 드라마 인기로 시작되었다. 1997년 베트남 국영방송 VTV1은 한국대사관으로부터 지원받은 드라마 〈첫사랑〉을 방영해 시청자로부터 좋은 반응을 끌어냈다. 이후, 〈내 사랑 유미〉, 〈느낌〉, 〈금잔화〉, 〈의가형제〉, 〈아들과 딸〉이 연이어 호평을 얻었으며 마케팅 효과를 노린 한국 기업들은 한국 드라마 방영을 더욱 적극적으로 후원했다.[2] 이미 2000년대 초부터 매일 3-4편의 한국 드라마가 베트남 지상파에서 방송되었으며, 현재는 넷플릭스 등 글로벌 OTT뿐 아니라 FPT Play와 VTV Go 등 지역 OTT, 그리고 유튜브를 통해 한국 드라마는 확고한 인기를 누리고 있다. 특히 1998년에 방영된 〈의가형제〉는 여러 번 재방송될 정도로 인기를 끌었고, 주연배우 장동건은 당시 베트남 최고 인기배우로 평가받았다. 이들 한국 드라마가 묘사한 기성세대와 청년 세대 간의 가치관 차이와 그에 따른 대립은 경제발전과 함께 급격한 사회 변동을 겪던 베트남 사회에서 큰 공감대를 형성했다. 다른 나라에서와 마찬가지로 드라마 인기는 가요와 영화로 확산하여, 유행에 민감한 10대 청소년과 중년여성 사이에 한류 열풍을 심화했다.

물론 베트남 한류 발생의 맥락은 단순하지 않다. 게다가 베트남 청중이 한국 대중문화만 좋아하는 것도 아니다. 1980년대 "새롭게 바꾼다"는 뜻

---

2   〈첫사랑〉은 1996-97년에 KBS 주말연속극으로 방송된 드라마로 최수종, 배용준, 이승연이 주연을 맡았다. 〈느낌〉은 1994년 KBS 2TV에서 방영되었던 드라마로 손지창, 김민종, 이정재, 우희진, 류시원, 이본이 주연했다. 〈금잔화〉는 1992년에 방영되었던 SBS 월화드라마인데, 손지창, 황신혜가 주연을 맡았다. 〈의가형제〉는 MBC에서 1997년에 방영되었던 드라마로, 장동건, 손창민, 이영애가 주연을 맡았다. 〈아들과 딸〉은 1992-93년에 MBC에서 방송된 64부작 드라마로, 김희애, 최수종, 채시라, 오연수가 주연을 맡았다.

의 도이머이(Đổi mới, '개혁') 정책과 함께 자본주의 경제모델을 받아들인 베트남은 미국, 중국, 일본, 유럽 등 다양한 국가로부터 대중문화를 수입했다. 1990년대 베트남에서 폭발적인 인기를 얻었던 〈서유기(西遊記), 1986, 중국〉, 〈천사들의 합창(Carrusel), 1989-90, 멕시코〉, 〈미녀 마법사 사브리나(Sabrina, the Teenage Witch), 1996, 미국〉, 〈황제의 딸(還珠格格), 1998, 중국〉 등 외국 드라마 리스트를 보자. 베트남에서 인기 있었던 외국 드라마는 한국에서도 큰 인기를 누렸다는 점을 확인할 수 있다. 특히, 〈천사들의 합창〉이 베트남에서도 인기 있었다는 사실은 많은 시사점을 던진다. 이 드라마는 전통적으로 인기 있는 영미권 드라마가 아니다. 멕시코는 브라질과 함께, 서구에 의한 일방적 문화세계화에 흠집을 낸 TV 드라마 장르인 '텔레노벨라(telenovela)'의 생산국으로 유명하다. 1990년대 문화세계화는 미국의 글로벌 문화지배를 강화한 측면도 있지만, 미국이 아닌 국가의 콘텐츠가 국경을 넘어 유통되는 토대를 만들어주었다. 〈천사들의 합창〉이 베트남에서도 인기 있었다는 사실은 베트남과 한국 양국의 시청자가 동일한 문화세계화를 경험했고, 동시대에 살고 있었음에 대한 방증이다.[5]

대중음악으로는 웨스트라이프(Westlife, 아일랜드), 백스트리트 보이즈(Backstreet Boys, 미국), 마이클 런스 투 록(Michael Learns To Rock, 덴마크), M2M(노르웨이) 등 다양한 국적의 뮤지션들이 인기를 얻었다(한국콘텐츠진흥

---

3   〈천사들의 합창(Carrusel), 1989-90, 멕시코〉은 KBS가 1989년 10월 3일에 방영한 이후 1991년까지 여러 차례 재방송했으며, 1995년 2월 27일부터는 EBS를 통해서 재방영된 바 있다. 그 당시 초등학교 학생들은 해당 방송시간대에 어김없이 이 드라마만 봤다는 소문이 있을 정도였으며, 2015년 JTBC 〈비정상회담〉에서도 여러 국가 출신의 출연자들이 이 드라마 시청 경험에 대해 회고하는 등 1990년대 초반에 전 세계적인 인기를 끌었다(JTBC 2015).

원 2021). 즉, 베트남 한류는 문화 세계화가 실천되던 베트남의 문화지형에서 청중이 한국 대중문화를 선택함으로써 발생한 것이다. 필자가 몇 차례 행한 현지 조사를 통해 보건대, 베트남 사람 모두가 한국 대중문화를 즐기거나 한류를 옹호하는 것은 아니지만 외래 대중문화의 여러 선택지 중 한국문화를 상위에 놓는 것은 분명해 보인다. 예를 들어, 베트남의 시장 전문 조사회사인 Q&Me가 2019년 5월에 18세 이상 성인 베트남인 900명을 대상으로 '한국문화 인식 현황'을 연구한 결과에 따르면, "응답자 76%가 한국문화에 대해 호감을 보였으며 이 중 37%는 한국문화를 무척 좋아한다고 응답"했다(콘텐츠진흥원, 2021, 6면).

베트남 한류는 한국어 학습 열기로 나아갔다. 1994년 하노이국립대학교 사회과학대학에서 한국어 강좌가 처음 시작된 이래, 한국어 강좌 개설은 전국 32개 대학으로 확대되었다. 2020년 10월 기준, 대학에 등록된 한국어 학습자 수는 1만6천여 명으로 집계되었으며, 전국 수천개의 사설학원에서 한국어가 교육되고 있다. 더욱 중요한 사실은 2021년부터 베트남 교육훈련부가 영어, 중국어, 일본어, 프랑스어, 러시아어, 독일어에 더해 한국어를 제1외국어로 선정했다는 점이다(민영규 2021). 물론 많은 학교가 영어를 제1외국어로 선택하고는 있으나, 교육훈련부의 제1외국어 선정으로 베트남 초등학교 3학년에서부터 한국어 교육이 가능하게 되었다. 대중문화 한류에 더해, 8천여 개를 헤아리는 한국기업이 베트남 경제의 주요 축을 담당하게 된 현실을 반영한 결정이다. 근래에는 한국인 박항서 감독이 이끈 베트남 축구 대표팀이 국제대회에서 좋은 성적을 거두며 '베트남 국민 영웅' 대접을 받아, 양국 관계를 더욱 진전시킨 바 있다.

베트남은 동남아경제의 주요국이다. 30대 이하가 전체 인구의 절반을 차지하는 젊은 나라인 데다, 국내총생산(GDP) 성장률은 매년 5-6%를 상회할 정도로 경제발전을 이루고 있다. 활발한 스마트폰 보급을 통해 콘텐츠의 제작-유통-수용의 선순환을 이루고 있으며, 방송시장은 12.0%에 달하는 연평균 성장률을 기록한다(김윤지 2017). 게다가, 베트남은 캄보디아와 라오스 등 인도차이나반도 주변국 유행을 선도하는 문화 수출국이기도 하다. 2016년, 사드(THAAD) 미사일 국내 배치 결정 이후 벌어진 중국과의 관계 악화에 따라, 한국은 그간 중국 시장에 경도되었던 대외정책을 수정하고 해외시장 다변화의 필요성을 강조했다. 이에 2017년 11월 문재인 대통령은 "아세안(ASEAN)은 우리의 미래"라고 선언하며, 미국, 일본, 중국, 러시아 등 주변 4강 수준에 맞게 아세안 국가들을 중시할 계획을 표방했다. 실제로 많은 조사기관은 아세안의 경제 규모가 2030년 세계 4위, 2050년 세계 3위로 성장할 것으로 전망한다. 특히 베트남의 경우, 2019년 2월 27-28일 도널드 트럼프 미국 대통령과 김정은 북한 국무위원회 위원장 간의 두 번째 북미정상회담을 개최할 만큼 한류와 한국경제뿐 아니라 한반도 정세에 중요한 요충지이다.

그간 베트남 내 대중문화 한류에 관한 많은 글이 한류 발생의 이유를 설명하는 데 치중했다. 일테면 양은경(2003)은 문화근접성을 들어 베트남 한류 발생을 설명했다. 베트남 현지조사를 통해 수용자 인터뷰를 수행한 김영찬(2008)도 현지 방송환경의 맥락에 대한 설명과 함께, 베트남 수용자들이 한국 드라마에 대해 정서적 친밀감을 느낀다는 점을 보고했다. 반면, 본 장은 한류가 '매개'가 되어 현지 문화산업에 미치는 영향에 주목하고자 한다. 한국의 경우도 오랜 문화수입의 역사를 배경으로 해 자국 문화산업을 발전시켰다. 이러한 점을 고려할 때, 한류가 베트남의 드라마, 영화, 가요 등 대중문화 생산과 유통에 어떤 영향을 미치고 변화를 이끄는지 짚어보는 것도 유의미할 것이다.

Ⅲ. 한류가 매개하는 베트남 대중문화

1. TV 드라마

한국 드라마의 인기 속에서 베트남 방송사들은 한국 드라마를 리메이크해 방송하기 시작했다. 시장에서 오락적 품질이 확인된 한국 드라마 원작을 활용함으로써 베트남 방송사는 다음과 같은 효과를 노린 것이다:

1) 시장의 불확실성을 고려할 때, 완성도 높은 한국 드라마 원작은 시청률 보장이 가능하다.
2) 원작과 비교하면서 감상하는 기대감과 호기심을 충족시킬 수 있다.
3) 새로운 드라마를 제작하는 것보다 제반 비용을 절감할 수 있다.
4) 이미 성공한 원작을 꼼꼼히 검토하고 재제작하는 과정을 통해 자체 제작역량을 키울 수 있다.

2000년대 초부터 베트남 방송사들은 한국 드라마 판권을 사들여 리메이크작을 제작해 방영했다. 이러한 작품 중 〈응오이냐한프혹(Ngôi nhà hạnh phúc, 2009). 한국 원작: 풀하우스〉, 〈꼬낭고냐오(Cô nàng ngố ngáo,

2015). 엽기적인 그녀〉, 〈하우예이막져이(Hậu duệ mặt trời, 2017). 태양의 후예〉, 〈꺼우범띵이우(Cầu vồng tình yêu, 2008). 가문의 영광〉, 〈까오넵까오떼(Gạo nếp gạo tẻ, 2018). 왕가네 식구들〉, 〈께이따오너화(Cây táo nở hoa, 2021). 왜 그래 풍상씨〉 〈짜딩라소못(Gia đình là số 1, 2, 2017, 2019). 하이킥 시리즈〉, 〈냐이아이민따이우(Ngày ấy mình đã yêu, 2018). 연애의 발견〉, 〈안에엠냐박씨(Anh em nhà bác sĩ, 2017). 의가 형제〉, 〈응으이모우(Người mẫu, 2011). 모델〉, 〈냐조바라냐(Nhà trọ Balanha, 2020). 으라차차 와이키키〉 등이 큰 인기를 끌었다.

시간이 흐름에 따라 베트남은 한국 측 제작진과 함께 작업함으로써, 한국으로부터 제작기술을 더 많이 배울 수 있는 '공동제작'을 선호하기 시작했다. 공동제작은 양국의 제작사가 제작 전 과정에 걸쳐 협업하며 인력과 장비를 공유하고, 시나리오, 로케이션, 촬영, 후속 작업 등을 같이 하는 방식이다. 베트남 방송사는 이를 통해 베트남 드라마 제작에 있어서 연출, 연기, 촬영 편집 등의 수준을 높이고 부족한 제작비를 충당하고자 한다. 영화와 드라마 제작 수준을 높여 주변 아시아 국가에 수출하고, 국가 이미지를 드높일 계획을 갖고 있었던 베트남 정부는 〈2030년 영화·드라마 비전〉을 수립해, 국제 공동제작에 대해 전폭적인 지원을 제공하고 있다.

한국 방송사로서도 베트남과의 공동제작은 매력적인 선택이다. 미디어와 콘텐츠를 강력히 통제하는 베트남 정부는 2007년에 문화산업 보호 정책을 발의해, 황금시간대인 오후 8시부터 10시까지 방송되는 모든 방송물 중 30% 이상을 자국 프로그램으로 할 것을 규정했다. 이제 한국 방송사는 베트남과의 공동제작을 통해 콘텐츠를 생산함으로써 이를 베트남 '자국' 프로그램으로 인정받는 것이 중요하게 되었다. 이러한 배경에서 한국콘텐

세계 속의 한류—국적과 영역을 초월한 융합문화로서의 한류

츠진흥원(KOCCA)은 2020년 현지에 베트남 비즈니스센터를 설립해, 한국 콘텐츠 수출과 베트남 드라마 제작을 지원하고 있다.

한국과의 공동제작 드라마인 〈뚜이탄수우안(Tuổi Thanh Xuân), 오늘도 청춘, 2014/2016〉, 〈꼬야우브앙(Côdâu vàng), 황금 신부, 2007〉, 〈무이응 오까이(Mùi NgòGai), 쿨란트로 향기, 2006〉 등은 베트남 내에서 상당한 인기를 끌었다. 특히 CJ E&M과 베트남 국영방송 VTV가 공동 제작한 36부작 〈뚜이탄수우안(오늘도 청춘)〉은 2014년 12월, 종합엔터테인먼트 채널 VTV3에서 주중 오후 9시 30분에 방영을 해 평균 시청률 6.8%(18-45세 기준, 하노이. TNS)로 같은 시간대 드라마 1위를 차지했다. 이는 VTV3 평균 시청률 (2.6%)을 상당한 정도로 상회한 것이다. 한국에 유학 온 베트남 여성 '린'의 학업, 사랑과 우정에 관한 이야기로, 시즌2가 제작될 정도로 호평을 받았다. 한국에서는 케이블 채널 스토리온에서 2015년 6월부터 방영했으며, 2015년 7월에는 CJ E&M이 운영해 동남아 10개국(홍콩, 대만, 싱가포르, 필리핀, 태국, 말레이시아, 미얀마, 캄보디아, 호주, 인도네시아) 케이블 방송에서 송출되는 채널인 '채널M'에서 방영했다(윤고은, 2015). 〈뚜이탄수우안(오늘도 청춘)〉은 흥행 성공에 기반해, 2015년 VTV 인기상 및 신인상과 2016년 제14회 황금연상 최고 드라마상과 최우수 여주인공상 등 권위 있는 드라마 시상식에서 수상했다.

2019년 10월, 한-베 공동제작으로 만들어진 3부작 드라마 〈놓치지 마(Go for it)〉는 한국 케이블 채널 스마일티브이플러스(Smile TV Plus)에서 먼저 방영된 후 베트남에서 방송되었다. 〈놓치지 마(Go for it)〉는 베트남에서 "국민 걸그룹"으로 불리는 라임(LIME)의 멤버 이본(Ivone)과 국내 아이돌그룹 파란 출신의 주종혁(라이언)이 주연을 맡은 드라마로, 한국을 동경하던 베트남 여성이 무작정 한국에 와 취직 후, 우연히 케이팝 가수로 성장한다는 내용이다. 주인공 이본은 데뷔전 실제로 한국에서 트레이닝을 받은 경력이 있으며, 소속 그룹 라임은 "서두르지 마," "살랑살랑" 등 한국어 곡을 발표한 바 있다. 2019년 11월 24일 이 드라마의 제작사 환안비의 윤여진 대표는 베트남 현지 판권을 책임진 SB엔터테인먼트 이상범 대표와 함께 베트남 호찌민시에 있는 YEAH 1TV와 방영계약을 체결했다. 2019년 12월 베트남 유튜브를 통해 방영된 후, 2020년 1월 YEAH 1TV 채널에서 3부작으로 방송되었다(김태혁 2019).

사실 베트남에서는 한국 드라마뿐 아니라, 리얼리티쇼와 오락 프로그램도 상당한 인기를 끌고 있다. 2003년에 이르러서야 텔레비전 포맷을 수출하기 시작한 한국의 방송 역사에서 베트남은 중요한 위치를 차지한다. 2006년 KBS가 〈도전! 골든벨〉 포맷을 국제 포맷회사 마인드셰어(Mindshare)사에 판매했을 때, 그 첫 번째 구매자는 다름 아닌 베트남 국영방송 VTV였다(강경지, 2006).

리얼리티쇼 프로그램으로 SBS 〈런닝맨〉의 인기는 흥미롭다. 2010년에 시작한 〈런닝맨〉은 국내에서 방영된 지 몇 분 안 되어 베트남어 자막이 붙어 유통된다. 소위 "예능 한류"를 이끈 이 프로의 출연진 중 이광수는 "아시아 프린스"라는 별명이 붙을 정도로 인기를 얻었다. 2011년에 이미 〈런닝맨〉은 대만, 태국, 중국, 홍콩, 일본, 싱가포르, 말레이시아, 인도네시아, 캄보디아를 포함한 아시아 9개국에 수출되었다(하유진 2011). 2013년 〈런닝맨〉이 베트남에서 로케이션했을 때, 수백 명의 베트남 팬들은 출연진이 이동하는 곳곳에 나타나 이광수 등 한국 연예인 이름과 "런닝맨"을 큰 소리로 연호하며 환영했다(유튜브 2013). 2019년 3월, 베트남에서는 SBS와 라임엔터테인먼트 공동제작으로 만들어진 〈런닝맨-짜이띠쪼찌(Chay Di cho chi)〉가 현지 지상파 채널 HTV7에서 방영되었다. 방송 2회차에 시청률 4%를 기록하고 같은 시간대 프로그램 중 시청률 2위에 오름으로써 인기를 입증한 〈런닝맨-짜이띠쪼찌(Chay Di cho chi)〉는 2019년 '베트남 올해의 예능상'을 수상했다. 2019년 12월 1일에 호찌민시에서 개최된 〈런닝맨〉 팬미팅 행사에는 약 1만여 명의 팬들이 운집해 인기를 입증했으며, 2021년 9월에 시작한 〈런닝맨〉의 베트남 버전 〈Running Man in Vietnam〉 시즌2도 첫 방송에 시청률 5%를 기록하며 같은 시간대 시청률 1위를 차지했다(박상후 2021).

예능 한류는 다양한 프로그램의 공동제작으로 나아갔다. 이 과정에 한국콘텐츠진흥원(이하 콘진원)의 제작지원이 큰 역할을 했다. 2018년 콘진원의 '국제방송 문화교류 지원사업(국제공동제작)'의 지원을 통해 KBS와 기획사 푸르모디티, 베트남의 남시토 크리에이티브가 〈Bistro K(Quán ăn hạnh phúc, 콴안 한푹)〉라는 제목의 예능 프로그램을 만들었다. 한국에서는 이미 활발한 포맷인 요리와 토크를 접목한 〈Bistro K〉는 베트남에서 새롭게 시도되는 포맷이다. 요리 프로그램으로 유명한 이욱정 PD, 베트남에서 활동하는 한국계 방송인 하리 원(Hari Won), 베트남 버전 〈히든싱어〉 진행자 다이응이아가 MC로 출연한 이 프로그램은 2019년 6월 9일부터 HTV2, TodayTV, YOUTV에서 주말 황금시간대에 동시 상영되었으며, 2019년 하반기에는 KBS World와 아리랑TV 채널로도 방영되었다(전성민 2019). 리얼리티쇼 공동제작은 계속해서 이루어졌다. 위에서 언급한 한국 제작사 푸르모디티가 베트남의 Le Dao Media와 공동으로 제작한 〈안디로이게(Ăn đi rồi kể). '맛있는 드라마여행'〉은 2021년 베트남 HTV Network과 Digital 플랫폼 Yeah 1을 통해 방송되어 인기를 끌었다. 이 프로그램도 2019년 한국 콘텐츠진흥원의 '국제방송 문화교류 지원사업'의 지원을 받아 제작되었다. 베트남의 인기 연예인들이 매회 한국을 찾아 짜장면, 떡볶이, 치킨 등 한국 음식 조리법을 배운 후 베트남에 돌아와 한식을 만드는 포맷으로, 모모랜드, 오마이걸, 김민규, AB6IX 등 한국 아이돌이 함께 출연해 베트남 한류 팬들의 흥미를 돋았다(정승훈 2020).

후술하겠지만, 베트남에서 CGV 영화관 사업으로 현지화에 성공한 CJ 그룹은 방송 채널을 운영하는 것으로 나아갔다. CJ E&M은 2017년 6월, 베트남 현지 케이블 VTC의 채널 중 하나인 VTC5를 2022년까지 임대하는 계약을 통해, 엔터테인먼트 채널 TV Blue를 베트남에 개국했다. 개업 축하연에 베트남 스타 100여 명이 게스트로 참석할 정도로 기대를 모았던 TV Blue는 CJ그룹이 베트남에 콘텐츠를 수출하는 것에서 더 나아가 본격적인 공동제작과 함께 직접적인 한류 콘텐츠 유통을 가능케 했다. 베트남과 한국의 영화와 오락 프로그램, 특히 관광·음식·패션·뷰티 등의 라이프스타일 프로그램을 주요 콘텐츠로 한 TV Blue는 SCTV와 VTC 등 케이블 방송과 하노이 택시 TV를 통해 송출되었다(Dien Anh 2017). TV Blue는 2017년 11월 25일 호찌민시의 호아빈 시어터에서 개최된 MAMA(Mnet Asian Music Awards, 엠넷 아시안 뮤직 어워즈) in Vietnam 행사를 생중계함으로써, 아시아 시청자들에게 한류 콘텐츠 채널로서의 위상을 알렸다.

2. 음악과 공연

사실 베트남에서의 오랜 한류 역사만큼이나, 한국 가수들의 베트남 공연은 끊이지 않고 있었다. 유튜브에서 BTS와 블랙핑크의 국가별 재생 통계를 보더라도 베트남에서의 누적 재생 횟수가 한국보다 높을 정도다. 『2021 한류실태보고서』(한국국제교류문화진흥원 발간)에 따르면 베트남인의 한류 소비는 전 세계 평균을 훨씬 상회한다. 위에서 언급한 CJ 이외에도 한국 콘텐츠 기업들은 일찍부터 한류 열풍이 강한 베트남을 주목했다. 그런데 2016년 하반기에 시작된 중국의 한한령과 일본과의 계속된 관계경색이 중·일 양국의 한류를 위축시킴에 따라, 한류 시장으로서 베트남의 중요성이 더욱 커졌으며 국내 방송사들은 베트남 로케이션을 확대했다. 예를 들어 케이블 채널 MBC Music은 2017년 3월 25-26일 이틀간 베트남 하노이에서 〈MBC Music K-PLUS CONCERT in Hanoi〉를 개최해, 세븐틴, 에이핑크, 세븐, EXID 등 한국 유명가수의 현지 공연을 연출했다(양소영 2017).[4]

한국 최대 포털사이트 네이버는 일찌감치 베트남 시장을 중시했다. 네이버는 2015년 9월에 출시한 케이팝 스타들의 인터넷 방송 플랫폼인 브이라이브(V-Live)의 베트남 버전 브이라이브 베트남(V-Live #Vietnam)을 2016년 1월에 시장에 내놓았다. 브이라이브 베트남 런칭 기념 콘서트에는 방탄소년단과 마마무 등 한국 스타들과 베트남 가수들과 함께 출연했다. 콘서트는 모바일 V앱과 브이라이브 사이트에서 라이브로 이루어졌는데, 당시 기록된 약 118만 뷰는 베트남의 공연 생중계 사상 최고 시청 기록

---

4   MBC Music은 2020년 2월 18일에 MBC M으로 개칭했다.

이었다(한진주 2016). 이후 베트남의 인기 스타와 방송인들은 브이라이브를 팬들과 소통의 장으로 활용해, 자신들의 베트남 내 공연과 팬미팅, 한류 연예인과의 콜라보 소식 등을 라이브 스트리밍으로 전하고 있다. 브이라이브의 성공에 힘입어, 2018년 7월부터 네이버는 베트남 정부와 제휴해 베트남의 유일한 음악 순위 프로그램인 V-하트비트(V-HEARTBEAT)를 제작하기 시작했다.[5]

컬처 테크놀로지(culture technology) 개념을 주창하며, 케이팝의 지역화를 선도하는 SM엔터테인먼트도 베트남 시장을 중시한다. 2017년 12월 5일 베트남 하노이 롯데호텔에서 열린 '매경 베트남 포럼' 전야제에서 기조연설을 한 이수만 SM 총괄 프로듀서는 "SM은 베트남에서 인재를 발굴해 … SM의 우수한 컬처 테크놀로지로 탄생한 K-pop처럼 전 세계의 사랑을 받을 수 있는 V-pop을 만들 것"이라고 선언하며, 자사 아이돌그룹 NCT의 베트남 버전을 구상하고 있다고 밝혔다(김지하 2017). SM뿐 아니라, YG엔터테인먼트, 큐브엔터테인먼트, FNC엔터테인먼트 등도 한류 시장으로서 잠재력이 큰 베트남에 현지 법인을 설립하는 것에 관심을 두고 있다.

브이팝(V-pop)은 베트남 대중가요를 포괄적으로 지칭하는 단어로서, 최근 세련된 멜로디와 감미로운 분위기를 지닌 K-pop 스타일에 강한 영향을 받고 있다. 특히, 한국 국적 혹은 한국-베트남 혼혈 아티스트들이 케이팝스러운 브이팝 스타일을 선도하고 있다. 베트남 엔터테인먼트업계도 케이팝과 브이팝의 감성을 겸비한 이들을 주목하여, 한류 열풍과 이들의 인기를

---

5   브이라이브가 엔터테인먼트 서비스로서 베트남에서 성공함에 따라, 네이버는 2019년에 네이버 베트남 현지법인을 출범시켰다.

결합하려고 시도한다. 위에서 언급한 하리 원은 그 대표적인 가수다. 베트남 출신 아버지와 한국인 어머니를 둔 그녀는 서울에서 출생 후 호찌민시에서 학창시절을 보내, 베트남어와 한국어 둘 다 능통하다. 2003년 한국에서 4인조 걸그룹 '키스(Kiss)'로 데뷔했으나, 2년 만에 그룹이 해체되자 베트남으로 돌아왔다. 하지만 한류 인기가 높은 베트남에서 하리원은 자신의 한국인성(韓國人性)을 발휘하며, 가수의 길을 꾸준히 걸었다. 결국, 2016년에 발표한 베트남 가요 "안끄디디(anh cứ đi đi, 그냥 가)"가 베트남 음원차트 징엠피3(Zing MP3)에서 재생수 2억290만 회를 기록하는 등 성공을 거두었고, 이후 하리원은 가수, 배우, MC로 활동 영역을 넓혔다(김태언 2021).

또 다른 여가수 한사라는 베트남에서 학창 시절을 보낸 한국인으로서, 2017년 〈더 보이스 베트남(The Voice Vietnam)〉 시즌4를 통해 가수로 데뷔했다. 2017년에 발표한 "러이우맏로이(LỠ YÊU MẤT RỒI, 사랑에 빠졌어요)"는 2022년 3월 3일 현재 유튜브 조회수 13,708,047을 기록 중이다. 2019년 8월 베트남 남자가수 카이 쩐과 함께 부른 "뎀끄우(ĐẾM CỪU, 양을 세다)"는 출시 이틀 만에 음악사이트 징(Zing)의 리얼타임 순위 8위에 올랐고, 유튜브에서는 6일 만에 조회수 650만을 기록할 정도로 인기를 끌었다(민영규 2019).[6] 이들 노래는 가사만 베트남어로 되어 있을 뿐, 멜로디만 들으면 케이팝 특유의 팝발라드 느낌이 물씬 풍긴다. "베이유(베트남 아이유)"라는 애칭을 지닌 한사라는 코미디 영화 "탄드엉두오이바짱(Thần tượng tuổi 300, 300살 아이돌)"에 출연하는 등 배우로도 활동 영역을 넓히고 있다.

베트남 현지에서 한류를 이끄는 가수로 진주(Jin Ju)가 있다. 본명이 신

---

6   2022년 3월 3일 현재 조회수 28,229,830회를 기록했다.

진주인 한국인 진주는 한국외대 베트남어과에 재학 중, 베트남어 공부 목적으로 베트남 노래 커버 영상을 SNS에 올리기 시작했다. 2016년 〈베트남 히든싱어〉 프로그램에 출연한 후 대중의 인기를 끎에 따라 베트남 내에서 가수로 데뷔하게 되었다(민영규 2019). 그녀가 한국에서 발표한 "죽지 않을 만큼만"을 2019년 8월에 베트남 현지어로 개사한 "엠러이우사이안((Em Lỡ Yêu Sai Anh, 당신을 잘못 사랑했다)"는 2022년 3월 3일 시점에 조회수 4,789,072회를 기록할 정도로 베트남에서 큰 인기를 얻고 있다. 진주는 2022년 현재 27만여 명의 페이스북 팔로워와 21.2만여 명의 유튜브 구독자를 두고 있다.

한국인 혈통은 아니지만, 한국어를 하는 어머니를 둔 덕에 일찍부터 한국어로 노래를 발표한 가수 장미(Jang Mi)도 베트남과 한국 양국을 무대로 해 활동한다. 본명이 부이바오짱(Bùi Bảo Trang)으로 1996년생인 장미는 모던팝과 볼레로(Bolero, 에스파냐 춤곡 풍의 3/4박자 베트남 음악)에도 뛰어난 발라드 가수다. 2018년 영화 〈딤버저바(Tìm vợ cho bà, 할머니가 원하는 아빠의 아내를 찾아서)〉에서 주연을 맡았고, 여러 드라마와 시트콤에 출연해 OST를 부르는 등 다방면에 걸쳐 활약했다. 장미는 2020년 8월 자작곡한 "My Everything"을 한국과 베트남에서 동시에 발표했다. 2021년에는 래퍼 정민혁의 콜라보로 댄스곡 "우리 둘이"를 발매했다. 가수 활동뿐 아니라, 베트남에 한식과 한국문화를 소개하는 데 적극적인 장미는 한국과 베트남 간 양 방향적 문화교류에 한몫하고 있다.

　　세계 속의 한류—국적과 영역을 초월한 융합문화로서의 한류

3. 영화

2000년에 한국영화 최초로 〈편지〉가 하노이에서 상영된 이래 한국영화는 베트남 극장에서 꾸준히 개봉되고 인기를 얻었다.[7] 또한, 베트남은 한국 멀티플렉스 극장체인의 해외사업 진출지로도 중요하다. 2008년 롯데시네마는 현지 영화관인 다이아몬드 시네마(Diamond Cinema)를 인수해 영화관 사업을 시작했으며, 2022년 현재 47개 상영관에 200개 이상의 스크린을 운영중이다(롯데시네마 베트남 2022). 2011년 CGV는 공기업 민영화 정책에 따라 매물로 나온 현지 극장체인 메가스타 시네플렉스(Megastar Cineplex)를 인수해 극장 사업에 진출했다. 2022년 3월 현재 전국 각지의 142개 상영관에서 스크린 681개를 운영해 베트남 시장 점유율 50% 수준을 유지한다(infonet 2021; Won 2017).[8] 롯데시네마와 CGV 베트남은 베트남 영화와 한국 영화를 공히 상영함으로써 양국의 영화 교류에 이바지한다.

베트남 내 한국영화의 인기는 한국영화 리메이크로 나아갔다. 대표적으로 배우 심은경 주연의 〈수상한 그녀〉(2014)를 리메이크한 〈엠라바노이 꼬아안(Em La Ba Noi Cua Anh, 내가 니 할매다, 2015)〉는 2015년 12월 11일에 개봉해 그해 12월 말까지 박스오피스 1위 자리를 차지했다. CJ E&M과 베트남 제작사 HK Film이 공동 기획해, 베트남 감독이 연출하고 베트남 배

---

7 영화 〈편지〉(1997)의 주연배우는 박신양과 최진실이었다. 최진실은 베트남에서 상당한 인기를 끌었다.

8 이에 따라 베트남 영화상영배급협회(FDEAV: Film Distribution and Exhibition Association of Vietnam)는 CGV 베트남사를 독점적 사업자로 규정했으며, CGV의 불공정 영업을 비난했다(김대현, 2017).

우가 출연한 이 영화는 2015년 1,020억 달러의 매출을 올려, 베트남 영화 사상 최고 기록을 경신했다. 2018년 한국영화 〈써니〉(2011)를 리메이크한 〈타앙남릌러(Tháng năm rực rỡ, Go Go Sisters)〉는 흥행에서의 성공뿐 아니라, 비평가의 찬사도 끌어냈다. 같은 2018년에는 베트남 제작사 르다우메디아(Le Dau Media)와 한국 제작사 푸르모디티(FURMO DT)가 공동 기획·제작해 한국영화 〈과속스캔들〉(2008)을 〈옹느응오아이두오이 바드이(ONG NGOAI TUOI 30, 할아버지는 서른 살)〉로 리메이크해 개봉했다(김형수 2018). 그 외에 손예진이 출연했던 〈오싹한 연애〉(2011)는 2017년 〈이에우 띠, 드응서(Yêu đi, đừng sợ!, 사랑하자, 두려워하지마)〉로 리메이크되어 그해 흥행 7위를 차지했으며, 도경수, 조정석 주연 〈형〉(2017)은 〈안자이이에우과이(Anh trai yêu quái, 나쁜 형, Dear Devil Brother)〉로 리메이크되어 4억 5천만 달러 이상의 매출이라는 흥행 성공을 기록했고, 유해진, 이서진 주연의 〈완벽한 타인〉(2018)은 〈띠에익장마우(Tiệc trăng máu, Bloody Moon Party)〉로 리메이크되었다.

IV. 나가며—한류 인프라를 생각한다

한류 성장에 있어서 정부의 역할에 관해 여러 논란이 있다. 외국언론과 학계는 한류의 형성과 발달에 정부의 지원이 상당했다는 식으로 서술하고 분석하는 경향이 있지만, 국내의 많은 연구자는 이에 쉽게 동의하지 않는다. 오히려, "자유로운 분위기 속에서 성장해야 할 문화산업과 시장에 정부가 불필요하게 개입함으로써 한류 발전을 방해한다"라는 의견이 상당하다. 물론, 1990년대 이래 검열 완화와 문화산업 관련 법제의 정비는 정부가 했다.[9] 하지만 이는 시민사회와 학계, 산업과 팬덤의 민주적 개혁 요구에 부응한 것이다. 또한, 정부에 의한 '정부 역할론'의 과도한 홍보는 부메랑이 되어 돌아온다. 외국언론과 수용자의 "한국 정부의 이데올로기가 스며든 외래 문화상품을 배격해야 한다"는 식의 시각이 바로 이렇게 형성된 것이다.

한류 발전에 대한 정부 기여도 논의와 별도로, 그간 한류 정책이 체계적이지 않았다는 점은 지적될 필요가 있다. 한류 정책과 지원계획을 총괄해 수립하고 짜임새 있게 집행하는 전담조직이 없었으며, 정부 여러 부처와 기관이 한류 관련 업무를 경쟁적으로 다루었다. 이러한 점을 고려할 때 2020년, 문화체육관광부 콘텐츠정책국(하위 부서로 문화산업정책과, 영상콘텐츠산업과, 게임콘텐츠산업과, 대중문화산업과 구성) 내에 한류지원협력과가 신설된 것은 주목할 만하다.[10] 문체부는 그동안의 비판을 수용한 듯, 한류지원협력과 설치 목적을 분산돼있던 한류 관련 업무를 총괄해 "민간의 사업을 지원"하고, 정부 수준에서 "한류 확산 지체 요인"에 적극적으로 대응하는 것으로 명시했다(뉴시스, 2020). 한류지원협력과의 주요 업무는 다음과 같다:

---

9   1994년 문화체육부에 문화산업국(이후, 콘텐츠정책국으로 개편)이 설치되며, 본격적으로 대중문화에 대한 산업적 지원의 토대가 마련되었다.

10   과거, 문체부 내부 태스크포스(TF)인 한류문화진흥단(2012-2013년)이나 민간 자문기구인 한류 3.0위원회(2014년), 민관협의체인 한류기획단(2015-2017년) 등이 한류 관련 업무를 지원한 바 있으나 모두 임시 조직이어서 통일성과 체계가 부족했다.

1) 한류 지원을 위한 총괄계획 수립

2) 한류 시장에 대한 조사·연구

3) 한류 연관 상품의 개발·수출 지원

4) 한류 기반 문화교류 사업 수행

또한, 문체부는 정부 내 여러 부처와 기관에 분산된 한류 정책과 사업을 조정하고 협업하는 것을 목적으로 한 한류협력위원회를 만들었다. 위원회는 문체부 장관 주재로 13개 부처와 12개 공공기관이 참석한 첫 회의를 2020년 2월 24일에 개최했다(김청연 2020). 이 회의를 통해 문체부는 같은 해 7월 16일, 콘텐츠 다양화, 한류를 통한 연관산업 견인, 한류 지속을 위한 기반 강화라는 세 가지 정책 방향을 주요 내용으로 한 '신한류 진흥 정책 추진계획'을 발표했다(김예진 2020). 가장 최근에는 2022년 3월 4일에 제4차 한류협력위원회가 열려, 한국콘텐츠 지원과 지식재산(IP) 보호책 등을 논의했다.

콘텐츠산업은 중요한 수출산업이 되었다. 한국은 2019년 기준, 콘텐츠산업 매출액 125조 5000억 원과 수출액 103억 3000만 달러를 기록해, 세계 7위 규모의 콘텐츠 수출국으로 성장했다. 콘텐츠산업은 또한, 직전 5년간 매출과 수출 평균 성장률이 각각 5.8%, 14.4%에 이를 정도로 빠른 성장세를 보인다. 비록 콘텐츠 수출액이 한국 전체 수출액의 0.1%에도 못 미치는 수준이지만, 문화상품은 국가 이미지를 높여 화장품과 전자제품 등 소비재는 물론이고 관광, 교육, 의료 서비스 등 관련 산업의 성장을 견인한다. 한국수출입은행은 한류 콘텐츠 100달러 수출이 또 다른 소비재 수출 248달러 증가로 이어진다는 연구결과를 발표하기도 했다(김청연 2020).

정부의 역할은 중요하고 또 필요하다. 정부는 한류, 아니 근본적으로 문화산업의 기반을 튼실하게 할 정책 지원과 인프라 구축에 적극적으로 나서야 한다. "지원하되 간섭하지 않는"이라는 문화정책의 지혜이자 경구를 끊임없이 되새기며 말이다. 한류 진흥책에 대한 고민 이전에, 콘텐츠 창작인력이 무엇에 좌절하는지를 먼저 살펴봐야 할 것이다. 한국의 문화예술 창작 환경에 대해 커다란 울림을 던진 방시혁 하이브(Hybe) 대표의 다음 말로 이 글을 마친다."

작곡가로 시작해 음악 산업에 종사한 지 21년째인데, 음악이 좋아서 이 업에 뛰어든 동료와 후배들은 여전히 현실에 좌절하고 힘들어합니다. 음악 산업이 안고 있는 악습들, 불공정 거래 관행, 그리고 사회적 저평가. 그로 인해, 업계 종사자들은 어디 가서 음악 산업에 종사한다고 이야기하길 부끄러워합니다. 많은 젊은이들이 여전히 음악 회사를 일은 많이 시키면서 보상은 적게 주는 곳으로 인식하고 있습니다. (하성태 2020)

---

11   2021년 2월, 방시혁의 서울대 졸업식 축사 중 일부.

강경지, 「'도전! 골든벨' 포맷권리, 베트남에 수출」, OSEN, 2006. http://
m.entertain.naver.com/read?oid=109&aid=0000029287

김대현, 「페이스북 포스팅(2017년 12월 21일)」, 2017. https://www.facebook.
com/indeline/posts/10211567264474238

김영찬, 「베트남의 한국 TV드라마 수용에 관한 현장연구」, 『커뮤니케
이션학연구』 16(3), 2008.

김예진, 「문화체육관광부, '신한류 진흥정책 추진 계획' 발표」, 『월간인
물』, 2020. https://www.monthlypeople.com/news/articleView.
html?idxno=21443,

김윤지, 「[신한류 베트남] ①한한령 1년, 베트남에서 답을 찾다.」, 『이데일
리』, 2017. https://www.edaily.co.kr/news/read?newsId=011119
26615934168&mediaCodeNo=258

김지하, 이수만 「SM, 베트남 인재 발굴해 NCT 베트남 팀 만들 것⋯V팝
성장 기대」, 『티브이데일리』, 2017. http://www.tvdaily.co.kr/rea
d.php3?aid=15125285041303937010

김청연, 「신한류는 혁신성장 견인하는 핵심": 김현환 문화체육관광부
콘텐츠정책국장 인터뷰」, 『공감』 548호(2020년 4월 6일 발행), 2020.
https://gonggam.korea.kr/newsView.do?newsId=GAJOwtm
BYDGJM000

김태언, 「[K-POP은 내 인생을 어떻게 바꿨나?] ⑧하리원 "코로나 이후 베트남
음악의 뉴 트렌드는 케이팝"」, 『아주경제』, 2021. https://www.
ajunews.com/view/20211027103329946

김태혁, 「걸그룹 '라임' 이본 주연, 청춘 드라마 '놓치지 마'⋯베트남 YE
AH1TV 방영 확정」, 『투데이코리아』, 2019. http://www.today
korea.co.kr/news/articleView.html?idxno=266067

김형수, 「베트남 스크린에 부는 '한류' 붐」, 『내일신문』, 2018. http://m.na
eil.com/m_news_view.php?id_art=272098

뉴시스, 「문체부, 한류지원협력과 신설⋯문화예술 정책분석팀도」,
『동아일보』, 2020. https://www.donga.com/news/article/all/
20200608/101407912/1

롯데시네마 베트남, 2020. https://www.lottecinemavn.com/LCHS/

Contents/Cinema/Cinema-Detail.aspx

민영규, 「K팝에 이어 베트남서 활동하는 한국 여가수들, 인기몰이」, 『연합뉴스』, 2019. https://www.yna.co.kr/viewAKR20190818024500084?input=1195m

민영규, 「베트남, 한국어를 제1외국어로 선정…초3부터 교육 가능」, 『연합뉴스』, 2021. https://www.yna.co.kr/view/AKR20210304164800084

박상후, 「베트남판 '런닝맨2', 첫 방송부터 동시간대 1위 출발」, 『티브이데일리』, 2021. http://tvdaily.co.kr/read.php3?aid=16328971901606151019

신진아, 「〈태양의 후예〉 아메리카 대륙이 들썩, 현지 리메이크도 추진」, 『뉴스제주』, 2016. https://www.newsjeju.net/news/articleView.html?idxno=239455

양소영, 「[포커스S]_방송사 생존법① 국내는 좁다 …일본→중국→동남아 혈투」, SpoTV News, 2017. http://www.spotvnews.co.kr/news/articleView.html?idxno=143046

양은경, 「동아시아의 트렌디 드라마 유통에 대한 문화적 근접성 연구」, 『방송연구』 여름호, 2003, 197-220면.

윤고은, 「한-베트남 합작 드라마 '오늘도 청춘' 23일 첫선」, 『연합뉴스』, 2015. https://www.yna.co.kr/view/AKR20150611174200033

이우람, 「[문화뉴스 데스크칼럼] 베트남에서 꽃 피우는 K콘텐츠」, 『문화뉴스』, 2018. http://www.mhns.co.kr/news/articleView.html?idxno=119478

전성민, 「한국·베트남, 국제공동제작 예능 'Bistro K'… 베트남 주요채널서 방송」, 『아주경제』, 2019. https://www.ajunews.com/view/20190607085044212

정승훈, 「코로나 위기 넘은 특별한 공동제작 '맛있는 드라마 여행' 호치민에서 제작발표회 개최」, 『디지털타임스』, 2020. http://www.dt.co.kr/contents.html?article_no=2020110602109919805009&ref=naver

하성태, 「문체부 장관님, '그런' 한류위원회는 필요 없습니다」, 『오마이뉴스』, 2020. http://star.ohmynews.com/NWS_Web/OhmyStar/at_pg.aspx?CNTN_CD=A0002606364

하유진, 「'런닝맨', 亞 9개국 수출..한류 예능 '일등공신'」, 『스타뉴스』, 2011. https://n.news.naver.com/entertain/article/108/0002108732

하재근, 「이영애와 송일국은 이란의 국빈급 스타」, 『시사저널』, 2016. http://www.sisajournal.com/news/articleView.html?idxno=152890

한국콘텐츠진흥원, 『베트남 콘텐츠 산업동향』, 2021. https://www.kocca.kr/cop/bbs/view/B0158950/1845318.do#

한진주, 「韓-베트남 문화교류 가교 역할하는 'V 라이브'」, 『아시아경제』, 2016. http://www.asiae.co.kr/news/view.htm?idxno=2016101522143676322

Dien Anh, 「Hơn 100 sao việt diện đồ xanh đến chúc mừng ra mắt kênh tvBlue」, 2017. https://thegioidienanh.vn/hon-100-sao-viet-dien-do-xanh-den-chuc-mung-ra-mat-kenh-tvblue-14091.html

infonet, 「Bộ tứ rạp chiếu phim đồng thanh kêu cứu, riêng 'ông trùm' CGV Việt Nam nắm hơn một nửa thị phần đã lỗ hơn 850 tỷ đồng năm 2020」, 2021. https://infonet.vietnamnet.vn/thi-truong/bo-tu-rap-chieu-phim-dong-thanh-keu-cuu-rieng-ong-trum-cgv-viet-nam-nam-hon-mot-nua-thi-phan-da-lo-hon-850-ty-dong-nam-2020-286376.html

JTBC, 「[영상] '비정상회담' 크리스티안, '천사들의 합창' 아역 배우들 근황 공개」, 2015. https://news.jtbc.joins.com/article/article.aspx?news_id=NB11065287

유튜브, 「런닝맨베트남#4」, 2013. https://www.youtube.com/watch?v=ZydV1pHE9AI

Won, Ho-jung, 「CGV denies accusations of violating antitrust law in Vietnam」, Korea Herald, 2017. http://m.koreaherald.com/view.php?ud=20171121000861&fbclid=IwAR3uL76R-ckxQrsZMFKAAQq2vijdK_GWImSN_b1KS79vKrhY8yFGJ-6ZbVE

변화의 중심에서,
중동한류의 과거, 현재 그리고 미래

Ⅰ. 머리말

2019년 사우디아라비아 수도 리야드의 캉파흐드 인터내셔
널 스타디움에서 개최된 방탄소년단(BTS)의 콘서트는 세계에서
가장 보수적인 이슬람국가의 심장부에서 개최된 비아랍권 가수
최초의 단독 스타디움콘서트였다. 이는 중동 한류문화 확산의
한 획을 긋는 기념비적 순간이자 여성 억압과 인권탄압의 상징
이 된 가장 보수적인 이슬람 순니파 종주국이 종교적·사회적 금
기를 깨는 역사적 순간이었다.

BTS 팬클럽 아미(ARMY) 함성과 보랏빛 물결이 사우디아라
비아 킹파흐드 인터내셔널 스타디움을 뒤덮었다. BTS공연 티켓

은 오픈되자마자 단숨에 매진되었고 무대에 가까운 플로어석 티켓은 온라인에서 100만 원이 넘는 가격에 거래되기도 했다. 공연장에는 '알리야드', '알자지라', '오카즈', '알아라비야' 등 주요 아랍권 언론매체가 참석해 BTS 공연실황을 보도했다. 3만여 명이 운집한 스타디움에는 이슬람 전통의상을 입은 여성팬들이 함께 BTS의 노래를 따라 부르고 춤을 추는 등 사우디아라비아에서는 볼 수 없었던 이색적인 광경이 펼쳐졌다[1].

중동이라는 개념은 지정학적 개념으로 역사적으로 패권국에 따라 그 범주가 변화, 확대되어왔다. 중동은 인류 4대 문명 중 메소포타미아 문명과 이집트 문명이 탄생한 지역이며, 세계 4대 종교인 기독교와 이슬람이 탄생한 지역이다. 현재는 사우디아라비아를 비롯한 22개의 아랍국가[2]와 이란, 터키, 아프가니스탄, 파키스탄, 이스라엘 등 5개 나라를 합해 중동 혹은 MENA[3]지역이라 부른다. 중동은 7세기에 현재 사우디아라비아 메카지역에서 창시된 이슬람의 확산으로 이슬람 종교문화권을 형성하였고 이스라엘을 제외한 중동국가 국민의 대다수가 무슬림인 이슬람국가이다[4].

---

1   김수완, '변화의 중심에서, 사우디아라비아 한류의 미래', 『한류, 다음 2020 권역특서 이슬람 문화권』, 한국국제문화교류진흥원, 2021, 147-148면.

2   아랍국가의 범주에는 아랍연맹(Arab League)의 회원국인 총 21개국 1자치정부가 포함된다. 아라비아반도의 사우디아라비아, 아랍에미리트(UAE), 카타르, 오만, 바레인, 쿠웨이트, 예맨, 레반트지역의 이라크, 레바논, 시리아, 요르단과 아직 정식 국가로 인정받지 못한 팔레스타인, 북아프리카 지역의 이집트, 수단, 리비아, 알제리, 튀니지, 모로코, 모르타니, 소말리아, 코모로, 지부티 등이 포함된다.

3   Middle East & North Africa의 약자로 19세기 협의의 중동지역과 이후 확대된 중동지역을 모두 포함한 명칭이다.

4   레바논은 아랍국가 중 기독교 인구가 가장 많은 국가로 2019년 87년 만에 실시한 인구조사에서 기독교인구 30.6%, 무슬림인구(순니, 시아파 포함) 63,2%로 기독교

중동은 동일한 잣대로 평가하고 일반화하기에는 정치, 경제, 사회적으로 다양한 스펙트럼을 가지고 있다. 같은 중동국가이지만 사우디아라비아와 이란은 상이한 정치체제와 사회적 구조를 갖고 있다. 사우디아라비아는 왕이 통치하는 왕정국가로 아랍어를 모국어로 사용하는 가장 보수적인 순니파이슬람 국가이다. 이란은 공화제로 대통령제를 채택하고 있지만, 종교 최고지도자인 아야톨라가 대통령 이상의 권력을 행사하는 신권정치체제의 가장 보수적인 시아파이슬람 국가이며 페르시아어를 사용하고 있다. 이집트와 터키는 대통령제 정치체제이지만 종교적으로 터키는 이집트와 달리 세속주의 이슬람을 표방하며 다른 이슬람국가보다는 개방적인 사회구조를 유지하고 있다.

이처럼 유사성과 상이성이 다양하게 공존하는 중동지역에서 한국대중문화인 한류의 시작과 확산의 과정은 어떻게 전개되었으며 그 성공의 주체는 누구인가? 본 연구에서는 중동한류의 과거와 현재를 반추하고 그 미래를 살펴보고자 한다.

인구가 기존 40%에서 크게 감소한 것으로 나타났다.

Ⅱ. 중동한류의 시작과 선곤요인[5]

1. 한류의 시작

중동지역에서 초기 한류는 드라마와 영화와 같은 영상매체를 중심으로 TV나 영화관을 통해 전파되었다. 중동지역에서 처음으로 소개된 프로그램은 만화 영화 〈귀여운 쪼꼬미〉로 1998년에 요르단으로 가장 먼저 판매되었다. 처음으로 판매된 드라마로는 〈청춘〉이 있는데 이것도 역시 요르단에 2002년 진출하였다. 그러나 처음부터 중동에 한류가 화제를 불러오지는 않았다. 본격적인 한류는 2007년 〈주몽〉, 〈커피프린스1호점〉, 〈겨울연가〉 등 한국드라마가 중동국가의 안방을 점령하면서 시작되었다. 2008년에는 〈대장금〉이 방영되어 이슬람 국가에서 큰 이슈를 일으켰고 이를 계기로 드라마한류와 더불어 한국문화 확산에 크게 이바지했다.

이후 중동지역에 한국드라마 수출이 늘어나면서 중동·이슬람권역이 한류 드라마의 블루오션으로 부상했고 아랍어로 더빙하여 방영된 후 높은 시청률을 기록, 광고단가가 다른 시간대보다 20%이상 높게 판매된 것으로 나타났다. 중동지역에서 광범위한 인기를 얻은 드라마 〈대장금〉은 중동지역에서 한국문화의 확산 가능성을 보여준 대표적인 사례라 할 수 있는데 우리와 문화적으로 상이한 이슬람 국가인 이란 내에서 시청률이 90%를 상회했다는 것은 이란 현지 방송국 관계자뿐만 아니라 국내시장에도 매우 고

---

5   2014년 한국이슬람학회논총 제24권 1호에 게재된 저자의 「창조경제의 주역 중동 신한류」 논문 내용을 발췌하여 재구성하였다.

무적인 사건으로 전해졌다. 〈대장금〉이란 한 편의 드라마로 한류가 중동, 아프리카, 중남미, 동유럽 등으로 확산되는 효과를 보였으며 드라마, K-POP 중심의 한류를 음식, 패션, 한글 등으로 확대하는 효과를 낳기도 했다.

한국드라마가 소개되어 중동소비자들에게 인지도를 높여감에 따라 한국영화에 대한 관심도 높아졌다. 2000년 카이로 국제영화제에서 장문일 감독이 〈행복한 장의사〉로 신인감독상을 받은 바 있으며 2010년 개최된 제34회 카이로 국제영화제에서 이창동 감독의 영화 〈시〉의 주연배우 윤정희씨가 평생공로상을 수상하는 등 한국영화에 대한 높은 평가와 관심이 증가했다. 이후 2012년 아부다비 국제영화제에 〈좋은놈, 나쁜 놈, 이상한 놈〉, 〈광해, 왕이 된 남자〉, 〈공동경비구역 JAS〉, 〈늑대 소년〉등 다수의 한국영화가 초청되어 인기리에 상영되었다. 또한, 요르단에서 2013년 개최된 '한국영화제 및 사진 전시축제'에서 〈건축학개론〉, 〈체포왕〉, 〈마마〉등이 상영되어 한국영화의 중동시장 진출의 또 다른 가능성을 보여주었다.

한국드라마의 인기에 힘입어 시작된 중동지역에서의 K-POP 열풍은 2006년부터 소녀시대, 카라, 슈퍼주니어, 샤이니 등 SM엔터테인먼트의 대형 신인들의 뮤직비디오가 유튜브를 통해 전파되고 그들의 공연 실황 및 사진이 SNS를 통해 전파되면서 상대적으로 덜 개방된 사회에 살고 있었던 중동 지역 젊은이들에게 K-POP스타들은 동경의 대상이 되기 시작했다. 자신들이 속한 보수적이고 폐쇄적인 전통 이슬람 문화권에서는 쉽게 표현할 수 없는 형태의 음악과 퍼포먼스가 한류스타들에 의해 자유롭게 표현되고 즐겨지는 장면은 그들에게 매우 이질적이면서도 신선한 문화적 충격으로 다가갔다. 단순히 노래만 잘 부르는 것이 아니라 춤과 외모까지 겸비한 한국 아이돌 가수들은 그들에겐 이미 수차례 모델화되어왔으며 그들의 일거

수일투족을 한국 현지 팬들보다 더 빨리 습득하고 한류스타들이 사용하는 화장품, 옷 등에 열광하며 한국어를 배우는 것을 교양있는 문화라고 여기는 중동 젊은이들이 점점 증가했다.

2. 문화코드분석을 통한 한류성공 요인평가

중동지역에서 한류 초기 확산기에 해당하는 2007년부터 2014년까지 한국드라마의 인기 요인에 대한 성공요인 분석을 위해 Content Analysis를 통한 문화배경분석과 한국드라마 선호도조사를 실시하였다.

[표 1] 중동에서의 한류성공 문화배경분석

	Theme	Contents
1	방송사 콘텐츠 부족	중동지역 방송사의 자체 콘텐츠 부족으로 외국의존도 큼
2	전통 아랍문화중시	성적묘사, 위계질서무시, 동성애 등의 주제는 전통아랍문화에 위배
3	반미 이슬람문화	반미성향 강한 이슬람문화권에서 미국대중문화 영향력은 극히 제한적

* 출처: 김수완, 「창조경제의 주역 중동신한류」, 2014.

중동지역 방송사들은 유럽이나 미국에 비해 방송 콘텐츠가 현저히 부족한 실정이다. 이에 중동방송사들은 많은 프로그램의 기획, 방영을 외국에 의존해왔다. 이러한 상황에서 방송 콘텐츠 부족으로 인한 미국, 유럽, 중남미 등 외국 방송 콘텐츠의 유입은 지나친 성적묘사 장면이나 동성애 등 이슬람적 가치나 전통 아랍문화에 위배되는 내용이 많아 심의에 쉽게 통과하기 어려운 상황이었다. 아무리 방송 콘텐츠가 부족한 상황이었지만 당시 반미 성향이 강한 이슬람 문화권에서 미국 대중문화의 영향력은 낮을 수밖에 없었다. 그러다가 동남아에서 한류 열풍을 목격하고 중동의 이슬람 정서에도 잘 맞는 완성도 높은 한국드라마를 선호하게 된 것이다. 중동 방송들은 이슬람 가치에 위배되는 사항을 담고 있는 콘텐츠를 방송에 내보낼 수 없기 때문에 자극적이지 않고 사회적으로 문제를 덜 일으키는 한국드라마를 선호하는 경향이 있었다[6]. 무엇보다 자체 심의통과가 수월하기 때문에 특히 논란거리가 발생할 위험이 적은 전통 사극을 선호하였다.

[표 2] 한국드라마 선호도분석[7]

	Theme	Contents
1	아름다운 사랑이야기	폭력과 배신이 난무하며 성적 표현이 강한 미국식 드라마와 차별된 아름다운 사랑과 휴머니즘이 근간이 되는 부드럽고 아름다운 한국형 사랑 이야기에 매료
2	아랍전통가치존중	아랍전통가치관과 유사한 한국식 전통적 유교가치관을 존중하며 아이들에게 교훈이 될 만한 드라마 선호
3	가족관계존중	어른을 공경하고 가족 사이에서 의리와 사랑을 보여주는 한국드라마가 이슬람문화와 공감대를 형성
4	미래행복추구	힘든 과정을 딛고 일어나 성공하는 삶을 배경으로 펼쳐지는 해피엔딩을 주제로 누구에게나 희망을 주는 한국드라마에 대한 선호

　　한국드라마는 중동지역 사람들의 정서에도 적합하기 때문에 경쟁력을 보유하게 되었다. 한국드라마는 서구의 현대적 문화를 포함하고 있으

6　　류춘렬, 『한류확산을 위한 로드맵 구축연구』, 방송통신위원회, 2008.

7　　[표 2]와 [표 3] 출처는 [표 1]과 동일함.

면서도 우리나라마의 독특하고 전통적인 유교적 가치관이 잘 드러나는 가족 중심적인 특성을 가지고 있기 때문이다. 한류 초기에 중동지역에 소개된 한국드라마는 가족 안의 문제, 계급의 차이, 사랑의 삼각관계 등을 주요 소재로 다룬 콘텐츠가 대부분이었다. 가족과 가문을 중시하는 이슬람적인 요소와 맞아 떨어지는 상황을 발생시켰고 중동지역 사람들에게 한국드라마는 서로의 우선적 가치를 공유한다는 인식이 증가하게 되었다. 또한 중동지역 젊은이들의 고민과 열망을 한류 드라마를 통해 해결하고자 하는 욕구가 증가하면서 한국드라마에 나타난 세련된 영상미와 감성적 접근, 로맨티시즘, 권선징악적인 스토리라인등이 중동지역 시청자들의 마음을 사로잡게 되었다.

[표 3] 한류의 성공요인분석

	Theme	Contents
1	한국과 중동 문화의 유사성	가족, 사회질서존중, 전통적 가치관,
2	한국과 중동 문화의 상이성	폐쇄적 이슬람문화에 갇혀 공개적으로 자유롭게 표현하지 못하고 TV와 유튜브라는 제한적인 인터넷 공간에 의존할 수밖에 없는 환경
3	중동 문화콘텐츠 취약성	많은 방송콘텐츠 외국에 의존
4	한국정부의 문화개방정책	정부의 적극적인 문화산업정책과 우수한 문화콘텐츠 개발 노력
5	정보통신 발달	인터넷 등 정보통신의 급속한 발달

중동지역 한류확산의 성공배경에는 한국 대중문화콘텐츠의 우수성과 더불어 여러 가지 복합적인 요인으로 있는 것으로 분석되었다. 한국대중문화가 중동지역에 진입하기 시작했을 당시 중동지역 방송사들은 방송 콘

텐츠의 부족으로 외국에 의존할 수밖에 없는 상황이었고 반미 성향과 전통적 이슬람을 중시하는 보수적 이슬람 문화권에서 허용될 수 있는 외국문화콘텐츠를 찾기 쉽지 않은 상황에서 한국드라마는 이에 대한 대안으로 부상하여 그 인기몰이를 시작했고 한류가 바람이 아닌 돌풍의 주역으로 영화, 음악, 한식, 수출증대로 이어지는 발전을 이루어왔다. 이 과정에는 이 모든 정보를 전달하는 인터넷 정보통신이라는 문화전달 도구가 현대판 실크로드로서의 지대한 역할을 담당했고 특히 한국문화와 중동문화의 문화적 상이성이 오히려 중동지역 젊은 세대에게 구속된 열망을 표출하고 내재된 욕망을 동경하게 되는 모순적인 현상으로 나타났다.

한국대중문화 콘텐츠의 중동지역 수출은 특히 2000년대 중반부터 활발해진 케이블방송보급과 인터넷 정보통신 발달로 인해 그 속도와 영역을 넓혀갔다. 중동지역은 지상파 방송보다 위성방송이 강세를 보이는데 위성 TV 보급률이 약 90%에 이른다. 또한 정치, 종교적 이유로 해외콘텐츠 진입 자체가 어려운 지상파 방송의 경우 대부분 정부 소유로 중동 및 이슬람 관련 내용과 정부 정책 홍보 중심의 프로그램을 방송하므로 외국 프로그램의 유입이 쉽지 않았다. 반면 위성방송은 높은 위성TV 침투율, 비교적 완화된 규제 등으로 인해 다양한 외국 채널, 프로그램이 방영되었으며 이러한 사회문화적 배경 또한 한류가 초기 단계에서 성공하게 된 또 다른 중요한 원인으로 평가되었다[8].

한류가 중동 사회와 문화에 미친 영향은 단순히 대중문화에만 국한된

---

8   이문행, 「국내 방송프로그램의 아랍시장 진출 방안」, 『언론과학연구』 12권 3호, 2012.

것이 아니라, 나아가 한국 국가 이미지 개선에도 큰 영향을 주어 한국과 중동 간 지리적 문화적 거리감을 없애고 한국문화 체험과 한국 방문에 대한 강령한 동기를 심어주는 긍정적인 결과로 이어졌고 나아가 한국제품의 이미지 제고와 수출증대에도 큰 영향을 미쳤다.

Ⅲ. 변혁의 사회와 문화적 함의

테러, 전쟁, 자살폭탄, 분쟁, 갈등, 여성 인권탄압 등 부정적인 이미지는 과거나 현재에 외부자들이 느끼는 중동에 대한 인식의 많은 부분을 차지하고 있다. 19세기 영국과 프랑스 등 열강 식민제국주의에 필요에 따라 분열되고 획책 되었던 중동지역은 지금까지 테러와 분쟁으로 상징되는 비극과 갈등의 공간으로 고착화 되었다. 소위 지정학적 중요성에 기인한 불가피한 전략적 갈등이라는 명분 이면에는 석유, 천연가스 등 자원 패권주의로 인한 강대국의 이해관계가 중동문제의 원초적 뿌리라 해도 과언은 아닐 것이다.

2011년 시작된 아랍지역 민주화 혁명 '아랍의 봄'은 튀니지에서 시작하여 이집트, 리비아, 알제리, 예멘의 최소 30-40년 이상의 장기 집권독재자들을 민중의 힘으로 축출한 역사적인 사건이었다. 과거 중동지역에서 발생했던 급격한 정권교체나 쿠데타와 달리 아랍 민주화 운동은 역사상 최초로 종교, 종파, 정파를 초월해 시민들이 자발적으로 참여하고 주도한 이례적인 민중운동이었다. 그러나 기대와 달리 중동지역 민주화의 길은 험하고 멀었고 현재까지도 정치, 경제, 사회적 부침이 계속되고 있으나 지난 십여 년 동안 시민들의 의식은 크게 달라졌다. 젊은 층을 중심으로 소셜미디어를 통해 자신의 의견을 공유하고 표출함으로써 억눌려왔던 자유와 민주에 대한 열망을 결집하였고 이를 통해 대중의 힘을 정치적, 사회적으로 강화할 수 있다는 가능성을 발견했다.

이러한 자신감은 중동지역 젊은 층의 문화적 향유행태에도 영향을 미쳤다. 이들은 유튜브, 페이스북, 왓츠앱, 인스타그램 등 소셜미디어를 통해 해외문화를 경험하고 적극적인 소비의 주체로 부상했다. 이 지점에서 한류는 이들에게 매력적인 문화 요소로 작동했다. 여성의 해외여행이 까다로운 보수적인 이슬람국가 사우디아라비아의 젊은 층 여성들이 한류를 경험하기 위해 기꺼이 한국을 방문하기 시작했고 중동지역 젊은 층이 주도적으로 팬덤을 형성해 한류 아이돌의 중동 현지 공연을 성사시키는 등 적극적인 문화 주체로 자리매김하였다. 한국 정부가 2014년 이집트의 카이로에 이어 2016년 아랍에미리트의 수도 아부다비에도 개설한 한국문화원은 중동지역 한류전파의 교두보가 되었다.

중동지역 국가들의 경제파워는 산유국과 비산유국으로 나뉘는데 걸프협력회의(GCC)⁹ 회원국인 사우디아라비아, 아랍에미리트, 카타르, 오만, 쿠웨이트, 바레인 등과 비아랍국가로 이란이 대표적인 중동산유국에 속한다. 이들은 1970년대 이후 석유를 무기로 세계경제의 흐름을 좌지우지해왔다. 그러나 미국의 셰일자원개발과 탄소 중립 확산 등 기후변화에 따른 세계 각국의 대응정책으로 인한 석유수요 및 시장에 대한 급격한 변화는 중동산

---

9   걸프 아랍국가의 국제 경제 협력체로 회원국 간의 무역, 협력, 교류에 중점을 두고 있다. 1981년 5월 설립되었고 현재 회원국은 6개국이다.

유국들이 탈석유시대에 대한 대응을 심각하게 고민하는 변곡점이 되었다.

이렇게 중동지역에 불어닥친 정치, 경제, 사회적 변화는 변혁의 단계로 진입하고 있다. 바야흐로 중동지역에 거센 변화의 물결이 휘몰아치고 있는 것이다. 그리고 그 중심에 산유국 중심의 개혁정책이 있다.

사우디아라비아의 '사우디 비전 2030', 카타르의 '카타르 국가비전 2030', 아랍에미리트의 '아부다비 경제비전 2030', '오만 비전 2040' 등은 석유 의존형 국가 경제 탈피와 정부 개혁을 통한 민간 글로벌 경쟁력 향상이 목표인 경제 다각화 전략이다. 주목할 것은 이러한 경제 다각화 정책의 중심에 있는 소프트파워 구축 전략이다. 2017년 출범한 아랍에미리트의 소프트파워위원회 목표는 국제사회에서 아랍에미리트의 평판과 신뢰성을 높이고 아랍에미리트를 아랍문화와 글로벌 문화가 만나는 장으로 구축하고, 전 세계인의 문화·예술·관광의 수도로 만드는 문화정책을 주요 골자로 하고 있다[10]. 사우디아라비아 정부는 '사우디 비전 2030'의 3대 영역[11]의 주요 목표 중 하나로 문화 및 오락 활동 가계지출 비중 확대를 책정하고 문화산업 전반에 대한 정부 주도의 전폭적인 지원을 발표했다. '사우디 비전 2030'의 실현 관련 주요 프로그램 중 눈에 띄는 것이 바로 사회 및 문화 부문이다. 특히 수요기반 엔터테인먼트 기회 개발 및 다각화와 자국민의 예술과 문화에 대한 기여확대를 위해 사우디아라비아 정부는 '사우디 3

---

10   엄익란, 「중동 엔터네인컨트의 중심지, 아랍에미리트의 한류」, 『한류, 다음 2020 권역 특서 이슬람 문화권』, 한국국제문화교류진흥원, 2021, 225-226면.

11   사우디 비전 2030의 3대 영역은 '활기찬 사회(A Vibrant Society)', '번영하는 경제(A Thriving Economy)', '진취적인 국가(An Ambitious Nation)'으로 문화 및 오락 활동 가계지출 비중 확대는 '활기찬 사회' 영역의 주요 목표 중 하나다.

대 메가 시티 프로젝트'를 수립하고 관광 및 엔터테인먼트 프로젝트를 적극 추진 중이다. 사우디아라비아의 무함마드 빈 살만 왕세자 주도의 '사우디 비전 2030'의 중심축에 문화, 엔터테인먼트 산업 분야에 대한 다방면의 육성 계획이 포함되어 있다. 2018년, 35년 만에 처음으로 수도 리야드에 상업영화관이 문을 열었는데 사우디아라비아 정부는 2030년까지 350여 곳의 영화관을 개방해 10억 달러의 연 매출을 계획하고 있다. 또한, 사우디아라비아 정부는 국가 오락과 문화산업을 총괄하는 엔터테인먼트청(GEA, General Entertainment Authority)를 설립하여 세계 10대, 아시아에서 4대 엔터테인먼트 관광지로 변모하겠다는 야심찬 목표를 발표했다.[12].

아랍에미리트는 7개의 토후국[13]으로 구성된 연방국가로서 중동국가 중 정치적, 경제적으로 가장 안정적으로 평가받고 있으며 문화예술의 중심지를 표방하며 대대적 투자를 하고 있는 아부다비와 엔터테인먼트의 허브를 표방하는 두바이 등이 주축으로 중동의 문화산업 중심지로의 변화를 주도하고 있다. 아랍에미리트는 자국민이 전체 인구의 11.5%밖에 되지 않고 인도, 파키스탄, 필리핀, 이집트 등 타 국가에서 유입된 인구가 대다수를 차지하는 다민족, 다인종, 다문화 국가다. 문화적 다양성을 통합하기 위해 아랍에미리트는 2019년을 '관용의 해'로 선포하고 문화와 문명 간 대화를 이끄는 글로벌 중심지로 자리매김하려 노력하고 있다. 아랍에미리트 한류는

---

12   김수완, 앞의 글, 152-154면.

13   아랍에미리트를 구성하고 있는 7개 토후국은 아부다비, 두바이, 샤르자, 아즈만, 움 알쿠와인, 푸자이라, 라스 알카이마이다. 각 토후국은 독립적인 행정조직을 갖추고 있으며, 아부다비 통치자를 대통령으로, 두바이 통치자를 부통령으로 선출하여 연방정부를 구성한다.

아랍에미리트 사회를 구성하는 문화적 다양성의 한 스펙트럼을 차지하고 있다. 2010년대 초반 소수 마니아를 중심으로 형성되다가 이제는 인지도와 대중성을 확보하면서 주류문화로 도약하는 단계에 있다. 눈여겨볼 점은 한류가 아랍에미리트의 관용정책에도 부합한다는 사실이다. 한류가 아랍에미리트의 문화적 소통 창구일 뿐만 아니라 아랍에미리트에 거주하는 문화적으로 분리도고 분절된 여러 인종의 한류 팬 간 대화의 가능성을 열어주었기 때문이다[14].

중동은 현재 변화를 넘어 변혁의 중심에 있다. 국가 주도 경제개혁의 중심에 문화산업육성이라는 주요 목표가 자리하고 있다. 바야흐로 문화가 국가의 미래를 견인하는 주축이 되고 있으며 그 문화의 중심에 한류가 부상하고 있다.

Ⅳ. 변화의 주체, 중동 여성파워와 뉴제너레이션

1. 중동의 여성파워

검은 아바야를 입은 사우디아라비아 여성들의 움직임이 변하고 있다. 세계에서 가장 보수적인 국가 중 하나인 사우디아라비아에서 목격된 놀라운 변화의 물결은 사우디아라비아 여성들에게 새로운 사회적 지위와 함께

---

14   엄익란, 앞의 글, 224면.

벅찬 열망을 안겨주고 있다. 사우디아라비아는 불과 4년 전까지만 해도 경기장이나 공연 장 등 공공장소에서의 여성 출입이 엄격히 제한되어 있었다. 또한, 외국인을 포함한 여성은 집 밖에서 반드시 온몸을 가리는 이슬람식 의상인 아바야를 입어야 하고, 남녀를 불문하고 공공장소에서 춤추는 것은 금지되었으며 호텔 등 숙박업소에 남녀가 함께 투숙하려면 반드시 혼인증명서를 지참하여 부부임을 증명해야 했다. 21세기를 살아가는 일반인들의 상식으로는 상상하기도 이해하기도 쉽지 않은 사회가 바로 사우디아라비아였다.

엄격한 이슬람 율법 속에 살아야 했던 사우디아라비아 여성들이 BTS 콘서트 공연장에서 보여준 함성과 열정은 공공장소에서 춤추는 것조차 금지된 나라에서 이슬람의 금기를 깨는 모습을 상징적으로 보여준 것이다. BTS의 공연이 열린 킹 파흐드 인터내셔널 스타디움은 2017년까지 여성의 입장이 제한되었던 금녀의 장소였다. 관광비자 발급이 불허되었던 사우디아라비아에서 BTS공연 며칠 전인 2019년 9월 27일 사상 처음으로 한국을 포함한 49개국을 대상으로 관광비자 발급이 시작되었다. 또한, 사우디아라비아 정부는 외국인 여성도 아바야를 입어야 한다는 여성 복장 규정을 완화하고 혼인증명 없이도 남녀 관광객 혼숙을 허용했다. BTS공연 유치는 인근 중동 국가의 한류팬들에게도 놀라움을 안겨주었다. 순니파 이슬람 종주국인 사우아라비아와 함께 시아파 이슬람 종주국으로 대표적인 보수 이슬람국가인 이란의 경우, 사우디아라비아보다는 좀 더 개방적이고 자유롭다고 자부하고 있었던 이란 아미들에게 BTS의 사우디아라비아 공연은 큰 반향을 불러일으켰다. BTS의 사우디아라비아 공연 당일인 2019년 10월 10일, 이란은 여성 전용 구역을 마련해 38년 만에 축구 경기장에 여성의 입장을 허용했다.

불과 몇 년 전까지만 해도 사우디아라비아 사회는 남성들에게 예속된 지위와 역할을 사우디 여성들에게 부여했으며 제도적으로 활동 범위를 주로 가정 안으로 국한했다. 사우디아라비아에서 여성에 대한 사회의 기대와 여성의 내적 욕구 사이의 균열이 시작되면서 사우디 여성의 관심과 의식은 오랫동안 남성들이 독점하고 있었던 어쩌면 당연한 권리들에 대한 욕구의 분출로 표출되었다. 지구상에서 유일하게 여성 운전이 금지되어왔던 사우디아라비아에서, 법적제재와 불이익에 항거하며 2011년 이후 SNS 및 유튜브상에서 꾸준히 벌여왔던 'Women2Drive' 운동을 통해 사우디 여성들은 2018년, 드디어 자유롭게 운전할 수 있는 권리를 획득했고 여성 운전은 사우디 여성의 적극적인 사회진출과 참여를 상징하게 되었다. 여성 운전 금지 조치는 사우디 여성들이 다양한 삶의 영역에서 인권을 부정당하고 있는 많은 사례 중 하나였다. 그러나 여성들의 인식 변화는 행동으로 이어져 정당한 권리를 요구하는 당당하고 적극적인 사회참여의 역할을 담당하게 되었다. 이로 인한 많은 변화가 사우디 여성들의 사회적 역할에 대한 기대로 나타났다. 2018년 9월, 사우디아라비아 국영방송 뉴스에 처음으로 여성 앵커가 등장했고, 미국 패션 잡지 Vogue지에 희잡 쓴 사우디 여성 운전자의 사진이 실리기도 했다. 또한, 사우디아라비아 최초의 여성 카레이서도 등장했다. 이제 21세 이상 사우디 여성들은 남성 보호자의 허락 없이도 자유롭게 해외여행을 할 수 있게 되었다. 2019년 12월 사우디아라비아 정부는 싱글석과 가족석으로 나누어져 있던 식당 및 카페의 구분제를 폐지했고 스타벅스를 비롯한 다수의 영업장에 가족이 아닌 남성과 여성이 함께 입장할 수 있게 허용하였다.

사우디아라비아 여성을 둘러싼 변화는 사회적 차원에서뿐만 아니라 여성들의 내적상태에서도 나타나기 시작했다. 가정생활에서뿐만 아니라 사회생활에서도 독자적 인격으로 활동함으로써 자아 성장을 이룩하며 사회적 인정을 받고자 하는 사우디 여성들의 내적 욕구는 새로운 문화의 향유에 대한 의지와 갈망으로 표출되고 있다. 그리고 그 중심에 한류가 자리매김하고 있다. 수동적 팬덤 문화를 넘어서 능동적으로 한류 문화를 수용하고, 배우고, 직접 경험하기를 희망하고 있다[15].

아랍에미리트의 한류는 2010년대 본격화되었다. 다른 지역의 한류 현상과 마찬가지로 아랍에미리트 한류의 중심에 젊은 여성이 있다. 아랍에미리트는 중동국가에서 여성의 사회참여가 비교적 활발한 국가다. 2021년 2월, 미국, 러시아, 유럽, 인도에 이어 세계에서 다섯 번째, 중동국가에서는 최초로 아랍에미리트 우주탐사선 '아말(희망이란 뜻)'이 화성 궤도에 진입했다. 아랍에미리트의 화성 탐사 프로젝트에는 여성들의 참여가 매우 높은 것이 특징이다. 200여 명으로 구성된 주관 기구인 무함마드 빈 라시드 우주센터(MBRSC)팀의 34%가 여성이며 특히 과학팀은 80%가 여성이다. 이번 화성 탐사 프로젝트를 총괄한 첨단과학기술부 장관 겸 우주청장 사라 알아미리 또한 여성과학자 출신이라는 것도 주목할 점이다.

아랍에미리트 한류의 시작은 2008년 자이드대학교 여대생을 중심으로 결성된 코리안클럽에서 출발하였다. 이후 2010년대에 접어들어 UAE대학교, 고등기술대학, 샤르자아메리칸대학교 등 여대생을 중심으로 본격적

---

15   2021년 발간된 한국국제문화교류진흥원의 『한류, 다음 2020 권역특서 이슬람 문화권』에 저자가 집필한 「변화의 중심에서, 사우디아라비아의 한류의 미래」 내용 일부를 발췌하여 재구성하였다.

으로 확산하기 시작했다. 아랍에미리트 한류의 가장 큰 변화는 젊은 여성 층을 중심으로 비주류문화에서 주류문화로 진화하고 있다는 점이다. 아랍에미리트 여성팬들은 중동 한류를 주도하는 주요 생산자이며 중동지역 한류 팬이나 글로벌 한류 팬과 네트워크를 구축하고 적극적으로 소통하고 있다. 한류는 아랍에미리트 여성에게 심리적으로 그리고 문화적으로 자신이 꿈꾸고 그리는 이상 세계로의 탈출구와 같은 역할을 하고 있다. 아랍에미리트 여성들은 소극적이고 수동적 소비 주체가 아닌 적극적인 문화적 행위자로 아랍에미리트 한류 확산에 지대한 역할을 하고 있다[16].

2000대 들어 미디어와 개혁주의에 대한 열망으로 이란 내 현대 대중문화는 급속한 변화를 맞이하고 있다. 이러한 대중문화와 뉴미디어를 통화 사회변화를 선도하는 그룹은 이란의 젊은 세대와 여성이다. 이란에는 여성 운동, 문화계 인사, 작가, 언론인, 학생 그리고 지식인 계층, 종교 집단을 중심으로 여러 시민사회운동 조직이 결성되어 왔다. 이란의 주체적인 여성 의식은 디지털 테크놀로지를 통해 폭발적으로 성장하였고 여성 중심의 한류 팬덤을 형성하게 되었다. 특히 소셜 미디어가 본격적으로 발달한 2010년 이후부터 이란 여성은 온라인 속에서 다양한 활동을 펼쳐왔다. 이들은 주로 블로그나 소셜미디어를 통해 자신들의 젠더 역할과 관습적인 젠더 역할에 대한 저항과 문화적 실천 등의 모습을 보여주었고 이란 한류 팬덤을 주도하게 되었다[17].

---

16   엄익란, 앞의 글, 231-235면.

17   구기연, 「이란 무슬림 키즈가 주도하는 한류와 소셜 미디어 담론」, 『한류, 다음 2020 권역특서 이슬람 문화권』, 한국국제문화교류진흥원, 2021, 289-292면.

2. 중동의 뉴제너레이션

한국콘텐츠진흥원에 따르면 2019년 세계 각종 영화제 수상을 휩쓴 영화 '기생충'을 비롯해 한국가수 최초로 빌보드 1위를 기록한 BTS의 세계적인 인기에 힘입어 한류가 다시금 확산되고 있다. 드라마, K-POP을 포함한 한류 콘텐츠는 스포츠, 관광, 쇼핑, 패션, 전통문화 등 산업 전반에 걸쳐 한국과 관련된 콘텐츠와 상품을 소비하는 한류 산업으로 이어지고 있는데 특히 아시아에서 유럽, 중동, 아프리카 등 전 세계로 한류 팬이 퍼져 나가며 한류 콘텐츠 소비가 증가하고 있다. 1억 명에 달하는 한류 동호회 회원의 대부분은 10-20대 연령층의 여성으로, 1990-2000년대 초반 한류 드라마로 시작된 한류 팬이 20-40대 여성이었던 점과 비교하면 2000년대 후반부터 K-POP이 한류의 흐름을 주도하면서 이를 소비하는 주 연령층이 10-20대로 평균 연령대가 낮아진 것을 확인할 수 있다.

사우디아라비아를 포함한 중동 지역은 그동안 K-POP스타들의 활동 반경이 아니었다. 검증되지 않은 시장성과 정치적 불안정성, 종교적 율법에 따른 문화 차이 등이 이유였다. 그러나 2019년 BTS와 슈퍼주니어의 성공적인 공연에서 볼 수 있듯이 젊은 층을 중심으로 K-POP의 열기가 이어지고 있으며, 이를 응원하는 활발한 활동이 온라인에서 지속되고 있다. 사우디아라비아 젊은 층에서 가장 많이 사용되는 SNS 중 하나인 트위터의 통계는 젊은 세대의 K-POP에 대한 높은 관심을 보여주고 있는데 사우디아라비아는 트위터상에서 K-POP관련 트윗 상위 20개국 중 하나로 기록되었다. 코로나19상황에서 유튜브나 넷플릭스를 통한 K-POP과 한국드라마, 영화에 대한 관심 또한 급증하고 있다. 최근 사우디아라비아 젊은 층

2,000명을 대상으로 진행된 조사에 따르면 응답자 중 26%가 한국 영화 및 드라마를 매주 자주 시청한다(often)고 답했으며 24%가 가끔 시청한다(sometimes)고 응답해 한국 드라마 및 영화에 대한 관심이 상당히 높음을 나타냈다[18]. 사우디아라비아 젊은 층이 선호하는 한국 드라마 경향을 살펴보면 삼각관계 중심의 비극적 결말의 스토리보다 퓨전 사극, 범죄 스릴러물 등 다양한 장르의 콘텐츠를 선호하고 있는 것으로 나타났다.

[표 4] 2020 상반기 넷플릭스 아라비아 추천 K-드라마 베스트10

1	사랑의 불시착 (2019-2020)
2	이태원 클라쓰 (2020)
3	미스터 썬샤인 (2018)
4	킹덤 (2019-2020)
5	동백꽃 필 무렵 (2019)
6	하이 바이 마마! (2020)
7	시그널 (2016)
8	슬기로운 감방 생활 (2017)
9	비밀의 숲 1 (2017)
10	응답하라 시리즈 (2012-2016)

* 출처: Qpost 기사 재구성

---

18   Qpost, 2021년 2월 20일자 기사.

[그림 1] '중동의 소프트파워, 한국문화가 아랍국가에 영향력을 확대하다', 이태원 클라쓰

* 출처: Atharab

흔히 많은 사회에서 대중음악을 비롯한 대중문화는 젊은이들의 대표적이고 상징적인 하위문화로 여겨지지만, 중동·이슬람권에서 대중문화는 저항의 영역이거나 논쟁적인 문화로 여겨진다. 이란에서의 대중문화 소비는 사회적으로 늘 논란거리가 되는데 보수적이고 종교적인 이슬람 정권과 이란의 대중문화를 즐기고 생산해 내는 이란 젊은이 사이에는 늘 팽팽한 긴장감이 조성되어 있다. 하지만, 이와 같은 상황 속에서도 한류에 대한 이란 젊은 층의 열정은 계속되고 있다. 1979년 이슬람 혁명 이후 강력한 문화 통제정책으로 지하문화가 발달한 이란에서는 젊은 층을 주축으로 위성방송 불법복제, 가상 사설망(VPN)우회 등을 통한 비공식적 통로를 통해 다양한 방식으로 한류가 소비되고 있다[19].

---

19   구기연, 앞의 글, 280-281면.

2016년부터 국내외로 극심한 경제적인 어려움과 국내 정치적 어려움을 겪고, 심각한 위업난에 시달리는 이란 젊은이에게 BTS의 노래는 그들의 힘든 마음을 달래주는 역할을 한다. 히트곡 대부분이 신자유주의적 경쟁 사회에 대한 저항의 메시지를 담고 있는 BTS의 노래는 극심한 경제적 어려움을 겪고 있는 이란 젊은 세대에게 하나의 탈출구처럼 여겨지는 것이다. 대학교에서 개설하는 한국어 강좌와 세종어학당 그리고 사설 학원에서 한국어와 한국문화를 배우는 이란의 젊은이들은 적극적인 한류 수용자이며 소비를 넘어 다양한 문화 콘텐츠를 만들어내는 생산자이다.

V. 맺음말

BTS의 사우디아라비아 공연과 영화 '기생충'의 아카데미상 수상 등으로 중동지역에서의 한류에 관한 관심과 시선이 다시 집중되고 있다. 한류 팬들의 관심 증가와 함께 한류를 바라보는 중동언론의 시선이 달라지고 있다. 중동 미디어 네트워크 기관인 라세프22(Raseef22)는 한류의 성공 요인으로 한국 정부의 주도적인 문화보급 정책과 함께 '기생충'과 같은 한국 영화의 세계주요 영화제 수상 등 한국 영화산업의 괄목할 만한 성장을 꼽았다. 또한, 한국 영화가 자극적이지 않게 사랑을 묘사하고 여성 리더십의 역할도 자연스럽게 표현하는 등 코로나 시대에 긍정적인 느낌을 준다고 평가하면서 한류 열풍이 한국 관광이나 한국어 배우기, 한국 상품구매 등의 경제적 활동으로 이어져 문화가 경제의 발판을 마련했다고 분석했다. 중동 일간지 알이끄띠사디야(al Eqtisadiah)지는 한 사설에서 한류 성공요인에 대해 언급하면서, 한국콘텐츠진흥원을 육성하여 세계 각 지역의 한류 확대방안 및 진출 방안을 연구하고 보편적 가치와 문화적 통합 전략을 수립하는 등 한국 정부의 적극적인 지원을 성공 배경 중 하나로 언급했다. 또한, 영상 자료에 크게 의존하는 콘텐츠 특성을 살려 젊은 층이 주로 사용하는 유튜브, 페이스북 등 소셜미디어를 전략적으로 활용했으며 한류 현상에 관한 학문적 연구도 활발히 이루어지고 있다고 보도했다. 이와 더불어, 영화산업에 주목하며 한국이 200개 이상의 영화제작 스튜디오를 보유한 세계 10대 영화 제작국 중 하나로 영화산업을 연간 5억 달러 규모 산업으로 성장시켰다고 소개했다.

그러나 한류에 대한 긍정적 시선만 있는 것은 아니다. 중동 한류 확산이 이슬람문화에 미칠 부정적인 영향에 대한 우려의 시선도 있다. 비영리 종교기관인 아싸라(Atharah)는 한류 관련 집중 분석보고서를 통해, 한류는 체계적이고 조직적인 전략으로 이슬람 문화권에 진입하고 있는데 동성애와 같은 이슬람 율법과 모순되는 콘텐츠를 포함하고 있어 주의를 기울여야 한다고 말하며 내부적 경각심을 불러일으켰다. 한류의 조직적인 문화적 침투로부터 자녀들을 어떻게 지킬 것인가에 대한 질문을 던지며 이슬람적 가르침으로 자녀들을 양육하기 위한 체계적인 대책이 필요하다고 강조했다.

중동지역에서 이슬람 종주국으로 가장 보수적인 사우디아라비아에서 최근 서구적이고 글로벌 표준적인 생활양식을 허용하기 시작한 것은 고무적이다. 사우디아라비아에서 서구적인 생활양식이 자리 잡는 것은 여성 소비자가 주도하는 한류 콘텐츠 시장에 희망을 주고 있다. 중동지역의 공연 문화도 급속도로 바뀌고 있다. 그동안 이슬람 종교계는 '음악은 악마에게 문을 여는 일'이며, '콘서트, 연극 등은 이슬람적 가치를 파괴하고 도덕을 망치는 것'이라는 입장을 견지해왔다. 하지만 대중문화를 중심으로 소프트 파워를 육성해야 한다는 산유국 중심의 국가 주도정책과 젊은 세대와 여성들의 강한 의지가 중동지역을 변화시키고 있다.

유가에 좌우되는 경제적 불안정성과 정치적, 종교적 불안정성 등 다양한 위기 요인들이 상존하는 중동지역은 한류 관계자들이 바라보기에 분명히 매력적인 곳이다. 아직 한류 팬들이 적극적으로 발굴되지 않은 지역으로 소비자들의 소득수준은 높고, 정부 주도의 강력한 정책적 지원이 뒷받침되고 있기 때문이다. 특히 중동지역은 국가별로 상이하지만 30세 미만의 인구가 40-60%를 차지하는 상당히 젊은 사회다. 또한, 2020년 기준 세계인구증가율이 1.03%로 2018년 1.8%에 비해 감소하고 있지만, 중동지역 인구증가율은 평균 2% 이상으로 상대적으로 높아 향후 발전 가능성이 매우 큰 사회임을 알 수 있다[20].

중동의 한류가 다음 단계로 발전, 진화하려면 한류의 파급효과를 확대할 수 있는 비전과 전략 그리고 이를 뒷받침할 수 있는 정책과 지원이 필요하다. 정부 주도의 사회개혁개방정책과 맞물려 향후 더 활발한 한류 문화 확산이 예상되지만, 그 이전에 중동문화와 이슬람문화의 올바른 이해와 분석이 선행돼야 한다. 중동지역 내에서도 지역별, 국가별 상이성이 존재하기 때문에 한류 문화 확산을 위해서 정치적, 사회적, 종교적, 문화적 요소를 면밀히 살펴야 한다. 최근 여성의 사회진출과 서구식 문화 수용이 확대됐지만, 여전히 이슬람이나 정부와 왕실에 대한 비판이 금기시되고

---

20   CIA, The World Factbook, 2020.

있는 억압적인 사회 분위기가 남아있어 한류 문화 교류에 있어 세심한 주의가 요구된다[21].

중동지역은 27개 국가가 밀집한 광대한 지역이다. 이스라엘을 제외한 대부분 국가가 이슬람국가로 전 세계 57개 이슬람국가에 대한 종교적, 문화적 영향력이 큰 지역이다. 중동은 현재 폐쇄적이고 보수적이었던 기존의 이미지를 탈피하고 개방의 아이콘으로 거듭나기 위해 정부가 나서서 획기적인 경제, 사회, 문화적 개혁정책을 주도하고 있다. 그 한 편에 한류가 자리하고 있음을 주목해야 할 시점이다.

---

21   한국국제문화교류진흥원에서 2021년 발행한 『한류, 다음 2020 권역특서 이슬람문화권』 중 저자가 집필한 「변화의 중심에서, 사우디아라비아 한류의 미래」에서 「5. 주목할 만한 시선, 한류」의 내용을 발췌하여 재구성하였다.

1. 단행본

구기연, 「이란 무슬림 키즈가 주도하는 한류와 소셜 미디어 담론」, 『한류, 다음 2020 권역특서 이슬람 문화권』, 한국국제문화교류진흥원, 2021.

김수완, 「변화의 중심에서, 사우디아라비아한류의 미래」, 『한류, 다음 2020 권역특서 이슬람 문화권』, 한국국제문화교류진흥원, 2021.

엄익란, 「중동 엔터테인먼트의 중심지, 아랍에미리트의 한류」, 『한류, 다음 2020 권역특서 이슬람 문화권』, 한국국제문화교류진흥원, 2021.

한국국제교류재단, 『지구촌 한류현황』, 한국국제교류재단, 2021.

홍석경, 『BTS 길 위에서』, 어크로스, 2020.

2. 논문

구기연, 「전지구화 시대의 이란의 미디어와 대중문화: 한류 현상을 중심으로」, 『한국이슬람학회 논총』 제 24권 3호, 2014.

김수완, 「창조경제의 주역 중동신한류」, 『한국이슬람학회 논총』 제24권 1호, 2014.

류춘렬, 『한류확산을 위한 로드맵 구축연구』, 방송통신위원회, 2008.

엄익란, 「걸프국가 소프트파워 구축전략과 한계 연구」, 『한국중동학회 논총』 제41권 1호, 2020.

이문행, 「국내 방송프로그램의 아랍시장 진출 방안」, 『언론과학연구』 12권 3호, 2012.

3. 자료

우운택, 「문화기술, 신한류의 날개」, 한국국제문화교류진흥원, 2020. 9. 25. http://kofice.or.kr/b20industry/b20_industry_03_view.asp?seq=8025

정재욱·손성현·장윤희, 「'사우디 비전 2030', 추진 동향 및 협력 시사점」, 대외경제 정책연구원, 2019. 8. 2. https://www.kiep.go.kr/gallery.es?mid=a10102020 000&bid=0003&act=view&list_no=3429&cg_code=

곽노필, 「아랍에미리트, 세계 5번째 화성 궤도 진입국에」, 『한겨레』, 2021. 2. 10. https://www.hani.co.kr/arti/science/future/982575.html

이세희, 「UAE의 레코드샵에 진출한 케이팝」, 한국국제문화교류진흥원 통신원리포트, 2019. 4. 30. https://m.portal.kocca.kr/mportal/bbs/view/B0000204/1936860. do;KCSESSIONID=VnyHd53RjrB8VtJHQ1YLb2lzxJdjXp3H1sTLdR2mp12Rd11 HLk92!1700677854!1712808258?searchCnd=&searchWrd=&cateTp1=&cate Tp2=&useAt=&menuNo=201225&categorys=4&subcate=67&cateCode=0&t ype=&instNo=0&questionTp=&uf_Setting=&recovery=&option1=&option2= &year=&categoryCOM062=&categoryCOM063=&categoryCOM208=&cate goryInst=&morePage=&delCode=0&qtp=&searchGenre=&pageIndex=18

Afdal 10 musalsalaat dramiyah kuriyah tumkin mushahadatkha ala Netflex(아랍어자료: 넷플릭스아라비아 한국 드라마 베스트10), Qposts, 2020. 7. 30. https://www.qposts.com /%D8%A3%D9%81%D8%B6%D9%84-10-%D9%85%D8%B3%D9%84 %D8%B3%D9%84%D8%A7%D8%AA-%D8%AF%D8%B1%D8%A7%D9 %85%D9%8A%D8%A9-%D9%83%D9%88%D8%B1%D9%8A%D8%A9- %D8%AA%D9%85%D9%83%D9%86-%D9%85%D8%B4%D8%A7%D9% 87%D8%AF%D8%AA/

Maujatu Hallyu(아랍어 자료- 한류의 물결), Al Eqtisadiah 2019. 4. 28. https://www.a leqt.com/2019/04/28/article_1589181.html

Maujatu Hallyu and BTS(아랍어자료-한류와 BTS), Atharah, 2019. 10. 15. https://athara h.com/%D9%85%D9%88%D8%AC%D8%A9-%D8%A7%D9%84%D9%87 %D8%A7%D9%84%D9%8A%D9%88-%D9%88%D8%A7%D9%84%D9% 81%D8%B1%D9%82%D8%A9/

AlQuwatul naima fi alsharqil aussat… Althqaafat alkuriay tuwasa' intishariha fi duwali Arabiyah(아랍어자료-중동의 소프트 파워: 한류, 아랍국가로 퍼지다, Raseef22, 2020. 10. 7.) https://raseef22.net/article/1079933-%D8%A7%D9 %84%D9%82%D9%88%D8%A9-%D8%A7%D9%84%D9%86%D %8%A7%D8%B9%D9%85%D8%A9-%D9%81%D9%8A-%D8%A7 %D9%84%D8%B4%D8%B1%D9%82-%D8%A7%D9%84%D8% A3%D9%88%D8%B3%D8%B7-%D8%A7%D9%84%D8%AB%D9%82 %D8%A7%D9%81%D8%A9-%D8%A7%D9%84%D9%83%D9%88%

D8%B1%D9%8A%D8%A9-%D8%AA%D9%88%D8%B3%D8%B9-
%D8%A7%D9%86%D8%AA%D8%B4%D8%A7%D8%B1%D9
%87%D8%A7-%D9%81%D9%8A-%D8%AF%D9%88%D9%84-
%D8%B9%D8%B1%D8%A8%D9%8A%D8%A9

The World Factbook, CIA, 2021. https://www.cia.gov/the-world-factbook/countries/
saudi-arabia/#people-and-society

Viwership of Korean television series or movies worldwide in 1st quarter 2020, Statista
2021. 4. 9. https://www.statista.com/statistics/1136285/viewers-of-korean-tv-
and-movies-worldwide/

한류를 넘어
K-Culture 현장 속으로 ¡Vamos!
─열정의 나라 멕시코와 아르헨티나를 중심으로

Ⅰ. 머리말

한류(韓流)라는 용어는 1990년 후반 중화권에서 한국 대중문화를 좋아하고 동경하는 현상에서 비롯되었다. 단순히 한국 드라마, 음악, 영화의 스토리나 스타의 인기에서 시작한 한류 열풍은 오늘날 패션, 화장품, 음식, 한글, 관광, 게임 등 다양한 대한민국의 문화를 세계에 알리는데 큰 역할을 하는 현상으로 자리 잡았다. 즉, 문화적인 현상에서 그치는 것이 아니라 한국에 대한 인지도와 국가이미지 향상은 물론 한국문화상품을 수출하는 경제적인 현상으로까지 발전하면서 국내 다면적 산업에 폭발적인 영향력을 발휘하고 있다.

2010년대를 기점으로 한류 열풍의 영토는 확장해 왔으며, 유튜브 등 SNS 글로벌 온라인 플랫폼을 통해 전 세계에 확대되기 시작했다. 2020년 영화 〈기생충〉이 아카데미 시상식에서 작품상과 감독상 등 6개 부문에서 수상하면서 K-Pop 인기에 이어 K-Cinema에 대한 관심도 급성장하게 되었다. 이러한 확산 속에서 지리적으로 가깝거나 역사적으로 친밀했던 중국, 일본, 동남아시아 지역에서부터 점차 미국과 유럽으로 확장되면서 중남미권에도 이미 많은 팬덤(fandom)이 형성되어있다. 한류 팬덤은 기본적으로 해외수용자들을 의미하고 있다. 팬들과의 활발한 소통은 K-Culture의 뜨거운 인기를 설명하는 또 하나의 포인트이며, 우리나라의 아이돌그룹 멤버들은 다양한 소셜미디어를 활용해 세계 각국의 팬들과 실시간으로 소통하면서 빠르게 친밀감과 유대감을 형성하고 있다. 이들은 다양한 행사와 강좌, 공모전, 전시회, 워크숍, 동호회 등에 적극적으로 참여하고 있으며, SNS를 통한 K-Culture 홍보 활동도 하고 있고, 무엇보다도 이를 뒷받침하기 위해 해외문화홍보원의 역할이 크게 기여하고 있다.

코로나19로 인해 세계적으로 급성장한 OTT(Over The Top)[1] 시장은 한류마케팅의 새로운 시장기회를 창출하는 정책의 하나로 그 효과를 발휘할 것으로 전망한다. 중남미 콘텐츠 시장의 규모는 매해 성장하고 있고, 잠재

---

1   OTT(Over The Top)는 시간과 공간의 제약을 받지 않고, 다양한 스마트 기기를 오가며 영상을 시청할 수 있는 디지털 방송 환경이다. 즉 인터넷을 통해 언제 어디서나 방송/프로그램 등의 미디어 콘텐츠를 시청할 수 있는 사용자 중심적인 서비스이다. 넷플릭스의 대성공 이후 아마존닷컴, Apple, 디즈니 같은 전세계의 수많은 거대 기업들이 이를 미래 핵심서비스로 인식해 시장 선점을 위해 경쟁하고 있다(장태훈, 「해외 OTT의 국내 진출에 따른 디지털 방송 산업의 변화와 대응 전략」, 『커뮤니케이션학 연구 제29권 3호』, 2021).

시장으로 인식되고 있으며, 우리나라의 문화콘텐츠 기술의 우월함과 다양성을 부각시킬 수 있는 매력적인 지역으로 전문가들은 평가하고 있다. 중남미 국가 현지 언론사의 보도자료들을 살펴보더라도 한류문화콘텐츠에 대한 긍정적인 반응과 한국이라는 국가에 대한 호감도가 매우 높은 것으로 나타나고 있다.

> 2021년 한 해 동안 아르헨티나인들 사이에서 가장 관심을 갖은 주제가 무엇인지 분석한 구글의 연간 검색 '올해의 검색어'가 공개되었다. 그 중에서 2위는 〈오징어 게임〉. 넷플릭스가 9월 중순에 공개한 한국 드라마 〈오징어 게임〉은 의심할 여지 없이 세계적 붐을 일으킨 올해의 시리즈이다. 황동혁 감독이 각본을 맡은 작품으로, 빚에 허덕이는 456명의 참가자가 다양한 어린이 놀이를 바탕으로 한 서바이벌 게임에 3천8백만 달러의 상금이 걸고 참가하는 이야기를 다룬다. 단, 탈락하면 목숨을 잃는다. 이러한 〈오징어 게임〉은 전 세계 약 1억4천2백만 가구가 시청해 넷플릭스 역사상 시청율이 가장 높은 시리즈가 되었다.
>
> 『클라린, 2021. 12. 8.』[2]

따라서 본고에서는 한류를 넘어 보다 더 넓은 의미의 K-Culture라는 용어를 중심으로 라틴아메리카를 대표하는 중미의 멕시코와 남미의 아르헨티나 팬덤 현황을 살펴보고자 한다. 두 국가는 문화체육관광부 소속 해외

---

2   Clarín, 「Ránking. Las diez series, películas y programas más buscados del año en Google Argentina, 2) El Juego del Calamar」, 2021. 12. 8.

문화홍보원(www.kocis.go.kr.) 미주지역에서도 살펴볼 수 있듯이 스페인어를 사용하는 라틴아메리카 지역에서 K-Culture를 활발하게 홍보하고 있는 주요 국가이다.

Ⅱ. 멕시코와 아르헨티나는 지금!

1. 멕시코 K-Culture 현황

멕시코 내 한류는 1990년대 말 한국 드라마가 현지 방송국에 송출되면서부터 시작됐다. 한국 드라마가 멕시코에 처음으로 소개된 것은 TV 메히껜세(TV Mexiquense) 방송사가 1998년 〈별은 내 가슴에(Un deseo en las estrellas)〉를 방영하면서부터였다. 그러나 이 드라마는 그 당시에는 큰 인기를 얻지 못하였고, 이후 2002년 한·일 월드컵 개최를 통해 한국이라는 나라에 관심을 갖기 시작한 멕시코 젊은 층들이 한국 문화에 관심을 갖게 되면서 〈별은 내 가슴에〉가 재방영되고 본격적으로 인기를 끌게 되었다.[3] 멕시코를 공식적으로 방문하여 공연을 진행한 아티스트가 전무했던 당시에는 단순히 자체 행사를 개최하여 친목을 도모하거나, 자신이 좋아하는 아티스트의 현지 공연을 염원하는 플래시몹을 진행하다가 2012년부터는 '월드 케이팝 페스티벌'이 개최되면서 멕시코 내 K-Pop 팹들은 단순히 음

---

3   김영철, 「중남미 재외동포 사회와 한류」, 『한국민족문화』 제58호, 2016, 81-82면.

악을 듣고, 뮤직비디오를 시청하는 것을 넘어 커버댄스를 추고 무대에 오르는 등 적극적인 반응을 나타내기 시작했다. 2000년대 후반 멕시코 내 인터넷 접근성이 개선됨에 따라 SNS 및 인터넷 기반 콘텐츠 유통 플랫폼 이용률도 함께 증가하면서 한국 드라마를 접할 수 있는 경로가 다양해졌으며, 이후 드라마를 향한 관심은 2010년대 초반 K-Pop으로 확장되었고, 최근에는 화장품, 한식, 한국어로까지 이어져 한류의 영역이 확장되는 추세이다.

이렇듯 멕시코는 라틴아메리카 한류 확산의 중심지로 떠오르고 있다. 2018년에는 멕시코 텔레비전 채널 〈ADN 40〉의 프로그램 〈알타 데피니시온(Alta definición)〉에서 한국 방문 특집을 편성하고, 프로그램 진행을 맡은 언론인 알바로 쿠에바(Alvaro Cueva)가 직접 한국을 약 2주간 방문해 이슈가 되었다. 특히 서울을 비롯한 제주도의 한라산, 경주의 불국사, 안동 하회마을 등 다채로운 관광지와 템플스테이 등 이색적인 체험이 소개되어 눈길을 끌기도 하였다.[4] 멕시코에서 한국을 방문하는 한류 팬들은 주로 K-Pop 팬들이며 이들은 주로 서울, 그중에서도 케이팝 뮤직비디오 촬영된 장소와 같이 한류 콘텐츠의 주 배경이 되는 장소들을 방문하곤 한다. 이러한 현상은 단순히 한류문화콘텐츠 수출에만 국한할 것이 아니라, 우리나라는 찾는 외래관광객의 수요를 증가시키는 주요 원인으로 자리매김할 수 있는 좋은 기회이자 이를 위한 인바운드 관광업계의 잠재고객을 위한 준비과정에 새로운 발판을 마련하는 계기가 될 것이다.

2019년 문화체육관광부와 한국콘텐츠진흥원은 주멕시코 한국문화원

---

4   한국국제문화교류진흥원, 「2018 한류 리소스북 라틴 아메리카 한류스토리」, 2018.

및 대한무역투자진흥공사와 함께 메시코의 메시쿠시티에서 브라질의 상파울루로 이어지는 '2019 멕시코 K-콘텐츠 엑스포(K-Content EXPO)'를 성황리에 마무리했다. 드라마와 쇼, 게임, 애니매이션 캐릭터, K-Pop, 한국문화체험 등 5개 구역과 이벤트 무대로 구성된 전시체험관에서는 장르별 인기 콘텐츠 포토존, 드라마 의상 및 한복 체험, 현지 태권도팀 공연은 물론 K-Pop 커버댄스 공연과 포인트 안무 레슨, K-Pop 콘서트, K-Pop 가수 팬사인회 이벤트 등으로 멕시코 한류의 인기를 입증했다. 약 16만 명의 두터운 한류 팬층을 형성하고 있는 멕시코는 K-Contents가 발을 들인지 오래되지 않았지만 높은 비중의 청년 인구를 바탕으로 콘텐츠 수요가 많은 잠재력 있는 시장임을 확인할 수 있다.

주멕시코 한국문화원에 따르면, 한류문화콘텐츠는 양국의 우정을 돈독히 하는 매개체로서 한글 교실, 한국의 전통음악 강습실, 한국 영상물을 상시 방영하는 멀티미디어실, 전시실 등을 갖추어놓고 복합문화공간의 역할을 하고 있으며, 현지인들에게 우리 문화를 소개하고 직접 체험할 수 있는 다양한 K-Culture 행사와 프로그램을 운영 중에 있다.

「멕시코 김치 대축제」를 통해 2013년 UNESCO에 등재되어 그 가치를 알리고 김장 문화를 함께 체험하면서 늦가을 또는 초겨울에 이웃과 가족이 한자리에 모여 서로 도우며 품앗이하는 모습을 그대로 재현하는 경연대회이자 대축제 행사이다. 「한국-멕시코 그림책 번역 대회」는 한국인은 멕시코 그림책을 한국어로 번역하고, 멕시코인은 한국어 그림책을 스페인어로 번역하는 등 한국 그림책과 멕시코 그림책을 각각 언어로 번역하여 그림책을 통한 양국의 문화 교류 대회이며, 2021년 제2회를 맞이할 만큼 멕시코인들의 한국어에 대한 관심과 뜨거운 호응을 직접 느낄 수 있는 의미있는 행사이다. 「Mexico K-Pop Stars 2021(노래, 커버댄스)」역시 2021년 제2회를 맞이하는 멕시코인 대상 케이팝 경연대회로써 개인 또는 그룹 참가 모두 가능하고 수상자들에게 상금이 주어지는 멕시코 현지 젊은이들에게 가장 인기 있는 행사이다. 한편 2021년 제1회 「한국게임의 새로운 시장 라틴 아메리카 개척 : 한-멕 E-Sports 대전」은 팬데믹으로 인한 언택트 시대에 오히려 성장을 거듭하고 있는 라틴 아메리카 시장에 한국게임 산업의 진출을 촉진하고, 양국의 젊은이들이 온라인 공간에서 국경을 넘어 공통 관심사인 e-sports를 통해 상호 우의를 다지고 교류를 확대하기 위해 행사를 개최하여 한국의 게임문화콘텐츠의 위상을 널리 알리는데 큰 역할을 하기도 했다. 이 행사는 라틴아메리카 최초이며, 아마추어가 참가하는 행사로는 전 세계 최초의 행사로 그 의미가 깊다. 멕시코는 전체 인구(약 1억2천7백만명)의 절반이 넘는 7천5백만명의 인구가 온라인/모바일/콘솔 게임을 즐기고 있고, 대부분의 유명 게임이 라틴아메리카 전체를 하나의 서버로 묶고 있는데, 라틴아메리카 전체의 게임 이용인구는 3억 명을 훌쩍 넘길 만큼 시장 규모가 크다. 멕시코의 통계에 따르면, 2020년 COVID-19 상황에도 불구하고 게임 이용인구가 5.5%가 늘어날 만큼 그 성장세가 빠르며, 특히 멕시코가 라틴아메리카 전체 시장의 유행을 선도한다는 점에서 멕시코 게임산업의 중요성이 더욱 주목 받고 있다. 이 외에도 「영화를 통해 돌아보는 우리말 한글—한글날을 맞아 온라인 영화 상영회」, 「오스카가 주목한… 영화 〈미나리〉 멕시코 극장서 개봉」, 「"내일은 나도 K-팝 가수!" 주멕시코 한국문화원, K-팝 보컬 트레이닝 강좌」, 「"어서와 ! K-팝 안무 창작은 처음이지?" -주멕시코 한국문화원, K-팝 안무 창작 강좌」 등의 다양한 강좌와 영화시사회 등을 통해 국한되지 않은 K-Culture 홍보가 한창이다.

이렇게 현지에서 멕시코인들에게 직접 체험하게 하고, 가르쳐주고, 함께하면서 K-Culture를 홍보에 만전을 다하는 주멕시코 한국문화원은 현재 facebook 팔로우 24,864명, twitter 팔로워 7,936명, YouTube 구독자 12,700명, Instagram 4,847명의 한류 팬덤을 형성하고 있으며, 한국 스포츠, 관광, 문화의 보급, 멕시코에 한국 스포츠, 관광, 문화 교류증진, 라틴아메리카에 한국 스포츠, 관광, 문화 교류증진, 모든 라틴아메리카국가와 멕시코에 한국 문화 콘텐츠 촉진, 라틴아메리카와 멕시코에 한국 문화 행사 참여 장려를 목적으로 2012년 설립되었다.

2. 아르헨티나 K-Culture 현황

아르헨티나는 전통적으로 타문화 유입에 다소 보수적인 반응을 보여왔으나 유튜브와 같은 소셜 미디어의 등장으로 외국문화의 접근이 용이해지면서 이를 점점 수용하기 시작했다. K-Pop도 이와 같은 흐름으로 아르헨티나에 유입되어 2000년대 후반부터 K-Pop 팬덤이 형성되면서 한류의 인기가 시작되었다.[5] 아르헨티나는 멕시코와 다르게 2012년 싸이의 '강남스타일'이 전 세계적으로 인기를 끌기 시작하면서부터 K-Pop이 먼저 더 많은 인기를 얻기 시작했고, 아르헨티나 한류 팬들은 소셜 미디어를 통해 본인이 좋아하는 아티스트의 소식을 접하면서 K-Pop 관련 콘텐츠를 자체적으로 번역 및 편집하여 공유하는 등 커뮤니티를 구성해 오고 있다. 2014

---

5   한국국제문화교류진흥원, 「2018 한류 리소스북 라틴 아메리카 한류스토리」, 2018.

년 한국 드라마 〈시크릿 가든〉을 현지 TV 채널에 편성해달라는 청원운동과 함께 3개월 만에 약 13,000여 명이 청원에 동참하자 케이블 채널 〈마가진 TV(Magazine TV)〉는 토요일 밤 8시라는 황금시간대에 〈시크릿 가든〉을 편성하기도 했다. 이후 2016년에는 〈천국의 계단〉이 한국드라마 최초로 아르헨티나 지상파 채널 〈텔레페(Telefe)〉에 방영되었다. 한편 아르헨티나에서는 K-Movie가 가장 약세를 보이는 분야였으나, 주아르헨티나 한국문화원 등 정부 기관의 꾸준한 노력으로 인해 2017년 한 해 동안 〈부산행〉을 시작으로 〈곡성〉, 〈그물〉, 〈악녀〉, 〈그 후〉 등 5편의 한국영화가 아르헨티나 극장가에 개봉되는 이례적인 현상이 벌어지기도 했다. 이처럼 아르헨티나에서 한류의 영향력은 K-Pop을 필두로 K-Drama, K-Cinema로까지 확장되고 있다.

아르헨티나의 주요 일간지 『라 나시온(La Nación)』에서 여행칼럼을 연재하는 가브리엘라 씨쎄로(Gabriela Cicero)는 '강남스타일, 미래 도시에서 온 편지(Gangnam style: postales de una ciudad con futuro)'라는 제목의 칼럼을 게재해 서울의 강남을 여행하는 이야기를 담았다. 특히 고궁, 놀이공원, 고층빌딩 등의 관광명소부터 한국의 카페 문화(카공족, 카페에서 공부하는 사람들), 한국의 발전한 IT 기술을 엿볼 수 있는 체험관, 300여 개에 달하는 지하철역까지 다양한 이야기를 담아내기도 하였다.[6] 이러한 현지인들의 적극적이고 생생한 정보와 홍보, 그리고 한류열풍 덕분에 한국을 방문하는 아르헨티나 관광객의 수도 꾸준히 증가하게 되었다.

주아르헨티나 한국문화원에 따르면, 중남미 한류 확산을 목적으로 개

---

6   La Nacion, 「Gangnam style: postales de una ciudad con futuro」, 2018. 9. 2.

최해온 남미 최대 K-Pop 축제인 「중남미 케이팝 경연대회」는 2022년 13번째를 맞이할 정도로 인기가 매우 높은 행사로 손꼽는다. 이는 아르헨티나 K-Pop 팬들은 단순히 K-Pop을 듣고 뮤직비디오를 보는 것을 넘어 주체적으로 노래와 안무를 재현하고 결과물을 소셜 미디어에 업로드하여 타인과 공유하며 그 화제성을 재생산하는 형태로 향유하고 있기 때문이다. 이처럼 아르헨티나는 해를 거듭할수록 K-Pop의 인기는 점점 상승하고 있다.

이렇게 되기까지 주아르헨티나 한국문화원의 역할은 매우 큰 영향을 미쳤으며, 2021년 COVID-19 상황 속에서도 아르헨티나인들을 위한 행사들을 월별로 살펴보더라도, 2월에는 2021 온라인 설맞이·카니발 한마당을 통해 한국의 명절음식과 음식문화 요리 강좌, 3월에는 한국어 강좌와 문화 강좌(한국무용, 태권도, 한류, 한국노래), 방탄소년단 커버댄스 경연대회, 4월에는 부에노스아이레스 한식페스티벌, 5월에는 비대면 한식강좌, 한국고전영화상영회, 아르헨티나 공중파 방송사 텔레페(TELEFE)의 '마스터셰프 셀러브리티 아르헨티나 시즌 2' 비빔밥과 겉절이 김치 방송, 한국어 말하기·쓰기 대회, 6월에는 K-Pop 경연대회 온라인 개최, 7월에는 한지 공예, 종이접기, 서예 등 특별강좌 개설, '한국의 우수 공연 안방에서 즐겨요' 온라인 상영, 온라인 한국어 강좌, 8월에는 코리아넷 명예기자단을 위한 워크숍, 부에노스아이레스 한국영화제 연계 〈한국영화 평론 공모전〉 개최, 온라인 태권도수업, 웹툰, 만화의 새로운 시대 강연, 9월에는 부에노스아이레스 한국영화제, 한국영화포스터공모전, 온라인 K-Pop 댄스 강좌, 10월에는 한글날 기념 '한글 이름 쓰기', '2021 세계 한국어 한마당' 이벤트 개최, '박물관의 밤' 야간개장을 통한 한옥관/한식관/한복관/한류 및 한글관, 김치사진전, 한국예술상영관 등을 오픈하여 직장인들을 위한 한국문화 홍보도 아끼지 않았다. 11월에는 '김치의 날' 기념 행사를 통해 아르헨티나인들과 한국의 김치를 함께 교류하고 나누는 의미 깊은 행사들을 추진하는 등 K-Culture 와 관련된 다양한 행사를 진행하였다. 특히, 멕시코 보다는 오랜 역사를 갖고 있는 아르헨티나의 경우는 이미 분기마다 세종학당이 존재하여 한국어 강좌가 널리 보급되고 있고, K-Drama나 K-Cinema의 경우 넷플렉스, 유튜브, 아마존 프라임 등의 다양한 플랫폼에 의해 아르헨티나 현지인들에게 많이 노출이 되어 있다. 본원은 한국의 문화, 역사, 예술, 사회 전반에 대한 다채로운 행사기획으로 한국을 아르헨티나 국민들에게 널리 알리고자 2006년 10월 부에노스아이레스에서 개원하였고, 현재 facebook 팔로우 32,176명, twitter 팔로워 17,200명, YouTube 구독자 18,000명, Instagram 45,700명의 한류 팬덤과 함께 빠른 속도로 변화하는 콘텐츠 시장의 흐름에 발맞춰 한국전통문화(한글, 태권도, 한국음악, 한국음식, 한옥, 한지, 한복 등)는 물론 만화, 애니메이션, 캐릭터, 비디오 게임 등 우리의 우수 문화 콘텐츠를 통해 한국을 소개하는 데 주력하고 있다. 특히 'K-Culture 4중주 프로젝트'를 통해서 현지인들에게 가장 잘 어필할 수 있는 'K-Pop', 'K-Classic', 'K-Cinema', 'K-Art' 등 4개 분야의 콘텐츠에 중점을 두고 있다.

한국국제문화교류진흥원과 한국콘텐츠진흥원의 2021년 다양한 조사 연구자료를 중심으로 아르헨티나의 한류 동향을 살펴보면, 가장 이용하기 쉬운 콘텐츠는 역시 'K-Pop(75.3%)', 낮은 콘텐츠는 'K-Cinema(48.5%)'로 나타났다. 콘텐츠에 대한 호감도 저해 요인으로 '번역 자막/더빙 시청 불편'과 '어렵고 생소한 한국어'가 가장 우선순위로 집계되었다. 아르헨티나는 'K-Beauty(47.2%)', 'K-Food(34.4%)', 'K-Fashion(26.3%)', 순위의 잦은 시청률과 K-Game(50.3%)'에 이어 'K-Drama(47.1%)'가 코로나19 이전 대비 소비량 증가 비율이 높은 콘텐츠로 나타났다. 따라서 주아르헨티나 한국문화원은 K-Cinema 홍보를 위해 원내에서 꾸준하게 시사회(상영회) 등의 기회를 만들고 있으며, 한글, 태권도, 한국음악, 한국음식, 한옥, 한지, 한복 등 전통중심의 문화교류에 힘쓰고 있을 뿐 아니라, 빠른 속도로 변화하는 콘텐츠 시장의 흐름에 발맞춰 만화, 애니메이션, 캐릭터, 비디오 게임 등 우리의 우수 문화 콘텐츠를 통해 한국을 소개하는 데 주력하고 있다.

III. 맺음말

K-Pop 그룹 방탄소년단(BTS)의 전 세계적 흥행으로 한국의 한류열풍 파워는 한 단계 도약했으며, 한류는 중국과 일본의 정치적인 위기론을 넘어 전 세계적으로 확산되면서 새로운 전성기를 맞이하였다. 20년이 넘게 열풍과 위기를 반복해온 한류의 역사를 돌아볼 때, 지금은 열풍 이후 찾아올 잠재된 위기에 대비해야 하는 시점으로서 지구 반 바퀴를 돌아야 도착할 수 있는 라틴아메리카는 지리적인 제약과 자국의 강렬한 문화색채로 콘텐츠 수출이 어려운 지역임에도 불구하고 K-Culture에 대한 열정은 그 어느 지역보다도 강하다. 이를 반영하듯 최근 많은 K-Pop 그룹들이 중남미에서 공연을 개최하고 있고, 월드 투어의 필수 코스로 중남미를 포함하는 이유는 현지 한류 팬들의 적극적인 요청과 미래 시장으로서의 잠재성 때문이라고 판단된다. 이 중 멕시코와 아르헨티나는 재외한국문화원의 적극적인 행사와 홍보활동으로 인해 잠재수요가 커지고 있고, 한류문화콘텐츠의 성공 가능성을 높여주는 신흥시장임이 확실하다. 라틴아메리카 지

역의 한류는 과거에 비해 더 확산되고, 더 보편화되고, 더 대중화되어 있으며, 무엇보다도 중남미 팬덤의 가장 큰 특징은 열정적이고 적극적이란 점에서 한국 관광이나 유학으로도 이어질 수 있을 것으로 확신한다.

멕시코와 아르헨티나는 K-Pop을 전제로 K-Drama나 K-Cinema 등 다른 한류문화콘텐츠로 확장되는 것이 바람직하다고 판단된다. 다양한 한류문화콘텐츠가 현지에 유통되면 한국에 대한 호의적 관심으로 이어지고, 현지에 진출한 한국의 글로벌 기업 그리고 교민 등 한인 커뮤니티에도 긍정적 파급효과를 얻을 수 있을 것으로 사료된다. 즉 멕시코와 아르헨티나의 공관은 해당국 방송사에 콘텐츠와 기업을 연결하며 공관이 주최하는 행사에서 이를 적극적으로 활용하고, 유기적으로 결합하고 협업하는 것이 한국의 국가 이미지 제고에 매우 중요한 정책이라고 할 수 있다. 또한 현지 TV 방영도 물론 집중해야 하지만 OTT 혹은 IPTV를 집중적으로 공략하는 것이 돌파구가 될 수 있을 것이다.

1. 단행본

한국국제문화교류진흥원, 「2018 한류 리소스북 라틴 아메리카 한류스토리」, 2018.
한국국제문화교류진흥원, 「2021 글로벌 한류 트렌드」, 2021.
한국국제문화교류진흥원, 「[제10차] 2021 해외한류실태조사 결과보고서」, 2021.

2. 논문

김영철, 「중남미 재외동포 사회와 한류」, 『한국민족문화』 제58호, 2016.
손수진, 「중요도-성취도 분석을 통한 한류문화콘텐츠 인식조사 및 문화관광 활성화 방안: 멕시코와 아르헨티나 지역의 K-Culture 팬덤을 중심으로」, 『호텔관광연구』 제22권 2호, 2020.
장태훈, 「해외 OTT의 국내 진출에 따른 디지털 방송 산업의 변화와 대응 전략」, 『커뮤니케이션학 연구』 제29권 3호, 2021.
손수진, 「언택트(Untact) 시대의 한류문화콘텐츠를 활용한 라틴아메리카 지역 온택트(Ontact)의 도전과 기회: 멕시코, 브라질, 아르헨티나 지역을 중심으로」, 『호텔리조트연구』 제20권 5호, 2021.

3. 자료

Clarín, 『Ránking. Las diez series, películas y programas más buscados del año en Google Argentina, 2) El Juego del Calamar』, 2021. 12. 8.
La Nacion, 「Gangnam style: postales de una ciudad con futuro」, 2018. 9. 2.

https://mexico.korean-culture.org/ko
https://argentina.korean-culture.org/ko
www.kocis.go.kr. (문화체육관광부 해외문화홍보원)

조지숙

아프리카로 간 한류
─ 세네갈에서 남아프리카공화국까지

Ⅰ. 머리말

아프리카의 한류를 이야기하기 전에 언급하지 않을 수 없는 것이 현재 아프리카 대륙의 코로나 상황이다. 아마도 의료시설이 열악하고 전염병 발발이 잦은 아프리카 대륙이 가장 치열한 COVID-19와의 전쟁을 치르고 있으리라 추측할 것이다. 그렇지만 잦은 전염병 발발이 오히려 그들만의 질병 대처 방식을 만들어냈고, 또한 코로나 19에 취약한 노령층이 차지하는 비율이 낮아서 코로나 19로 인한 치명률도 상대적으로 낮다.

세네갈에서 공식적으로 발표된 첫 코로나 환자는 2020년 3월 2일 프랑스 출신의 54세 남성으로 프랑스 다녀온 후 확진 판정을 받았다. 필자가 2020년 1월 세네갈의 수도 다카르를 방문했을 당시 세네갈의 수도 다카르는 안전지대였다. 세네갈에 코로나 19 바이러스보다 훨씬 먼저 상륙해 있었던 것이 바로 한류였다.

Ⅱ. 세네갈에서의 한류 — 드라마, 기업, 한글

1. 드라마

초기 세네갈에 한류를 소개하는 일은 쉽지 않았다. 세네갈 독립 50주년의 해이기도 한 2010년 주세네갈 한국대사관은 세네갈의 한류 확산을 위해 한국 드라마 〈내 이름은 김삼순(2005년 작)〉을 주말 황금시간대(토, 일 저녁 7시)에 세네갈 국영방송사 RTS1 TV에 편성, 방영한 바 있다. 그런데 세네갈 방송사가 이를 쉽게 허락한 것은 아니었고, 한국대사관 측의 오랜 설득이 있었다. 그러나 그 결과는 미비했다. 아프리카 대륙 국가는 전반적으로 문맹률이 높은데, 아프리카인 최초로 아카데미 프랑세즈 회원으로 선출된 시인 상고르[1]의 국가인 세네갈도 문맹률이 높은 것은 마찬가지다. 과거 프랑스의 식민지였던 세네갈은 공식 언어로 프랑스어를 사용하지만 〈내 이름은 김삼순〉은 세네갈 국민 반 이상이 프랑스어 문해가 불가능한 상황에서 프랑스어 자막이 달렸고, 생소한 한국어가 흘러나오는 드라마의 낮은 시청률은 당연한 결과였다. 방영 초기에는 '왜 이런 드라마를 내보내느냐'는 항의 전화도 걸려왔다고 한다. 더구나 남아공월드컵 중계와 라

---

1   레오폴 세다르 상고르(Léopold Sédar Senghor, 1906-2001년)는 세네갈 초대 대통령 이기도 하다. - 필자 주

마단 관련 종교프로그램 방영 등으로 빚어진 잦은 결방도 시청률 하락에 한몫했다.

그러나 현재 'K-Drama'는 OTT 서비스의 활성화로 아프리카 내에서 단단한 팬층을 형성하고 있다. 한류 애호가인 나이지리아의 몰라니 시빌(Mo'Lanee Sibyl) 박사는 한국 드라마의 애호가임을 자처하면서, "많은 아프리카인이 자기처럼 한국 드라마에 열정적 관심을 보인다."²고 말했다.

2. 기업

점차 아프리카 대륙으로의 한류는 한국 측의 설득과 노력이 아니라 자연 발생적으로 확산하기 시작했고, 특히 'K-Culture'의 대유행은 그 어느 때보다 한국어에 관한 관심을 폭발적으로 증가시켰다. 본래 아프리카 대부분 국가는 식민시대를 거쳐 내전도 있었다는 역사적 공통점으로 한국에 대해 우호적이다. 그런데 비슷한 시기에 이 모든 고난의 사건들을 겪었음에도 한국은 놀라운 경제발전을 이루었다는 점에서는 아프리카에서는 선망의 국가가 되어있다. 2019년부터 삼성과 LG 전자는 아프리카에서 가장 존경받는 브랜드 'Top 10'에 선정되기도 하면서, 근무 여건이 좋은 현지 한국기업체에 취업을 꿈꾸는 젊은 층이 늘어났다.

---

2   출처 https://mosibyl.medium.com/africans-and-korean-entertainment-aecb9472dc5c(2021) 참조.
     "It is no secret that I[Mo'Lanee Sibyl] enjoy K-dramas, and many people share my enthusiasm for how clean and innocent the stories are."

Rank	Brand	Category	Country of Origin	Change
1	Nike	Sport and Fitness		-
2	adidas	Sport and Fitness		-
3	SAMSUNG	Electronics/Computers		-
4	Coca-Cola	Non-alcoholic Beverages		-
5	TECNO mobile	Technology		-
6	Apple	Electronics/Computers		+1
7	MTN	Telecom Provider		+1
8	PUMA	Sport and Fitness		-2
9	Gucci	Luxury		-
10	airtel	Telecom Provider		+3

[그림 1] 2020년 아프리카 대륙 선정 100대

* 출처 https://africanmediaagency.com/2020-brand-africa-100-africas-best-brands-highlights/(2020) 기업

2020년 선정표에 따르면 삼성의 경쟁사 애플은 6위를 기록하고 있는데, 또 다른 보고서에서는 삼성이 조사 대상 아프리카 23개국 중 8개국에서는 1위를 차지했다고 전해진다. 우리 기업의 이러한 질주는 제품과 기업의 우수성은 물론이지만 역사적 동질의식에서 비롯된 친밀도와 기업의 '지역밀착형 사회공헌 활동'도 한 몫을 차지한다.

LG전자는 2019년 나이지리아 남부 리버스주(州) 포트하커트의 음보바 마을에 무료 세탁방인 'Life's Good with LG Wash'를 열어 '지역밀착형 사회공헌 활동'을 벌인 바 있다.

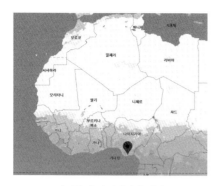

[그림 2] 나이지리아 위치

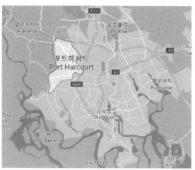

[그림 3] 나이지리아 포트하커트주(州)

[그림 4] 나이지리아 포트하커트주 음보바 마을 LG 빨래방 오픈 행사

* 출처 http://www.techdaily.co.kr/news/articleView.html?idxno=3274(2019)

기업과 민간 간의 지원 외에도 한국정부는 2010년 세네갈을 비롯한 아프리카 19개 국가와 함께 '한-아프리카 농식품기술협력협의체(KAFACI)'를 구성하여 아프리카 토양에 맞는 쌀 품종을 개발하는 '아프리카 벼 개발 파

트너십 사업'을 추진했다. 그 가운데 가장 큰 성과를 낸 곳이 세네갈로, 환경에 맞춰 개발한 '이스리-6'과 '이스리-7'이 수확량이 많고 밥맛도 좋은 쌀로 인정받아 큰 인기를 얻고 있다.

3. 한글

언급했듯이, 아프리카 청소년층에서는 한국어에 관한 관심이 그 어느 때보다 뜨거운 시기로, 코로나 19의 장기화에도 불구하고 한국어의 보급과 확산에 기여하고 있는 '세종학당'이 이미 아프리카 10개국에 개설된 외에 모로코, 탄자니아에 새로 개설되었다.

[그림 5] 2021년 기준 세종학당 개수_자료 문화체육관광부

아프리카 12개국 12개소 : 나이지리아, 마다가스카르, 보츠와나, 알제리,
에스와티니(옛 명 스와질란드), 에티오피아, 우간다, 이집트, 케냐, 코트디부아르, 모로코, 탄자니아

세네갈에는 아직 세종학당이 개설되지는 않았지만, 다카르에는 한글학교가 한글 보급에 앞장서고 있고 세네갈 재외동포재단과 한국 내 사이버대학교와 협력하여 한글 교사의 전문성 향상을 위한 학위 취득과정 지원사업을 2019년부터 시행하고 있다. 2022년 기준 지원내용은 다음과 같다.

⇨ 등록금 부담 비율 : 재단 40%, 대학 40%(+입학금 면제), 교사
　20% 수준 자부담
　- 재단 : 3학년 편입생 대상으로 연속 4학기 지원, 1학기당
　　최대 54만 원
　- 대학 : 수업료 40% 감면 및 입학금 면제

세네갈의 수도 다카르에 있는 다카르 항에서 동쪽으로 배를 타고 20분 정도 가면 나오는, 길이 900m, 폭 300m의 작은 섬 고레(Gorée)에는 1536년 포르투갈이 건축한 '노예의 집(La Maison des Esclaves)'이 있다. 그곳은 과거 노예로 팔려가기 전에 잡혀 온 아프리카인을 수용하던 곳이었다. 고레 섬은 포르투갈, 네덜란드, 영국 그리고 프랑스의 지배를 연달아 받으면서 2천만 명으로 추정되는 아프리카인이 이 섬을 거쳐 제국주의 대륙으로 팔려 나갔다.

[그림 6] 고레 섬 전경

[그림 7] 배에서 바라본 고레 섬

남자는 물론, 여자와 어린이까지 잡혀있다가 '돌아오지 못하는 여행'을 떠나게 되는 것이다. 지금은 이곳을 지배했던 과거 지배자들의 사죄글이 입구에 박혀있지만, 이것이 이미 먼 길을 떠난 그들을 돌아오게 할수는 없다.

[그림 8] 노예의 집 전경

[그림 9] 노예로 팔려가기 전 남자들이 억류되어 있던 곳

[그림 10] 고레 섬의 한국 전자제품

아름답지만 비극적 과거를 품고 있는 이 작은 섬에서 이제는 한국인을 만나게 되면 반색을 하며 한국어를 한마디라도 해보려고 하는 귀여운 학생들을 흔하게 만나볼 수 있다. 한국 전자제품도 이 작은 섬에서 쉽게 목격된다.

세네갈을 비롯한 서아프리카는 오랜 기간 유럽이 지배하고 있었지만, 서아프리카인의 사고 패턴과 제도는 유럽의 영향을 억제하고 있었다. 다시 말해서 타문화가 쉽게 침투할 수 있는 분위기가 아니라는 것이다. 한 예로 그리스도교의 포교를 들 수 있다. 1458년부터 포르투갈을 비롯한 여러 유럽왕국은 선교단을 서아프리카에 파견했지만 계속 실패로 돌아갔고, 실질적 복음화는 1800년 이후에나 시작되었다. 그 사이 선교단의 살해와 추방 등 많은 우여곡절이 있었다. 물론 종교는 다른 문제일 수 있다고 치부할 수 있지만, 종교의 수용만큼이나 외부 문화에 대해서도 엄격한 기준을 적용하는 곳이 바로 아프리카라는 사실을 주지해야 한다. 그런데도 한류는 그리스도교의 전파보다 비교할 수 없을 만큼 빠른 속도로 확산하고 있고, 이러한 현상은 긍정적이고 의미 있다 하겠다.

III. 남아프리카공화국에서의 한류
─소설, 영화, 남아공의 과거와 한류의 현재

1. 소설

남아프리카공화국은 영어를 공식어로 사용하며, 아프리카 내에서 출판 관련 판매 데이터의 수집 및 분석 시스템을 갖추고 있는 유일한 국가이지만, 출판시장은 활성화되어있지 않다. 그 원인을 네 가지로 분석할 수 있다.

- 대부분이 영국과 미국 그리고 프랑스에서 들여오는 유통망을 형성하고 있는 관계로 출판물의 가격이 높다.
- 전자책은 대부분 아마존 킨들(Kindle)이 중계함으로써 남아프리카 공화국 내에서의 수익 창출은 제한적이다.
- 남아프리카공화국 출판시장에서는 2,000부만 팔려도 베스트셀러가 되는 것이 현실이다. 따라서 도서는 소량으로 출판되기 때문에 단가가 높다.
- 도서 출판 시 높은 인건비와 광고비로 수익 확보가 어렵다.

열악한 출판시장 상황에도 불구하고 남아프리카공화국은 노벨 문학상과 한국의 작가 한강도 2016년 『채식주의자로』로 수상한 바 있는 맨부커상의 작가를 일찍이 여럿 배출한 국가다. 2016년은 한국과 남아프리카공화국 사이에 의미 있는 해로, 이때 한국-남아프리카공화국 문화 공동위가 남아프리카공화국에서 개최됨으로써 정치, 경제 중심의 대 남아공 외교를 문화 분야까지 확장하는 계기를 마련했다. 문화 분야 확장에 있어서 민간 차원의 한류 문학 소개도 한몫을 차지했다. 아니 오히려 큰 부분을 차지했다고 볼 수 있다.

2014년 당시 국가와 지역의 중요 소식과 국제 동향을 분석하여 전하는 남아프리카공화국의 주요 일간지 『The Mercury』 편집장이었던 캐롤 캠벨(Carol Campbell)은 출장차 들린 인천국제공항에서 우연히 작가 황석영의 '손님(The Guest)'을 254랜드(당시 환율로 25,400원 정도)를 주고 구매한다. 당시 캠벨 편집장은 그 책이 그만한 가격을 주고 살만한 가치가 있는지 반신반의했다. 그러나 캠벨은 작품을 읽어가며 가브리엘 가르시아 마르케스의 마법 같은 사실주의를 떠올리게 되었다고 한다. 뒤늦게 황석영 작가의 명성을 알게 되고 그의 작품에 매료되기 시작한 캠벨 편집장은 『The Mercury』에 황석영 작가와 작품 『손님』에 대한 소개와 소견에 대한 글을 싣는다. 더불어 "남아프리카공화국 사람들에게 한국은 물리적으로 접근할 수 없는 곳이다. 그러나 한국은 높은 기술력을 지니고 있어 한국의 도서, 시, TV프로 및 영화를 온라인으로 볼 수 있다."는 글을 남긴다. 캠벨 편집장의 경우처럼 아프리카 대륙과 한국의 물리적 거리만큼 한국문학은 아프리카 사람들에게는 여전히 다른 세계, 먼 세상의 이야기처럼 낯설다. 그러나 K-콘텐츠가 온 세계의 주목을 받는 지금이 그 심리적 거리를 좁힐 수 있는 절호의 기회가 될 것이다.

[그림 11] 『손님』 영문판

2. 영화

아프리카 최초의 텔레비전 방송사는 1959년 나이지리아의 'Western Nigeria Television Service(WNTS)'이다. 그 후 아프리카 미디어와 엔터테인먼트 산업에 많은 변화가 있기는 했지만, 현재 아프리카는 한국 영화 '기생충', 한국 드라마 '오징어 게임'의 승승장구하는 모습을 보고 한국의 미디어 및 엔터테인먼트 산업의 성공 요인에 대해 많은 관심을 보인다. 언급한 바 있는 몰라니 시빌 박사의 한류 엔터테인먼트에 관한 분석에 따르면, 한류 미디어 콘텐츠 사업의 성공은 '정부의 지원과 엔터테인먼트 회사의 자금력'[5]으로 보고 있다. 하지만 이것은 한류 성공 후의 결과론적 의견일 뿐이다.

그의 분석이야 어떻든지 간에 아프리카는 현재 한류의 모든 콘텐츠에 주목하고 있다는 것은 명백한 사실이다. 2020년에는 코로나 19가 기승을 부리는 와중에도 한국 영화 '기생충'이 남아공에서 재개봉되었는데, 영화표 가격은 99랜드(rand, 약 7천 450원)으로, 남아공의 시급(20랜드)을 기준으로 할 때 비싼 편임에도 불구하고, 많은 관객이 몰려 한 달 넘게 상영되었다. '기생충'은 남아공은 물론 아프리카 대륙을 통틀어 상업 목적으로 극장 개봉한 최초의 한국 영화다. 아프리카에서 한국 영화는 대체로 주한국 대사관 주최로 무료로 상영되는 경우가 대부분이었다.

---

3   *Ibid.,*

    "Korea's media and entertainment business have been deliberately engineered by her government. They have established a well-funded department tasked with expanding the reach of Korean entertainment and assuring its global recognition, and they are succeeding admirably."

[그림 12] 남아공 행정수도 프리토리아 상영관 포스터

K-콘텐츠가 세계적으로 성공했듯이 문화적, 역사적 유산이 다양하고 풍부한 아프리카도 K-콘텐츠를 모델로 삼아 자기들의 문화를 바탕으로 한 미디어의 성공을 소망[4]하고 있다. 이처럼 한류의 한국은 현재 아프리카가 바라는 미래상이며, 아프리카인은 한류가 전 세계에서 인정받듯 'African Wave'가 전 세계로 환산되기를 기대하고 있다.

3. 남아공의 과거와 한류의 현재

[그림 13] 원주민도시거주지역법

---

4   *Ibid.,*
     "We[Africans] have the stories; we just need to figure out how to tell them and spread them worldwide."

남아프리카공화국은 역대급 '인종격리정책', 즉 '아파르트헤이트 (apartheid)'[5]로 유명한 국가다. 그러나 그 이전 남아공은 고고학적 근거에서 지금까지 생존해 있는 가장 오래된 인류인 산(San)과 '사람 중의 사람'을 의미하는 코이코이인(Khoikhoin)[6]의 지역으로, 자기들만의 삶의 형태와 방식을 유지하며 살아가고 있었던 인류 역사와 진화의 보고와 같은 곳이다. 그러나 유럽인들 침략 이후 그들과 함께 상륙한 천연두로 1713년 남서케이프(South-Western Cape)에 거주하던 코이코이인 90% 이상이 희생[7]당해야 했고, 무기를 앞세운 유럽인의 폭정과 폭력을 견뎌야 했다. 그중 유럽인이 코이코이인에게 저질렀던 가장 잔혹은 행위의 예는 1789년 동부 케이프(Eastern Cape)에서 태어난 '사라 바트만(Sarah Baartman)'의 경우다. '사라 바트만'이라는 이름은 유럽인이 자기네가 부르기 쉽게 마음대로 붙인 이름으로, 유럽인은 아프리카인의 이름짓기에 백인 중심의 차별적이고

---

5   최일성, 『남아프리카공화국의 역사 : 호텐토트의 고향』, 아딘크라, 2018, 97-107면 참조.
     아프리카너 민족주의자들이 창립한 '국민당(National Party)'이 1924년 총선에서 승리함으로써 '아파르트헤이트'의 토대가 형성되고 인종차별법을 입법화하기 시작했다. 법안의 주요 내용은 다음과 같다.
       - 원주민도시지역법 : 원주민들의 도시 지역 거주 제한
       - 광산과 노동자개정법 : 광산업에서 백인에게는 숙련된 노동을, 원주민에게는 단순노동만을 허락
       - 부도덕법 : 백인과 백인이 아닌 인종 간 혼인 금지
       - 인구등록법 : 인종이 표기된 증명서 발급
       - 분리시설법 : 인종 간 서로 다른 시설이나 공간 이용
       - 반투교육법 : 인종별로 각기 다른 교육이 주어져야 한다는 것을 명문화

6   위의 책, 10면 참조.

7   앞의 책, 11-12면 참조.

모멸적인 단어[8]를 사용했다. 애완동물에게 이름을 지어주듯 아프리카인을 동물 취급했던 유럽인들에게는 고유한 이름짓기 관습이 엄연히 존재했던 아프리카인의 원래 이름 따위는 중요하지 않았다.

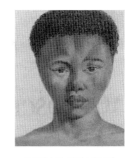

[그림 14] 사라 바트만
[출처] https://www.npg.org.uk/whatson/exhibitions/2007/between-worlds/exhibition-tour/baartman

사라 바트만의 특이한 외형이 돈벌이가 되리라 판단한 영국인 윌리엄 던롭(William Dunlop)은 사라 바트만을 유럽 대륙으로 데려가 일명 '프릭쇼(Freak Show, 기형쇼)'에 동원하여 유럽인의 구경거리로 만들었다. 그리고 점차 사람들의 관심이 줄어들자 사라 바트만은 매춘부로 살아가야 했다. 그렇게 그는 살아서는 유럽인들의 오락거리가, 죽어서는 지적 자만과 욕망에 사로잡힌 학자의 해부대상이 되어야 했다. 그를 해부했던 자는 프랑스의 유명한 해부학자 조르주 퀴비에(Georges Cuvier, 1769-1832)로 사라 바트만은 사람이 아니라 동물이기 때문에 해부해도 된다는 것이 그의 주장이었다. 결국, 그는 사라 바트만의 뇌, 골격, 생식기까지 모두 적출하고 몸을 박제하여 자연사박물관에 전시하는 만행을 저질렀다. 남아공 국민의 '사라 바트만 유해반환 운동'으로 2002년 그는 고향으로 돌아와 영면하게 되었지만, 모욕적이고 비극적이며 고단했던 그의 삶은 영원히 보

---

8   코이코이족과 산족을 합해서 코이산족이라고도 하는데, 네덜란드인들은 이들을 '호텐토트인'이라고 불렀다. '호텐토트'는 원주민의 언어인 나마어의 흡착음을 흉내 내어 만들어졌고, '말더듬이'라는 의미로 사용했다는 것이 통설이다. 그래서 사라 바트만을 일명 '호텐토트의 비너스' 불렀다. - 필자 주

상받을 수 없다.

이처럼 식민국가의 잔혹사라는 동병상련에도 불구하고 남아프리카공화국과 한국과의 교류는 쉽게 이루어지지 않았다. 여전히 남아프리카공화국에 존재했던 백인우월주의자들에 의한 '인종격리정책'으로 남아공은 전 세계로부터 소위 '왕따'가 되었기 때문이다. 1992년에 비로소 한국과 한국-남아프리카의 수교가 이루어진다. 1992년은 남아프리카공화국 아파르트헤이트의 붕괴가 윤곽을 드러낸 해였고, 1994년은 아파르트헤이트가 완전히 폐지된 해로, 당시 대통령으로 당선된 넬슨 만델라가 이를 공식화했다. 이후 아프리카 우호의 해인 2006년 경제 분야를 중심으로 아프리카를 위한 한국의 개발구상이 시작되었고, 문화 분야의 교류는 더 많은 시간이 필요했다. 남아프리카공화국에서의 한류의 시작은 이제 본격화되었다고 할 수 있다.

남아프리카공화국에서의 한류의 시작이 다소 늦었다고 생각할 수도 있겠지만, 사실상 '아프리카인은 전 인류를 대신하여 지구에서 가장 살기 힘든 지역을 개척해 온 개척자'로 남의 문화에 관심을 두고 즐길 여유가 없다. 여전히 그들은 자원은 풍부할지 몰라도 인간으로서는 감내하기 힘든 자연환경과 과거 제국주의자들의 침략으로 지워지고 왜곡되었던 자신들의 문화를 발굴해 내고 재정립하기에도 바쁜 시간을 보내고 있다. 이러한 상황임에도 불구하고 그들은 현재에 발맞추고 미래를 설계하기 위한 모델로 '한국'을 꼽고 있고, 아프리카 대륙 국민 스스로 한국의 문화 콘텐츠를 찾고 즐기며 연구하기에 이르렀다.

---

9   존 아일리프, 이한규·강인황 역, 『아프리카의 역사』, 이산, 2002, 14면.

4. 맺음말

아프리카 대륙에 대한 강한 편견이 있다. 그것은 '저급하고 미개하고 야만적'이라는 것이다. 즉 "근대 서구 문명은 인류 역사의 발전단계 중 최고의 단계에 도달해 있으며, 서구 문명의 역사발전 경로는 서양뿐만 아니라 동양을 포함한 전 인류사에 보편적으로 타당하며, 역사발전의 저급한 단계에 머물러 있는 비서구 사회는 문명화 또는 근대화를 통해 오직 서구 문명을 모방 수용함으로써만 발전할 수 있다."[10]는 것이다. 또한, 독일 철학자 헤겔도 "흑 아프리카는 과거의 기술된 자료도, 심지어는 당시 유럽 시각에서 변화나 발전도 보여주지 않았기 때문에 세계에 속해있지 않다."[11]고 주장했다.

그러나 이러한 시각은 분명 비서구 사회에 대한 서구사회의 그리고 식민지에 대한 제국주의자의 지배 논리이고, 우리도 역시 그들의 논리에 휘둘린 적이 있다. 그러나 아프리카는 최초의 인류와 현대 인류를 연결해주는 독특하고 귀중한 타임 캡슐과 같은 대륙이다. 나이지리아 출신의 노벨 문학상 수상자인 월레 소잉카(Wole Soyinka)는 개발되지 않은 아프리카에 대해 '자발적 정체'라는 표현을 썼다. 만일 외부에서 아프리카를 아직 개발되지 않은 과거에 머물러 있는 대륙으로 본다면 그것은 그들 스스로 정체를 선

---

10   강정인, 『서구중심주의를 넘어서』, 아카넷, 2004, 47-48면.

11   Mario Corcuera Ibáñez, *Tradition et littérature orale en Afrique noire*, L'Harmattan, 2009, p. 15.
      "Hegel a été rigide et arrogant quand il a signalé que l'Afrique noire ne faisait pas partie du monde, car elle ne montre pas de documents écrits de son passé, ni non plus de développements ou de changements du point de vue européen d'alors."

택했기 때문이라는 것이다. 그들의 자발적 정체 덕분에 우리는 태고부터의 인류 문화와 역사의 흔적을 발견할 수 있다. 따라서 소잉카의 말대로 전 세계는 그들의 '자발적 정체'에 대해 인정하고 존중해야 한다. 그렇다고 아프리카 대륙 전체가 '자발적 정체'를 선택했다고 판단하면 오산이다. '단지 아프리카는 삶의 의미를 다른 방식으로 이끌며 살아왔을 뿐'[12]이다.

[그림 15] 아프리카 인종지도

아시아나 유럽 그리고 아메리카 대륙의 모든 국가가 문화, 정치, 경제에 있어서 다름이 있듯이 아프리카에도 많은 국가가 존재하고 그 국가, 더

---

12   *Ibid.,*

"Elle[l'Afrique] viviait, simplement, menant d'une autre manière le propre de toute vie en société, […]."

세계 속의 한류—국적과 영역을 초월한 융합문화로서의 한류

구나 수많은 종족의 다름이 있다는 사실을 간과해서는 안 된다. 그런데 우리는 흔히 '아프리카 사람'으로 그들을 단일화하는 경향이 있다. 아마도 우리가 그들에 대한 정보와 지식이 부족하기 때문일 것이다. 지금 세계가 그리고 아프리카가 한류에 주목하고 있는 것은 사실이지만, 현재 상황에 우쭐댈 수만은 없다. 'Wave'는 'Wave'일 뿐이다. 속성상 몰려왔다 물러갈 것이다. 아프리카에서의 한류도 이제 시작이고 그들이 우리의 한류를 즐기고 분석하고 연구하고 있지만, 아프리카에 대한 우리의 연구도 본격화되고 심화 되어야 한다. 문화란 강요하는 것이 아니다. 자발적이고 자연 발생적이어야 한다. 그래야 현재의 'Korean Wave'와 미래의 'African Wave'를 서로의 땅에 더 오래 머물게 할 수 있다.

1. 단행본

강정인, 『서구중심주의를 넘어서』, 아카넷, 2004.

최일성, 『남아프리카공화국의 역사 : 호텐토트의 고향』, 아딘크라, 2018.

존 아일리프, 이한규·강인황 역, 『아프리카의 역사』, 이산, 2002.

월레 소잉카, 황은철 역, 『오브 아프리카』, 삼천리, 2017.

Mario Corcuera Ibáñez, *Tradition et littérature orale en Afrique noire*,
L'Harmattan, 2009.

2. 자료

http://www.techdaily.co.kr/news/articleView.html?idxno=3274(2019)

https://mosibyl.medium.com/africans-and-korean-entertainment-
aecb9472dc5c(2021)

https://overseas.mofa.go.kr/sn-ko/index.do(주세네갈 한국대사관)

https://overseas.mofa.go.kr/sn-ko/index.do(주남아프리카공화국 한국대사관)

3부 - 한류의 전망

김두진

한류의 초국적 보편성과 문화외교의 재인식
—BTS의 세계 '시장주의'를 지향하며

I. 머리말

한류 담론은 바야흐로 한국문화와 한국인에 대한 내러티브 (narratives)이자 동시에 한국과 세계를 향한 서사이다. 나아가 한류는 민족국가 단위(스케일)에서 분석하되, 동시에 초국가주의의 수준에서 분석해야 할 필요성이 있다.[1] 한류 분석가 김정수는 한류는 "설계되지 않는 성공"이다 라고 설파한다. 아무도 계획하거나 기대하지 않았음에도 엄청난 사건으로 나타난 것으로 본다. 물론 아무런 이유없이 그냥 성공을 거두었다는 뜻은 아니

---

1   진종헌·박순찬, 「한류의 문화지리학: 한류의 지리적 재편과 문화담론의 재구성에 대한 시론」, 『문화역사지리』 제25권 제3호, 2013, 134면.

다. 한류는 문화적으로 '후발자의 이익'을 얻기도 하였다.[2] 단지 "기계론적 인과 관계"를 말하기 어렵다는 뜻이다. 김정수의 핵심은, 문화의 성공 혹은 장력(壯力)을 동일하게 재생시키는 것은 그만큼 어렵다는 뜻이다.

> 한류가 시작될 당시의 여건을 인위적으로 다시 반복한다는 것
> 도 사실상 불가능하지만 설령 그렇다고 해도 제2의 한류가 탄생하
> 리라는 보장은 없다. 예컨대 싸이나 BTS가 세계적 인기를 끌게된
> 비결을 분석해낼 수는 있다. 하지만 그 패턴을 그대로 따른다고 해
> 서 반드시 제2의 싸이나 BTS가 탄생할 것이라 장담할 수는 없다.
> 오히려 아류라는 이유로 외면당할 가능성이 크다.[3]

특히 BTS 이후에는 소프트파워로서의 한류와 관련하여 '문화외교'의 가능성에 대한 기대와 논의가 더욱 관심을 끌어 왔다. 최근 2021년말까지 k-pop의 전지구적 확장성이 극에 달하는 상황에서 은연중 한국의 K-pop은 서구의 문화우세종(cultural dominant)인 비틀즈에 비견할 만한 사례로 간주되기 시작하였다. 비서구의 문화에 의한 문화제국주의 역전 테제로 볼 수 있거나 혹은 서구 문화제국주의를 넘어설 만한 '대항제국주의'의 면면이 실현될 가능성이 시사되기 시작하였다. 소위 브리티시 인베이젼(British Invasion)에 버금가는 코리안 인베이젼(Korean Invasion)의 실현이 곧잘 언

---

2   강준만, 『한류의 역사: 김시스터즈로부터 BTS까지』, 인물과사상사, 2020, 77-81면.

3   김정수, 「탈바꿈의 문화행정」, 『한류에서 교류로』 한국국제문화교류진흥원, 2020, 85면.

급되기도 하였다.[4]

2004년 나이(Joseph Nye)가 '소프트 파워'라는 개념을 제시하면서, 소프트 파워를 문화적인 힘 혹은 문화외교의 능력과 동일시하는 경향이 나타났다. 소프트 파워와 연관하여 '공공외교'(public diplomacy)의 하위 개념으로 '문화외교'(cultural diplomacy)에 관한 언급이 자주 눈에 띄게 되었다.

한류의 가치는 국가브랜드(nation-brand) 혹은 국가경쟁력과 연관될 때, 불가피하게 상업성과 경제외교와 불가분의 관계에 놓이게 된다. 이런 맥락에서 한국 정부의 문화행정, 혹은 문화정책과 연관이 불가피해진다. 나아가 문화외교란 단순히 문화적 작업만의 의미 이상으로 자국의 "정치적 가치와 지향점"을 포함할 수 밖에 없다. 그 이유는, 독일의 토마스 만(Thomas Mann)의 주장처럼, 문화에 정치적 '본능과 의지'가 결여될 때 오히려 문화는 심각한 위험에 빠지게 되기 때문이다.[5] 문화외교를 통해 한류의 확장성을 기한다는 논의는 단순히 문화외교라는 이름으로 가치중립적(value-free) 외교를 지향한다는 것은 아니다. 그렇기 때문에 문화외교의 진전에 따라 본의든 본의가 아니든 타국의 문화와 충돌할 잠복성을 동시에 안게 됨을 주지해야한다.

더구나 방탄소년단(BTS)을 위시한 K-pop은 초국적 보편성을 지닌 문화

---

4   김두진, 「영국 내 케이팝의 위상: 코리안 인베이전의 가능성」, 『한류와 역류: 문화외교의 가능성과 한계』, 한국학중앙연구원, 2020, 171-172면.

5   박병석, 「소통과 공존의 공공외교: 독일 문화외교의 '콘셉트 2000'을 중심으로」, 『국가안보와 전략』 제9집 3호, 2009, 117면. 문화외교의 정의에 관해 Thomas Mann, *Kultur und Politik*, in *Gesammelte Werke* XII, Frankfurter Ausgabe, Hrg. von Peter de Mendelssohn, 1939를 참조할 것.

현상으로 글로벌 감성을 끌어 들이면서 '탈주변, 탈아시아적 문화를 표방하고' 있다. 또한 아시아-일본·중국·대만·홍콩 등- 및 서구 나라마다-이슬람 국가에서도- 한류는 국가 선호에 따라 제각각의 방식으로 해석되고 주목받는 이유가 천차만별이다. 한류를 통해 아시아의 다양한 감성과 경험뿐만 아니라, 나아가 서구의 문화우세종'(cultural dominant)에 비견할 만한 인플루언서(influencer)로 떠오르고 있다.[6]

이런 인식 하에 본 논문에서는 먼저, 한류에 관한 문화 외교는 적용 과정에서 지역별(regional)-동북아, 유럽, 동남아, 이슬람권 등- 및 국가에 따라 "다르게 적용"되어야 함을 강조하고자 한다. 다른 한편으로, 현 단계에서는 한류의 경쟁력을 기초로 보편적 문화외교 형식의 개입은 금기 사항임을 자각해야 할 것이다. 오히려 '기획된' 문화외교의 시도보다는, 한류의 문화력에 기초한 "시장주의"가 선호되어야 한다. 문화외교라는 외피를 쓰게 될 경우에 단기적 이익에는 유리할 수 있다. 반면에 동북아의 심상지리적 상황하에, 일본 혹은 중국에게 한류가 문화제국주의로 인지될 경우, 그것은 오히려 역류를 초래할 가능성이 높아진다. 문화정책적으로 한류를 공공재로 간주하더라도 문화외교의 관여보다는 시장논리에 맡기는 것이 장기적으로 한류의 지속적 성공과 국가이익에 더 유리할 것으로 예상된다.

---

6   김성혜, 「한류의 양가성: 담론적 구성물로서의 한류」, 『음악이론연구』 제26집, 2016, 131-132면.

Ⅱ. 동북아(중국, 일본 등)는 "가깝고도 먼" 곳 ─이질적 한류 수용과 '보편적' 문화외교의 재조명

한류의 영향력은 동북아의 중국으로부터 시작하여, 일본으로 넘어가는 과정을 통해 호기심과 시너지를 얻게 되었다. 하지만 한국의 한류에 관한한, 일본과 중국은 지리적 인접에도 불구하고, 항한(抗韓) 혐한(嫌韓)의 형태를 동시에 드러내는 '역류' 현상이 점차 목격되는 나라들이다. 중국의 '반한류' 혹은 '항한류'는 일본의 '혐한류'와는 성격상의 차이가 있다. 일본의 '혐한류'는 정서적 차원의 노골적인 반감인데 비하여, 중국의 경우는 정서적 '반감'과 '저항'을 넘어선 중국 정부 차원의 '제도적 제약'을 포괄하고 있다.[7]

한류는 대체로 20세기 후반부터 유럽과 일본 문화를 따돌리고 중국 뿐만 아니라 홍콩, 대만 및 동남아에 이르기까지 적지 않는 문화적 충격과 영향을 주었던 대중문화 현상이다. 1990년대 말, 중화권에서 '한류'로 시작된 한국의 대중문화는 2000년대에 들어 일본 시장을 거쳐, 동아시아 지역, 유럽, 미주, 동남아, 중동 및 아프리카 등 세계 지역으로 그 문화의 파장을 확대해 나갔다. 전세계적 글로벌화 추세와 함께, 중국으로의 한류 전파는 한때 중국에서 유행했던 대만, 홍콩, 일본 드라마의 영향보다 더 광범위하고 전방위적 문화가치로 간주되었다. 그 동안 선진적인 서양 문화는 문화적 이질성으로 인해 중국에서 선뜻 용납되기가 어려웠다. 반면에

---

7   김두진·조진구, 「중국 반한류의 성격과 정치경제적 파장」, 『한류와 역류: 문화외교의 가능성과 한계』, 한국학중앙연구원, 2020, 112-113면.

한류는 어느 정도 이질성이 있었으나, 중국에 전파되는 과정에서 비교적 용이한 진입이 가능하였다.[8] 2차 대전 이후 아시아에서 대중문화의 주도권은 홍콩의 '캔토니즈 팝(Cantonese Pop)', 일본의 '제이팝(J-Pop)'을 거쳐 K-pop으로 이어지는 역사적 궤적을 경험하게 된다.[9]

한류의 콘텐츠가 가장 많이 수출되는 지역은 중화권이다. 2017년 기준 중국, 홍콩, 대만을 포함하는 중화권의 한류 콘텐츠 수출액은 전체 수출액의 44.7%에 이른다.[10] 하지만 최근에는 사드 때문에 중국의 한한령이 시작되고 있다. 한한령의 수위가 낮아지거나, 정치적 함의를 지닌 사드 문제가 해결되면 한류라는 문화 공공재의 진출은 아무런 장애없이 그 이전 상태로 돌아갈 수 있는 것인가? 정치적 쟁점 이외에 한류 그 자체가 포괄하는 문화적 가치- 정치민주화, 남녀평등, 계층불공평, 불공정-는 중국을 향해 문화외교의 형태로 들어가면 아무런 문제가 없는 것인가?

한류에 관한 거부감으로서의 사드 문제 이전에 몇 가지 중국적 요인이 있음을 지적하지 않을 수 없다. 기본적으로 중국은 문화정체성에 관한 자체적 고민이 있다[11] 기본적으로 중국은 '나가자'(走出去) 방침에 의해 우수한 대중 문화 역량을 가진 주변국의 대중문화를 학습코자 하였다. 동시에

---

8   한영, 「중국에서의 '한류' 현상에 대한 문화적 성찰」, 『한류한풍연구』, 북코리아, 2009, 211-217면.

9   임대근, 「중국 한류 체증의 돌파구, 어디에 있나」, 『한류, 다음』, 한국국제문화교류진흥원, 2019, 51면.

10   조소영, 「가깝고도 먼, 익숙하지만 낯선 동북아시아」, 『한류, 다음』, 한국국제문화교류진흥원, 2019, 7면.

11   김은희, 「중국의 시선에서 '한류'를 논하다」, 『담론』 15집 4호, 2012, 250면.

국내외의 요인으로 상대국과의 관계가 악화될 시에는 해당 국가의 대중문화를 제한하고 새로운 상대를 찾는다는 기본원칙이 있다. 나아가 상대국 대중문화 생산과 유통의 핵심적 기제와 요소를 습득한 뒤 상대 모델의 중국화의 경로를 밟아 왔다.[12]

중국은 한류의 문화적 가치를 지구적 차원에서는 서구에 버금가는 문화 제국주의를 드러낼 정도의 가치가 있다고 인정하려 하지 않고 있다. 하지만 중국은 문화가 고문화국가에서 저문화국가로 흐른다는 잠재적 피해의식에 민감하게 반응하고 있다. 이런 이유로 한국의 문화콘텐츠 산업이 이웃 아시아 국가에 확산됨으로써 '한국식' 문화제국주의 형태가 등장하는 현상을 중국의 입장에서 방관하기 어렵다. 즉 중국은 보수 기성세대의 시각에서 '문화제국주의'에 대한 '경계'와 중국의 젊은 세대의 정서를 반영하는 '문화적 다원주의' 의 '수용'이라는 중층적 정황 속에 상호 갈등을 겪고 있다.[13]

한류의 중국 수용의 문제는 불가피하게 중국의 '민족주의'와 불가분의 관계가 있다. 최근의 인터넷 공간에서 중국 정부가 주도하는 사이버 민족주의의 양태를 간과할 수 없다. 중국의 오프라인 민족주의에 비견할 만큼 중국의 인터넷 민족주의는 역시 '공세적'(assertive) 민족주의 성향을 나타내고 있다. 한국과 일본에 비해 중국은 관변 민족주의(official nationalism)의 속성이 강하여, 인터넷 기제에 관한 중국정부의 정치적, 법적 통제

---

12   임대근, 앞의 책, 24-25면.

13   박장순·변동현, 「한류의 신화 구조와 문화 이데올로기」, 『한국디자인포럼』 27집, 2010. (본 논문의 원문에 페이지가 표시되지 않아 인용 페이지를 표시할 수 없음을 밝힌다)

및 조작에 의한 관여가 상당 부분 가능하다.[14] 게다가 중국의 대중민족주의와 국가주도 관변민족주의 간에 갈등과 접합을 이루는 "제도적 증층화"(instutional layering)을 통해 다변적(multiple) 민족감정의 표출로 나타날 여지가 많다.[15]

2000년대 초중반에 시작된 일본 '한류'는 2010년대 초반의 '신한류'로 확장되고 지속되었다. 나아가 한류에 관한 일본의 인식이란 한류 및 한국에 대한 불만의 내재적 표출을 포함하고 있다. 일본의 한류는 단순히 대중문화의 교류 이상으로, 한국과 일본의 상호간 국민정서, 역사인식 및 집단기억 등을 반영하는 총체적(holistic) 산물로 간주해야 할 것이다.[16]

일본내의 한류의 수용 양상은 일본에서는 한류의 긍정적 영향력이라는 관점 보다는, 일본인의 정체성 변화, 젠더와 계층분화 및 일본 사회의 다양성에 기인하고 있다. 다른 한편으로는 한국 정부 주도의 '기획 한류'라는 이미지로 인해 혐한의 흐름이 현저해 지고 있다는 부정적 해석도 공존한다.[17] 일본 내의 한류 이미지와 상관없이 2020년 즈음에 이미 BTS 주도

---

14   이민자, 「중국식 인터넷 문화: 민족주의 담론 분석」, 『현대중국연구』 제20집 2호, 57-63면.

15   '제도적 증층화'의 개념은 탈렌(Thelen, 2003)의 역사적 제도주의의 시각에서 나온 개념이다. 한 예로, 민족주의가 '제도'가 아니지만, 이념적 측면, 감정의 합리성의 맥락에서 일종의 제도로 상정될 개연성을 상정하는 개념이다.

16   조규헌, 「글로컬 문화로서 일본 한류에 관한 소고: 문화사적 계보와 가능성」, 『일본문화연구』 제69집, 2019, 304-308면. 2012년 이명박대통령의 독도방문, 천황사과 요구 발언 등 당시 한일양국 관계는 급속히 냉각되고 있었다.

17   임영언·임온규, 「한류문화를 통한 한국이미지 변용에 관한 연구」, 『일어일문학연구』 제84집, 2013, 454-455면.

의 K-pop은 글로벌 변종(variant)으로 자리매김하게 되었다.

2010년을 전후로 소위 신한류 시기에 K-pop에 의한 제2차 한류는 일본에서 다시 활기를 찾았지만, 일본 내의 한류 소비자들에 대한 한국 이미지 개선에 관한 기대는 크다고 볼 수 없었다. 이 무렵 한류에 관해 일본의 새로운 팬덤 주체인 젊은 세대는 한류의 국가 이미지에 대해 상대적으로 부정적 시각을 견지하고 있었다. 그 이유는 외래 문화 유입에 관한 일본내 소비자의 위기 의식 혹은 경계심 때문이 아니라, 정치적으로 한일관계의 특수성이 일본의 한류 인식에 더 큰 영향- 부정적인-을 미친 것으로 파악된다.[18]

2010년을 계기로 일본 정부는 '쿨 재팬 전략'을 시작하였다. 이것은 외국인이 매력적으로 느끼는 일본문화 라는 맥락에서, 2000년 중반부터 일본에서 유행하기 시작한 일종의 문화정책의 전환을 의미한다. 그 핵심은 문화 주체로서의 '국가의 역할', 즉 일본 문화산업의 자기 연출 및 국제화를 포함하는 문화 내셔널리즘을 강조하는 것이다. 그렇지만 이러한 문화 정책 추구는 그 자체로 한계를 드러낼 수 밖에 없다. 예상되기론 일본의 한류 성공에 관한 인식 중에는 한국의 한류가 국가 주도에 의한 성공 작품이라는 일본식 편견과 상당 부분 맞물려 있다. 예를 들어 한국의 한류의 성공의 주 요인은 '기획되지 않은' 자생적 한류 생산의 성과물이라 보아야 할

---

18   한영균, 「일본 내 한류의 현황과 한일관계: 한류의 문화외교 기능을 중심으로」, 『국제학논총』 제32집, 2020, 18-19면. 2012년 한국국제교류문화진흥원에서 한류라는 명칭에 관한 질문에 일본의 응답의 결과는 불과 10%가 긍정적으로 답하였고, 9개 조사 국가 중에서 일본이 가장 부정적 반응을 보였다. 2019년에 해외 한류 실태 조사에서 한류 용어에 대해 92.4%가 들은 적이 있으나, 한류에 대한 호감도는 22%에 불과한 것으로 밝혀졌다.

것이다. 이에 비해 쿨 재팬 전략 하에서 일본 정부의 문화관의 맹점은 한 국가의 주도하에 글로벌 단위의 문화 우세종의 생산/유지가 가능할 것이라는 가정이다. 이러한 가정 자체의 적절성에는 논란의 여지가 있으나, 한편으로는 '역사성'에 기반한 판단으로 보기 어렵다. 글로벌 우세종은 인공물로 기획된 결과물이기 보다는, 글로벌 경쟁 문화 공유 과정에서 '변증법적'으로 생성된 것이라 봐야할 것이다.[19]

동북아 지역의 역류 현상에 대해 '대체시장'으로서 중화권의 홍콩과 대만 시장에 관해 주목할 필요가 있다. 홍콩의 경우는 문화적 '특수성'과 '보편성'이 공존하는 중화권 문화 소비 시장이다. 특히 홍콩은 1960년대 이후 30여 년간 아시아 대중 문화를 선도한 경험이 있는 지역이다. 동양과 서양의 문화적 교차를 겪은 곳이다. 홍콩은 선진적인 대중문화의 진입로의 기능으로 유리한 곳이다. 1970년대 한-홍 합작의 형태라는 문화 제작의 전례를 기반으로 홍콩의 특수한 문화적 접목을 통해 중국과의 문화접변을 겨냥한 우회 전략도 유효할 것이다.[20]

대만은 중국으로의 진입을 우회할 수 있는 시장으로서 중국 문화의 동질성과 이질성이 공존하여 문화 시장의 대체 및 간접 통로로 미래에 비중이 클 것으로 예상된다. 대만의 사회구조는 이민 사회의 특성으로 인해 외래문화를 비교적 거부감없이 수용하는 성향이 크다. 중국 진출을 위해 해외 기업들은 대만을 중국 시장을 위한 테스트 시장으로 빈번히 활용되었

---

19   김성민, 「'쿨재팬 전략'과 일본의 문화내셔널리즘」, 『한류, 다음』 한국국제문화교류진흥원, 2019, 185-190면, 206-208면.

20   임대근, 앞의 책 4-7면.

다. 대만 음악계 인사들은 1990년대 중국의 대중음악 산업에 관여하며 중국 음악계의 육성에 참여하였다. 대만에서의 한류 발전은 대만에 국한된 한류를 넘어 대만 주변 국가로의 한류 확장에도 기여하였다.[21] 대만은 꾸준히 한류와 한류 문화를 수용한 결과로, 단순히 한류의 소비를 넘어서 자국 문화와 융합을 시도하고 '현지화'하려는 적극적 수용성을 보이고 있다.[22]

동북아 중 중국과 일본의 한류는 지리적 인접으로 인해 빠른 시간 내에 한류의 공감대가 팬덤을 형성하는 긍정적 반응을 얻어 낼 수 있었다. 반면에, 삼국간의 문화적·민족적 이질성 때문에, 한류의 문화적 제국주의에 대한 경계심과 역류를 드러내는 이중성(ambiguity)을 보인다. 주지해야할 사실은, 중일(中日) 내의 한류는 강한 역류의 조짐을 늘 안고 있다. 이에 비해 홍콩과 대만은 한류에 대한 반한류 감정은 비교적 강하지 않다. 특히 한류에 관한 대만의 특유한 수용성은 향후 중·일의 역류를 희석화시키거나, 동남아로의 한류 확장성에 긍정적 모멘트로 작용할 것으로 예상된다.

---

21   진경지, 「'한류' 용어의 어원 및 대만 한류 발전에 대한 고찰」, 『동아시아문화연구』 77호, 2019, 233-234면.

22   박병선, 「대만 문화 혁신과 콘텐츠 사업 발전의 새방향: 문화콘텐츠책진원의 설립과 함의」, 『한류, 다음』, 한국국제문화교류진흥원, 2019, 161-162면. 대만은 과거로부터 외세의 통치를 받으면서 다양한 외국문화를 수용하는 데 익숙한 것으로 볼 수 있다. 대만의 한류 시장의 규모는 상대적으로 작다할지라도, 대만의 특유한 한류의 인식은 중국의 항한, 혹은 일본의 혐한을 상쇄시키는데 긍정적 계기를 제시할 것으로 예상된다.

III. 북미, 라틴아메리카 및 서유럽 지역의 한류의 동향
— '혼종성'을 넘어 초국적 '보편성'으로

서구 주류 문화의 제국주의에 대해 한류가 '제국주의의 역전'을 가져올만한 것인가에 관한 쟁점에 관해, BTS는 서구의 문화 우세종에 비견할만한 것으로 평가할 수 있다. 서구 우세종의 '제국성' 혹은 '저항성'에 대해 BTS가 얼마나 더 나은 우세종인가？ 무엇보다 북미 혹은 유럽 시장에서 서구 우세종과의 의미있는(significant) '공생'이라는 현실은 결코 간과할 수 없는 '역사'로 봐야 한다. 글로벌 '지식사회'의 특이성에 힘입어, 한국의 대중문화콘텐츠가 시대정신의 한 축(pillar)을 형성하게 된 것 자체가 경이로운 것이다. 이것은 '에피소드가 아니며, 우연한 사건(accident)은 아니다.' BTS의 K-pop은 문화 제국(imperialness)의 한 변용(variant)을 드러내고 있다.[25] BTS에 관한 홍석경의 관점은 단순히 쇼비니즘적 언표라기 보다는, 글로벌 문화 '주체'로서의 BTS를 설명해 내려는 것이다.

> BTS는 지금 한류와 케이팝 스타 어느 누구도 걷지 않은 길의 맨 앞에 서 있을 뿐만 아니라, 어떤 동아시아의 스타도 가본 적 없는 길을 가고 있다. BTS가 동아시아의 한국 스타가 아니라 세계 속의 동아시아 스타로서 보여주는 인종적 대표성은 아시아인들의 힘돋우기 empowering에 매우 중요한 역할을 한다. 그동안 일본이 경제강국으로 등장하고 중국이 슈퍼 파워가 되더라도, 이들은 세계 속에서

---

23   김두진, 앞의 책, 171-175면.

보편적인 가치를 소통하는 주체가 되지 못했다. BTS는 지구상 어느 누구든, 종교, 인종, 성 정체성이 무엇이든……보편적인 멧세지를 통해……영향력을 전파하고자 하는 '최초의 주체'로 등장했다.[24]

현재 한류 콘텐츠 K-pop은 트위터, 페이스 북, 유튜브 등의 SNS를 기반으로 2000년대 중반에 글로벌 영향력을 행사하기 시작했고, K-pop은 불모지와 다름없었던 미국 음악시장을 공략하기 시작하였다. 한국의 아이돌의 미국 빌보드 차트 상위 진입은 소위 코리언 인베이젼(Korean Invasion)이라 할 수 있다. 빌보드 싱글 차트와 빌보드 200 이라는 앨범 차트에 기반하여 BTS 가 댄스 뮤직과 팬덤 아미(Army)를 거점으로 미국 대중음악계를 점령하게 된 것이다.[25]

미국에서 최초엔 BTS의 퍼포먼스와 수려한 외모, 뮤직비디오의 영상미가 이목을 끌게 되었다. 한국에서는 아이돌 이미지가 익숙한 것일 수 있으나, 서구에선 오히려 낯설 수 있다. BTS의 퍼포먼스와 시각적 이미지는 대단한 임팩트(impact)를 주었다. 다른 한국 아이돌에 비해 BTS는 힙합을 바탕으로 깔고 있었고, "좀 더 미국적인" 음악으로 서구 팬에게 친근감을 주는 장점이 있었다.[26] BTS 는 여타 아이돌과 질적인 면에서 차별성이 있었

---

24   홍석경, 「방탄소년단이 연 새로운 연대정치의 공간」, 『한류에서 교류로』, 한국국
      제문화교류진흥원, 2020, 65면.

25   정주신, 「K-pop 의 미국 진출 전략과 빌보드 점령과정: BTS를 중심으로」, 『대중
      음악』 28집 1호, 2021, 7-12면, 22-27면.

26   반면에 한국을 비롯해 아시아권을 열광시키는 SM 보이밴드(보이그룹)는 좀 덜 미
      국적인, SM 특유의 음악을 하는 경향이 있다.

고, 특이한 칼군무까지 보이면서 서구 팬에게 '발견'된 발명품이었다.

아시아인으로서 BTS가 서구 시각에서 인정받는, 핫(hot)한 아티스트가 되다는 의미는, 곧 비(非)백인계 청소년들에게 BTS의 퍼포먼스가 관해 더 큰 자부심을 느끼게 하였다. 특히 히스패닉, 동양 및 중동 등에서 비백인계를 대변하는 문화우세종으로 간주되어 더 폭발적인 반응을 얻어내게 되었다. 중동 지역에서 BTS의 의미를 살펴 볼 때, 중동으로 서구문화의 직접 유입이 가져올 문화 충격의 우려로 인해 오히려 BTS가 서구 문화의 대체재로 선호되어 사우디아라비아에서 이례적인 아티스트적 환대를 받게 되었다. 이러한 배경하에 팬덤 형성의 저변이 급속도로 확장되어, 2018년에 마침내 '러브 유어셀프 전 티어(LOVE YOURSELF 轉 Tear)' 앨범으로 빌보드 앨범 차트 1위에 올랐다. 미국 음악전문매체 롤링스톤은 "BTS가 공식적으로 미국 시장을 점령했다"고 발표하였다. 영국 가디언(Guardian)지는 "(BTS의 팬클럽은) 1960년대 비틀스 마니아를 연상시킨다"는 찬사를 보냈다. 영국 BBC마저 BTS를 '21세기 비틀스'라고 표현하기에 이르렀다.[27] [표 1]에 BTS는 이제 여타 아이돌과도 비교되지 않은 색다른 평가를 받게 되었다.

---

27   하재근, 「비틀스에 맞먹는 세계적 영향력의 비결」, 『시사저널』, 2020. 2. 24.
      http://www.sisajournal.com/news/articleView.html?idxno=195827 (검색일:
      2021. 2. 25). 서구 사회의 예술적 관념은, 뮤지션은 자기 음악을 스스로 만들거나
      자기 이야기를 작품에 담아내야 한다는 성향을 갖고 있다. BTS는 아티스트(artist)
      이자 뮤지션으로 인정받아 그동안의 비백인계 아이돌들은 이런 조건에 부합되지
      않았지만, BTS는 바로 서구인들이 아티스트로 인정할 만한 자격을 갖추게 되면
      서, 시각적인 퍼포먼스로 세계 최고 수준의 반열에 속하게 된 것이다.

[표 1] 미국 및 유럽 주요 외신의 BTS 평가

주요 매체	보도 내용	비고
CNN	BTS는 미국을 완전히 무너뜨렸다. 비틀스보다 높은 언어 장벽에도 미국 시장을 뚫은 것 더 큰 성과	미국 언론(방송)
롤링스톤	BTS가 공식적으로 미국 시장을 점령했다	미국 음악평론지, 70만 부 발행 (2018년기준)
BBC	21세기 비틀스이자, 글로벌 팝 센세이션	영국 공영방송
가디언 (Guardian)	BTS는 미국에서 기념비적인 성과를 냈으며, 팝 음악의 얼굴을 바꾸었을 뿐 아니라 서양 음악산업의 최정상에 도달한 첫 한국 그룹	영국 언론(신문)
텔레그라프 (Telegraph)	영어가 아닌 외국어로 노래를 부르는 BTS는 글로벌 팝 센세이션이 되기 위한 모든 규칙을 깼다. 언어와 음악 장르를 부순 팝의 국경없는 미래를 구현하는 것 같았다	영국 언론(신문)
베니티 페어 프랑스 (Vanity Fair France)	BTS는 전 세계를 정복했다. 1960년대에 비틀스가 있다면, 2010년대에는 BTS가 있을 것	프랑스 여성잡지

* 출처: 『시사저널』(2020) 및 저자

WEF(World Economic Forum)의 BTS에 관한 분석은 새로운 함의를 던져 준다. 2018년 12월 WEF는 "BTS의 경우는 언어적 확률로만 따지면 거의 일어날 수 없는 일"이라고 평가하였다. 스페인어와 중국어, 영어 등은 세계에서 가장 많이 쓰이는 언어이지만, 한국어는 10위권에도 들지 않는다. 실제로 한 세기 전만 해도 한국은 문화적, 경제적 고립으로 '은둔의 나라'로 인식되었을 뿐이다. 나아가 "이들의 곡은 한국어로 불리며, 영어 가사는 부분적이다. 그러나 BTS는 올해 세계 음악의 센세이션이 되었다." 나아가 BTS의 성공사례는 밑바닥으로부터의 성공이며, 수많은 팬들이 자발적으로 BTS의 가사를 번역하고 뮤직비디오나 영상에 자막을 올리는 등 팬덤의 뛰어난 도움에 힘입은 결과라고 분석하였다. "쟤들은 영어로 노래 안해?"라고 말했던 미국 기자들이 이제 BTS에 대해 찬사를 던질 만큼 BTS는 기존 아티스트의 언어 프레임을 깨뜨렸다. 기존 규율이 깨뜨려진 공간에 한국어가 언어적 자기 위상을 구축하게 되는 예상치 않았던 성과를 얻게 된 것이다. BTS를 계기로 각국의 자국 언어들이- 세계공통어인 영어가 아니어도- 그 자체로 존중받게 되었고 '다양성이 주요 가치로 인정받는' 시대적 계기가 되었다.[28]

현대경제연구소가 2020년에 밝힌 BTS의 경제효과가 연간 5조 5000억 원에 이른다. 동일한 추세로 갈 경우 10년(2014-2023년)간 경제효과는 생산 유발 효과 41조 8600억 원, 부가가치 유발효과 14조 3000억 원으로 총 56조 1600억 원에 달할 것으로 예상하고 있다. 한국개발연구원(KDI)에 의하면, 평창올림픽의 생산부가가치 유발효과인 41조 6000억 원을 능가하는 경제효과를 가져올 것이라고 밝히고 있다.[29]

히스패닉계 국가의 K-pop은 기본적으로 이국적(exotic) 향취 때문에 언어의 차이에도 불구하고 대체로 대중들의 인기를 얻고 있다. 특히 트위터 등의 SNS 기제는 한국의 K-pop이 대중화되는데 긍정적 기능을 하고 있다.[30] 브라질의 예를 들면, K-pop는 2018년에 다소 하강 추세를 보이다가

28   이지영, 「BTS와 아미는 현 세계를 읽어낼 수 없는 지진계」, 『시사저널』 2020. 2. 25. http://www.sisajournal.com/news/articleView.html?idxno=195999 (검색일: 2022. 2. 25).

29   김종일, 「BTS 경제효과 연 5.5조원」 『시사저널』 2020. 2. 21. http://www.sisajournal.com/news/articleView.html?idxno=196048 (검색일: 2022. 2. 25).

30   Xanat Vargas Meza and Park Han Woo, "Globalization of cultural products:

2019년부터 강한 상승세로 돌아서고 있다. BTS는 2014년, 2015년, 2017년 등 세 차례 상파울루 공연을 실시한 바가 있다. 각각 비아 마르케스(Via Marques), 에스파수 다스 아메리카스(Espaco das Americas), 시티뱅크 홀(Citibank Hall) 등에서 공연을 했는데 BTS가 월드 스타가 되는 계기가 되었다. 2019년에 브라질에서 "귀하께서 한국에 대해서 생각해 본다면, 가장 먼저 떠오르는 것이 무엇입니까?" 라는 설문에 대해 K-pop이 30.8 % 로 가장 높은 비율을 차지하였다.[31] BTS의 두 번째 영어 싱글 〈Butter〉는 2021년 6월 5일을 기화로 6주 연속 빌모드 싱글 차트 Hot 100 1위에 오르는 신기록을 세웠다. 〈Butter〉의 뮤직 비디오도 24시간 만에 1억 820만 건의 조회수를 기록하였다. 북미 캐나다에서 음식 리포터 카렌 류(Karen Liu)의 Watch: The Star's food reporter tries the BTS from McDonald's 라는 제하(題下)에서, 2021년 5월 27일자로 'BTS 세트'라는 맥도날드 한정판 메뉴를 인기리에 판매한 이벤트를 다루고 있다. 실제로 맥도날드의 BTS 세트는 맥도날드가 진출한 총 102개 중 절반 가까이에서 동시에 판매된 성과를 낳았다.[32]

　　북미와 남미에서의 K-pop에 대한 높은 관심과 달리, 유럽의 경우는 국가 마다 그 인기와 선호에 있어 현저한 차이를 나타내고 있다. 영국, 프랑

　　a webometric analysis of K-pop in Spanish-speaking countries」, *Qual Quant*, Vol. 49.

31　　정길화, 「브라질 한류 심층 분석」, 『Hallyu Now』 41권, 2021, 48-49면. 그 다음으로 IT제품 브랜드(8.0%), 북핵위협/전쟁위험지역(6.2%), 경제성장(5.2%), 북한(5.0%)를 차지하고 있다.

32　　Hallyu Now, 「웹툰, 무한한 가능성의 현주소」, 『Hallyu Now』 43집, 2021, 80-81면.

스 혹은 이탈리아와는 달리, 독일의 경우는 예외적으로 "비(非)한류지역"
으로 분류되어 왔다. 한 마디로 그 특이성은 독일의 문화코드의 상이성에
기인한다. 한국과 독일간의 국민성과 멘타리티의 차이에서 비롯된 것이
다. 이군호(2020)의 연구는 상당히 흥미로운 독일의 음악적 배경을 설명해
준다. 한편으로, 독일은 인접 유럽국가에 비해 대중음악 전통의 불모지이
다. 독일에서는 대중음악보다는 고전적 취향이 선호된다. 독일에서는 보수
적 관점에서 예술성과 내면성이 가미된 고급스런 클래식 음악 토양과 전
통이 강하다. 음악, 패션 및 음식 문화 등에서 세월이 변해도 중후한 것을
선호한다. 따라서 한류처럼 세련되고 경쾌한 감각은 이질적인 것으로 보
이거나, 오히려 '뭔가 결핍된 그 어떤 것'으로 간주된다. 다른 한편으로, 한
류 전파가 낮은 이유는 독일 특유의 분권적 국가 운영 시스템이다. 하나의
문화현상에서 국가의 역할이 지대한 것이 보편적인데 비해, 독일의 연방
제 시스템 혹은 지방분권의 문화는 영국/프랑스의 중앙집권적 국가기능
을 기대할 수 없다. 따라서 독일의 수도 베를린 및 여타 문화도시가 추동
력을 발휘하는 문화열풍이 상대적으로 규모나 기능에 있어 미약한 상황이
다. 한 마디로 독일에서는 한류에 관한 관심이 고조되는 성향도 있으나, 문
화력을 기초로 한 한류의 유의미한 실체를 찾기에는 독일 특유의 문화토
양의 속성상 어려운 실정이다.[55]

이에 비해 프랑스, 영국 및 이태리에서는 한류에 대한 유럽인의 환호를
목격할 수 있다. 2019년 6월 1-2일 런던의 방탄 소년단 공연을 앞두고 방

---

33   이군호, 「독일 미디어에 비친 한류: 대중문화 콘텐츠로서의 문제점과 가능성」,
        『한류와 역류: 문화외교의 가능성과 한계』, 한국학중앙연구원, 2020, 188-200면.

탄소년단 팝업스토어 앞에는 하루 평균 2천 명의 팬들이 찾고 있었다. 영국 외에 폴란드, 루마니아 등 유럽 전역에서 건너온 팬들은 BTS의 파워는 음악 이면에 숨은 멧시지때문이라고 강조하였다. BTS 팬덤의 언술의 콘텐츠를 살펴 보면 흥미로운 것이 발견된다.

> 영국 요크셔 출신 / 키키 마르코 비치: "다른 그룹과 방탄 소년
> 단은 정말 다르죠, 젊은 사람에게 영감을 주는
> 가사를 많이 썼어요"
> 영국 런던 출신 / 에밀리 일라이즈: "전 세계에, 특히 미국에 훌
> 륭한 아티스트들이 많지만, 방탄소년단은 달라
> 요. 왜냐면 그들은 사람들에게 자신을 사랑하라
> 고 가르치죠.[34]

[그림 1]에서는 BTS에 관한 프랑스의 국민적 관심은 마크롱 대통령의 트윗터를 통해 새롭게 부각되는 시사적 사건 속에서도 엿볼 수 있다. 프랑스의 경우는 2021년 5월 23일에 프랑스 대통령 마크롱이 자신의 트위터에 "만약 당신이 300유로(한화 약 41만 원)을 쓸 수 있다면 어디에 쓰겠느냐"는 질문과 함께 "책, 음악, 영화, 전시, 콘서트 등 어디에 쓸지 말해 달라"는 글을 게재했다. 이에 이에 BTS 뷰(view)의 사진과 함께 한 사용자는 "BTS 콘서트에 쓰겠다"라고 답하며 "고맙습니다. BTS '버터' 스트리밍해 주세요, 대통령님" 이라고 답변을 달았다. 마크롱 대통령은 이 답변을 리트윗하고,

---

34 박효정, 「'비틀스의 나라' 사로잡은 BTS "그들 음악은 달라요"」 2019. 5. 31. https:// www.yonhapnewstv.co.kr/news/MYH20190531009500038(검색일: 2022. 3. 10).

이어 5000명 이상이 리트윗하며 BTS에 관한 관심을 공유하는 해프닝이 일어났다. 마크롱의 300유로의 언급은 프랑스 국민이 받게 될 문화패스 (Pass Culture) 홍보를 위한 것으로 청소년에게 문화패스 앱을 다운로드하여, 음악회, 연극관람, 박물관 입장, 책과 악기 구매, 예술 강좌 등에 결제할 수 있는 기회 제공의 건이다.[35]

↻ Emmanuel Macron 님이 리트윗했습니다

@line0306

UN CONCERT DE @BTS_twt.
Merciiii 🖤😁 et streamez
#BTS_Butter 🧈 Mr le président
👍😊

트윗 번역하기

 Emmanuel Macron ✔ @EmmanuelM... · 1일
⚑ Officiel du gouvernement - France
Si vous aviez 300 euros à dépenser en livres,
musique, films, expositions ou concerts, là,
maintenant, quel serait votre premier achat ?
Citez ce tweet avec vos réponses.

2021년 05월 21일 · 10:22 오후 · 에
Twitter for Android 앱을 통해

[그림 1] 프랑스 마크롱의 문화패스와 BTS의 인기

---

35   김소연, 〈방탄소년단 버터 스밍해 줘요, 프랑스 대통령 SNS 등장한 BTS〉 2021. 5.
      23. https://www.hankyung.com/international/article/2021052300937 (검색일:
      2022. 3. 25).

이탈리아의 경우는 2020년에 BTS만 다루는 전문 잡지가 나왔다. 이탈리아 잡지사 스프레아(Sprea S.p.A.)는 'BTS'로 명명된 잡지를 론칭(launching)하고 2020년 6월부터 창간호를 발간하였다. 창간호는 80여 페이지의 전면 컬러판으로 격월간으로 발간되는 것으로, 주로 방탄소년단의 사진과 인터뷰 기사로 채우고 있다. 전체 발행 부수는 1천 800만부이며, 온라인 독자도 800만 명에 이르고 있다. 이에 주(駐)이탈리아 한국문화원이 본 매거진 창간을 계기로 스프레아와 협력 방안을 검토중이라는 보도까지 나올 정도이다.[36]

북미와 남미, 그리고 영국, 프랑스, 이탈리아 등에서 한류 중 특히 BTS는 서구 문화의 저항없이 초국적 보편성을 띠며 광범위하게 수용되는 양상을 보이고 있다. 앞서 밝힌 동북아- 특히 중국 혹은 일본처럼-의 민족 감정의 거부감 내지 예민한 문화저항과는 달리, 서구사회는 비서구적 미디어 제국주의의 침투(penetration)에 관해 특별한 저항 의식을 보이지 않는 가운데, 한류는 스스럼없는 확장세를 보이고 있다. 이것은 일시적으로 서구인의 문화적 취향 혹은 비위와 조화되기 때문이라 볼 수 없다. 오히려 혼종성을 넘어 한국적인 것이 글로벌 보편성의 속성을 띠게 되면서, K-pop이 문화 '제국성'의 전환점(transition)에 진입하고 있음을 엿볼 수 있다. 나아가, 동북아 지역의 K-pop을 향한 문화저항과 달리, 서구의 K-pop에 관한 수용은 문화우세종에 대한 급속한 동조현상(synchronization)으로 간주된다. 이것은 한편으로, 지식국가 내지 지식사회가 고도화되는 과정에서

---

36   김예슬, 「이탈리아에서 방탄소년단(BTS)만을 다루는 전문잡지가 나왔다.」『데일리 임팩트』, 2020. 7. 28 (검색일: 2020. 3. 5). https://www.dailyimpact.co.kr/news/articleView.html?idxno=61203

향후 목격될 수 있는 포스트-모던적 '문화접변'의 한 변용(variant)으로 볼 수 있다.

IV. 동남아, 중동지역 및 이슬람권의 한류 접근의 신중성 ─ 몇 가지 사례를 중심으로

동남아 지역, 중동 지역 혹은 이슬람권의 한류 혹은 K-pop 의 지향점에 있어 유의할 것은 한 마디로 문화 접근 방식에 있어 매우 신중할 필요가 있다는 점이다. 한류의 초국적 보편성의 확장세가 별 문제가 되지 않은 서구사회와는 달리, 문화외교를 통한 한류의 권역을 최대화시키려는 강박관념은 상이한 문화권의 가치 충돌의 잠복성이 자칫 분출될 가능성을 안게 마련이다. 특히 종교적 극단주의가 한류에 의한 문화접변을 수반하는 '문화외교'의 형태로 용이하게 극복될 가능성을 믿는 자기 확신은 문화외교의 최대 금기사항이다. 특히 유럽사회가 현재 겪는 '사회정체성'(societal identity)의 의외의 결과, 즉 유럽사회의 다문화주의가 역설적으로 유럽사회를 '분열' 내지 격리(alienation)시키거나, 겟토(ghetto)화되는 결과를 낳은 사실에서 어떤 교훈을 얻어야 할 것이다.

문화가 수용되는 환경의 이해를 위해 지리적 제약을 넘어서 언어, 문화, 관습적 요인들, 그리고 종교 등의 변인들을 간과할 수 없다. 그동안의 한류의 경로는 격렬한 문화적 충돌의 지역은 아니었다. 전 세계 종교 중 이슬람 문화권은 신정정치의 성격으로 나타나기도 하여, 종교 규범이 정치 및 실생활에 적용되는 것이 일상화되는 경향이 강하게 나타나게 되었다. 동남아의 이슬람 문화를 주도하는 인도네시아와 말레이시아는 한류가 고도로 성장한 지역이다. 하지만 이 지역의 한류는 열풍과 비판의 심각한 양면성의 부침(浮沈)을 겪은 곳이다. 2015년 말레이시아에서 개최된 케이팝 그룹의 팬미팅을 둘러싼 논란은 한류를 대하는 양면성이 표출되는 대표적 예이다. 말레이시아 연방이슬람종교부의 반응은 한류의 콘텐츠, 한류 드라마의 남녀간의 애정표현 등이 이슬람에 기초한 법적 규제와 제재를 받을 소지를 시사하고 있다. 타 지역에서도 쟁점화되지 않았던 이슬람 기저 가치의 관점에서 보면, 타지역에서 환호의 대상이었던 한류 혹은 문화우세종으로서의 K-pop 조차 의외로 규제의 대상으로 전락될 소지가 있다.[37]

사우디 아라비아는 이슬람의 2대 성지인 메카와 메디나의 수호국이다. 또한 수니파 이슬람의 종주국으로서 중동 뿐만 아니라 전 세계 이슬람 국가에 큰 영향력을 행사하고 있다. 사우디 아라비아에는 2009-2010년 즈음에 유튜브 채널을 통해 한류가 전달되었다. 놀랍게도 사우디 아라비아는 폐쇄적이고 보수적인 이전의 이미지를 탈피하여 한류에 대한 남다른 관심을 표명하고 수용하기 시작하였다. 하지만 한류를 비롯하여 사우디 사회의 핵심 가치에 반하는 문화는 아직 수용이 불가능하다. 이슬람 이외의 종교적 신념, 특정한 종류의 요리, 밤 문화 등 사우디 사회가 공식적으로 허용하는 법과 제도를 넘어선 한류의 수용은 제약될 수 밖에 없다.[38]

---

37   조소영, 「폐쇄와 개방 사이, 전환기 이슬람 세계의 환류」, 『한류, 다음』, 한국국제문화교류진흥원, 2020, 9-11면.

38   박용석, 「리야드에서 울려 퍼진 케이팝, '사우디 비전 2030'」, 『한류, 다음』, 한국국제문화교류진흥원, 2020, 195-208면.

아랍 에미리트는 중동국가 중에서 상당히 관용적인 국가이다. 아랍 에미리트의 인구 분포는 이주민이 90%를 차지하고 있다. 자국민이 11.48%, 인도인이 27.49%, 파키스탄인이 12.69%, 필리핀인이 5.56%, 이집트인이 4.23%로 구성된 다민족, 다인종, 다문화국가를 형성하고 있다. 이처럼 아랍에미리트에는 자국민보다 다양한 지역 출신의 이주민이 더 많고, 그중 서구와 동남아 출신이 한류의 주요 소비자를 구성한다. 이곳에서 한류에 관한 긍정적 측면 이외에 한류가 '지나치게 상업적'(25.5%), '획일적이고 식상하며'(25.5%), '지나치게 자극적이고 선정적'(20.9%)이라는 부정적 시각도 있다. 이러한 판단의 기준은 아랍 에미리트의 종교 전통 및 문화와 관련된 것이어서, 여타 지역의 한류에 관한 평가 범주와는 차별성이 있음을 주지해야할 것이다.[39]

이집트와 이란은 세속주의에 비해 이슬람주의가 강한 국가들이다. 이집트는 사우디 아라비아, 아랍 에미리트 등의 산유국에 비해 경제적으로 뒤쳐져 있지만 아랍세계 내의 문화적 영향력 면에서 중심국가의 위치를 점하고 있다. 아랍 문화의 핵심지역이라는 맥락에서 한류는 이질적 문화의 도전으로 비칠 수 밖에 없다. 혹자는 그것이 기회가 될 수 있다고 하나, 종교적 색채가 강한 이슬람주의의 문화외교는 오히려 정치적 대결의 국면으로 전환될 수 있다. 한 마디로 이집트 및 이란의 '이슬람주의'의 도전을 한류의 '세속주의'적 응전으로 감당할 수 있는 것인가? 이집트 및 이란의 이러한 특징으로 인해 인접국인 튀니지, 리비아, 알제리 등지에서도 이

---

39   엄익란, 「중동 엔터테인먼트의 중심지, 아랍에미리트의 한류」, 『한류, 다음』 한국국제문화교류진흥원, 2020, 222-223면, 238-241면.

슬람주의와 세속주의 간의 종교적 충돌의 외연이 확대될 소지를 안고 있다. 특히 이집트의 무슬림형제단 문제로 중동의 이슬람권은 양분화되어 있다.[40] 이집트를 비롯하여 중동 무슬림 세계로 한류가 안착하려는 프로젝트는 단순히 소프트파워에 근거한 문화외교 접근으로 실현 가능할 것인지 의문이다.

이처럼 중동권를 향한 한류의 접근은 해당 지역의 종교적 신념과의 잠재된 갈등의 여지를 최소화시키려는 전략에 더 초점을 맞추어야 할 것이다. 현재 K-pop 및 한류가 중동 혹은 무슬림권의 이슬람주의 핵심 가치와 충돌의 여지가 있으므로, '공세적'(assertive) 문화외교 방식보다는 '예방적'(preventive) 문화외교의 방식에 촛점을 맞추어야 할 것이다.

V. 맺는말

문화외교에 의한 한류의 확장성을 기한다는 것은 문화외교라는 가치중립적(value-free) 정책을 무분별하게 지향해야 한다는 것을 의미하지 않는다. 문화외교의 진전은 타국의 문화와 충돌할 잠복성을 동시에 안고 있는 것이다. 방탄소년단(BTS)을 위시한 K-pop은 초국적 보편성을 지닌 문화력으로 글로벌 감성을 이끌면서 '탈주변, 탈아시아적' 문화, 즉 '초국적 보

---

40   박현도, 「아랍 문화의 중심지 이집트, 한류의 가능성」, 한국문화국제교류진흥원 편 『한류, 다음』, 한국국제문화교류진흥원, 2020, 312-321면; 유달승, 「이란의 문화외교 연구: 이란과 시리아의 사례연구」, 『국제문제연구』 제9권 3호, 126-131면.

김두진 | 한류의 초국적 보편성과 문화외교의 재인식   **257**

편성'의 속성을 드러내기 시작하였다. 어떤 이유든 한류는 아시아 및 서구 나라마다- 이슬람 권 등에서 – 개별 국가 선호에 따라 제각각의 방식으로 해석되는 가운데 수용의 변인은 천차만별로 나타난다.

본 연구에서는 한류의 문화 외교는 적용 과정에서 지역별(regional)- 동북아, 유럽, 동남아, 이슬람권 등- 및 국가에 따라 "다르게 적용"되어야 함을 주장하고자 한다. 무엇보다 현 단계에서는 한류의 문화력을 바탕으로 '보편적' 문화외교 형식의 개입은 금기 사항이다. 문화외교 라는 외피는 한류를 위해 단기적 이익에는 유리하다. 하지만 장기적으로는 '기획된' 문화외교의 시도보다는 한류의 경쟁력에 기초한 "시장주의"를 지향해야 할 것이다.

동북아 중 중국과 일본의 한류는 지리적 인접으로 인해 빠른 시간 내에 한류의 공감대와 팬덤 형식의 긍정적 반응을 얻어 낼 수 있었다. 반면에, 삼국간의 문화적·민족적 이질성 때문에, 한류의 '문화 제국주의'에 대한 경계심과 역류를 드러내는 이중성(ambiguity)이 잠재되어 있다. 한류에 관한 홍콩 혹은 대만의 특유한 수용성은 동남아로의 한류 확장성에 긍정적 모멘트로 기능할 것으로 본다.

북미와 남미, 그리고 영국, 프랑스, 이탈리아 등에서 한류 중 특히 BTS는 서구 문화의 저항없이 초국적 보편성을 띠며 광범위하게 수용되는 양태를 보이고 있다. 한류에 관한한 서구사회는 비서구적 미디어 제국주의의 침투(penetration)에 관해 아직까지는 강한 저항 의식없이 한류는 스스럼없는 확장세를 보이고 있다. K-pop 은 현재 문화 '제국성'의 전환점(transition)에 진입하고 있다. 서구의 K-pop에 관한 수용은 문화우세종에 대한 급속한 동조현상(synchronization)의 한 유형으로서, 지식사회의 고도화 과정에서 예외적으로 보이는 (anormally) '문화접변'의 포스트-모던적 변용(variant)이다.

무슬림권의 이집트와 이란은 세속주의에 비해 이슬람주의가 강한 국가들이다. 이슬람주의의 이집트 및 이란을 향한 한류의 접근은 한류를 겨냥한 '이슬람주의'의 도전을 한류의 '세속주의'적 응전으로 가능할 것인가에 대해 의문점을 던져 준다. 현재 K-pop 및 한류가 중동 혹은 무슬림권의 이슬람주의 핵심 가치와 충돌의 여지가 예상되므로, '공세적'(assertive) 문화외교보다는 '예방적'(preventive) 문화외교의 방식을 신중히 고려해야 할 것이다. 한마디로 K-pop을 위시한 한류의 확장성의 시도는 기본적으로 세계 '시장주의'에 기초하는 것이 합리적 선택이다. 한류의 성공을 문화제국주의의 전략적 장점에 기초하려는데 목표를 두려는 과욕보다는 작금의 성공 사례의 지속성을 견지할 수 있는 '방어적'- 수성(守城)의- 문화제국주의를 신중히 고려할 필요가 있다. 문화 우세종에 '필승' 혹은 '완승'이란 없다. 문화 제국주의는 '기획'에 의해 그 제국성(imperialness)을 이어갈 수 없다. 미래 문화를 장악할 악마의 '디테일'은 신(God) 외에 아무도 알 수 없다.

1. 단행본

강준만, 『한류의 역사: 김시스터즈로부터 BTS까지』, 인물과사상사, 2020.
Mann, Thomas, *Kultur und Politik*, in Gesammelte Werke XII, Frankfurter Ausgabe, Hrg. von Peter de Mendelssohn, 1939.

2. 논문

김두진, 「영국 내 케이팝의 위상:코리안 인베이전의 가능성」, 『한류와 역류: 문화외교의 가능성과 한계』, 한국학중앙연구원, 2020.
_____·조진구, 「중국 반한류의 성격과 정치경제적 파장」, 『한류와 역류: 문화외교의 가능성과 한계』, 한국학중앙연구원, 2020.
김성민, 「'쿨재팬 전략'과 일본의 문화내셔널리즘」, 『한류, 다음』, 한국국제문화교류진흥원, 2019.
김소연, 「방탄소년단 버터 스밍해 줘요, 프랑스 대통령 SNS 등장한 BTS」 2021. 5. 23. https://www.hankyung.com/international/article/ 2021052300937 (검색일: 2022. 3. 25.)
김성혜, 「한류의 양가성: 담론적 구성물로서의 한류」, 『음악이론연구』 제26집, 2016.
김예슬, 「이탈리아에서 방탄소년단(BTS)만을 다루는 전문잡지가 나왔다」, 『데일리 임팩트』, 2020. https://www.dailyimpact.co.kr/news/ articleView.html?idxno=61203 (검색일: 2020. 3. 5.)
김은희, 「중국의 시선에서 '한류'를 논하다」, 『담론』 15집 4호, 2012.
김정수, 「탈바꿈의 문화행정」, 『한류에서 교류로』, 한국국제문화교류진흥원, 2020.
김종일, 「BTS 경제효과 연 5.5조원」, 『시사저널』, 2020. 2. 21. http:// www.sisajournal.com/news/articleView.html?idxno=196048 (검색일: 2022. 2. 25.)
박병석, 「소통과 공존의 공공외교: 독일 문화외교의 '콘셉트 2000'을 중심으로」, 『국가안보와 전략』 제9권 3호, 2009.
박병선, 「대만 문화 혁신과 콘텐츠 사업 발전의 새방향: 문화콘텐츠책진원의 설립과 함의」,『한류, 다음』, 한국국제문화교류진흥원, 2019.

박용석, 「리야드에서 울려 퍼진 케이팝, '사우디 비전 2030.'」,『한류, 다음』, 한국국제문화교류진흥원, 2020.

박효정, 「'비틀스의 나라' 사로잡은 BTS "그들 음악은 달라요"」, 2019. 5. 31. https://www.yonhapnewstv.co.kr/news/MYH20190531009500038 (검색일: 2022. 3. 10.)

박장순·변동현, 「한류의 신화 구조와 문화 이데올로기」,『한국디자인포럼』 27집, 2010.

박현도, 「아랍 문화의 중심지 이집트, 한류의 가능성」,『한류, 다음』, 한국국제문화교류진흥원, 2020.

엄익란, 「중동 엔터테인먼트의 중심지, 아랍에미리트의 한류」,『한류, 다음』, 한국국제문화교류진흥원, 2020.

유달승, 「이란의 문화외교 연구: 이란과 시리아의 사례연구」,『국제문제연구』 제9권 3호.

이군호, 「독일 미디어에 비친 한류: 대중문화 콘텐츠로서의 문제점과 가능성」,『한류와 역류: 문화외교의 가능성과 한계』, 한국학중앙연구원, 2020.

이민자, 「중국식 인터넷 문화: 민족주의 담론 분석」,『현대중국연구』 제20집 2호.

이지영, 「BTS와 아미는 현 세계를 읽어낼 수 없는 지진계」,『시사저널』, 2020. 2. 25. http://www.sisajournal.com/news/articleView.html?idxno=195999 (검색일: 2022. 2. 25.)

임영언·임온규, 「한류문화를 통한 한국이미지 변용에 관한 연구」,『일어일문학연구』 제84집, 2013.

엄익란, 「중동 엔터테인먼트의 중심지, 아랍에미리트의 한류」,『한류, 다음』, 한국국제문화교류진흥원, 2020.

임대근, 「중국 한류 체증의 돌파구, 어디에 있나」,『한류, 다음』, 한국국제문화교류진흥원, 2019.

정길화, 「브라질 한류 심층 분석」,『Hallyu Now』 41권, 2021.

정주신, 「K-pop 의 미국 진출 전략과 빌보드 점령과정: BTS를 중심으로」,『대중음악』 28집 1호, 2021.

조규헌, 「글로컬 문화로서 일본 한류에 관한 소고: 문화사적 계보와 가능성」,『일본문화연구』 제69집, 2019.

진경지, 「'한류' 용어의 어원 및 대만 한류 발전에 대한 고찰」,『동아시아문화연구』 77호, 2019.

진종헌·박순찬, 「한류의 문화지리학: 한류의 지리적 재편과 문화담론의 재구성에 대한 시론」,『문화역사지리』 제25권 제3호, 2013.

하재근, 「비틀스에 맞먹는 세계적 영향력의 비결」,『시사저널』 2020. 2. 24. http://

www.sisajournal.com/news/articleView.html?idxno=195827 (검색일: 2021. 2. 25.)

한영균, 「일본 내 한류의 현황과 한일관계: 한류의 문화외교 기능을 중심으로」, 『국제학논총』 제32집, 2020.

홍석경, 「방탄소년단이 연 새로운 연대정치의 공간」, 한국문화국제교류진흥원 편 『한류에서 교류로』, 한국국제문화교류진흥원, 2020.

Hallyu Now, 「웹툰, 무한한 가능성의 현주소」, 『Hallyu Now』 43집, 2021.

Meza, Xanat Vargas and Park Han Woo, "Globalization of cultural products: a webometric analysis of K-pop in Spanish-speaking countries." *Qual Quant*, Vol. 49.

Thelen, Kathleen, "How Institutions Evolve: Insights from Comparative-Historical Analysis." in James Mahoney and Dietrich Rueschmeyers (eds) *Comparative Analysis in the Social Science*, New York: Cambridge University Press.

배소영

한류콘텐츠와 한국유학, 그리고 한국관광
—문화적 친근성 개념을 중심으로

Ⅰ. 머리말

지난 2022년 1월에 열린 제79회 골든글로브 시상식에서 넷플릭스(Netflix) 오리지널 드라마 '오징어 게임'이 총 3개 분야에 후보로 올랐고, 남우조연상 수상이라는 쾌거를 이루었다. 비영어권 작품에 인색한 것으로 알려진 골든글로브에서의 성과는 오스카 영화제에서 외국어 영화 최초로 작품상을 받은 '기생충,' 아시아에서 두 번째로 여우조연상 수상 기회를 얻은 '미나리'에 이어 한국 콘텐츠의 위상을 다시금 입증했다. 한국문화는 그동안 소수 문화로 여겨져 왔으나, 최근 드라마, 영화, 음악 등 한류콘텐츠의 성공에 힘입어 세계 속 주류문화로서 자리매김했다.

한류는 한국의 문화적 위상을 드높일 뿐 아니라 음식, 의류, 화장품 등의 소비를 촉진하고, 문화상품 수출 및 관광산업의 발전에도 기여해왔다. 소비자들은 어떠한 문화가 담긴 콘텐츠를 접할 때 점차적으로 해당 국가에 끈끈한 연결과 공감을 느끼게 되기 때문이다. 이를 통해 형성된 문화적 친근성(cultural affinity)을 기반으로 해당 국가의 문화 전반에 관심과 애정을 가지게 되며 여행을 떠나기도 한다(World Tourism Organization[UNWTO] & Netflix, 2021). 특히 한류콘텐츠는 여행과 같은 일시적인 체류뿐 아니라 유학을 결심하게 하는 주요한 동기가 되고 있다(황경아·홍지아, 2018).

2021년 한 해 동안 한국에는 152,281명의 유학생이 체류했다(한국교육개발원, 2021). 특히 학위과정 유학생 수는 2014년 이후 꾸준히 증가하여 2021년에는 전년대비 약 7천여 명이 증가한 120,018명으로 역대 최고치를 기록했다. 한국이 국제 교육시장의 새로운 허브로 평가될 만큼 성장을 거듭한 원인으로는 정부의 노력과 한류 열풍이 거론된다(Jung, 2020). 한류가 확산됨에 따라 재한 외국인 유학생들의 국적 또한 다양해지고 있다(Kang, 2018).

유학생은 유학국에 경제·사회·문화적 영향을 미친다. 유학생은 유학국에서 교육비 및 생활비를 지출할 뿐 아니라, 고급인력으로 근무하며 경제적 이익을 창출한다. 또한, 유학생들을 만나기 위해 모국에서 친구와 가족들이 방문하게 되고, 유학생 자신도 유학 중에 현지 여행을 떠나면서 관광산업에도 기여한다(Bae & Song, 2017). 특히 유학생은 양국의 언어와 문화에 익숙하므로 졸업 후에는 모국과 유학 국가 간 매개 역할을 하며 여행 및 무역, 외교 관계를 강화하는 데 직·간접적으로 도움을 준다(Oleksiyenko et al., 2021).

한국은 싱가포르, 대만, 홍콩과 더불어, 유학생 배출을 통해 지식경제(knowledge economies)를 창출하고 국제교류 및 협력을 이끄는 '아시아의 호랑이(Asian tiger)'로 일컬어져 왔다(Oleksiyenko et al., 2021). 그러나 한류의 확산이 지니는 영향력에도 불구하고 한류가 유학의사결정으로 이어지는 과정에 관해 조명한 연구는 드물다. 이 글에서는 문화적 친근성 개념을 바탕으로 외국인들의 한류콘텐츠 접촉과 한국유학, 그리고 한국관광 간의 관계를 조명해보고자 한다. 특히 (1) 외국인들의 한류콘텐츠 접촉에서 유학의사결정에 이르는 과정은 어떠한지, (2) 한국유학 중에 이들이 형성하는 한국 및 한국문화와의 관계는 어떠한지를 살펴보고 한국관광과 연계된 시사점을 도출할 것이다.

II. 한류, 문화적 친근성, 그리고 외국인 유학생

한류(韓流, Korean wave)는 한국의 대중문화가 세계적으로 확산되는 현상을 의미한다. 초기 한류는 아시아 국가에서 드라마, 영화를 중심으로 소수 마니아들의 호응을 얻었으나, 이후 2000년대 중반부터 K-pop의 인기 및 소셜미디어 이용의 급증에 힘입어 폭넓게 확대됐다. 그리고 2010년대를 지나면서 한국의 대중문화를 넘어 한국의 제품 및 순수 문화 등 한국의 전반적인 문화가 전 세계 속에서 인기를 얻게 됐다. 지난 2020년 문화체육관광부는 '신(新)한류 진흥정책'을 통해 한류를 'K-Culture'라고 공식적으로 칭하기 시작했으며, 한류콘텐츠의 다변화, 연계산업 성장 견인, 지속적인 한류 확산을 위한 기틀 마련을 위해 노력하고 있다(관계부처 합동, 2020).

한류는 드라마와 K-POP 뿐만 아니라 음악, 음식, 패션, 뷰티는 물론 게임, 애니메이션, 웹툰, 웹소설, 웹드라마 등 온라인 기반의 웹콘텐츠까지 그 범위를 확장하며 진화해왔다. 최근 나타나는 한류의 가장 큰 특징은 방송국, 연예기획사, 아티스트가 아닌 수용자에 의해서 콘텐츠가 자발적으로 확산되고 있다는 점이다(윤여광, 2019). 한류 팬들이 생산적인 수용자(prosumer), 즉 문화매개자가 되어 디지털에 기반한 초국가 단위의 팬덤 활동으로 한류 확산에 기여하고 있다(Chang & Park, 2019). 이에 힘입어 한류는 콘텐츠 수출효과, 타 산업과 수출 연계 효과, 관광 효과 등 다양한 경제적 파급효과를 창출하고 있으며, 한류연구의 대상 또한 동아시아에서 세계 각국으로 확대되고 있다(홍석경·박대민·박소정, 2017).

한편, 문화적 친근성이란 문화적 유사성이나 공통성에 기반하여 특정 대상 또는 인물을 좋아하거나 친근함을 느끼는 것을 의미한다(UNWTO & Netflix, 2021). 문화적 친근성은 국가 간 관계 마케팅에서 심리적 거리를 줄일 수 있는 핵심 요소로 알려져 왔는데(Conway & Swift, 2000), 최근 Netflix와 세계관광기구(UNWTO)는 이를 영상콘텐츠와 관광의 맥락에서 연구한 보고서를 발표했다(UNWTO & Netflix, 2021). TV 프로그램이나 영화를 보는 시청자들은 영상물의 배경이 되는 특정 문화나 국가를 접했을 때 문화적인 공통성을 발견하게 되고, 해당 지역과 문화에 대한 끈끈한 연결과 공감, 존경을 느낀다. 이러한 과정에서 형성되는 문화적 친근성을 바탕으로 음악이나 문학작품, 음식, 패션, 언어 등의 다양한 문화영역에 폭넓은 애정을 가지게 되며, 궁극적으로 문화적 관심에 근간한 지속가능한 여행수요를 창출하게 되는 것이다.

그동안 관광연구에서는 콘텐츠에 기반한 관광을 콘텐츠 관광 또는 영화관광(film-induced tourism)으로 칭하며, 영상콘텐츠가 여행의 주요한 동기가 될 수 있음을 시사했다(Rattanaphinanchai & Rittichainuwat, 2018).

예를 들어, 드라마 '왕좌의 게임'의 배경인 크로아티아 두브로브니크(Dubrovnik)는 스크린 관광의 대표적인 수혜자로, 오버투어리즘을 염려할 만큼 관광객 수가 급증했다(Li et al., 2021). 한류콘텐츠의 영향으로 드라마 '가을동화'의 촬영지 남이섬 또한 일본 한류 팬들의 해외 관광지로 인기를 얻은 바 있으며, 최근 BTS 등 K-pop 스타들의 뮤직비디오 촬영지 방문을 위해 해외 팬들이 적극적으로 한국을 찾기도 한다. 실제로 2019년 외래 관광객의 약 23.3%는 K-pop과 한류 체험을 위해 한국을 방문했다(Statista, 2021). 연구자들은 한류콘텐츠가 일시적 이동인 관광은 물론 일정기간의 거주를 동반하는 유학에도 영향을 미친다고 했다(황경아·홍지아, 2018). 세계의 한류 소비자들은 콘텐츠를 더욱 생생하게 이해하기 위해 한국어를 배우거나, 한류의 배경이 되는 한국을 직접 경험하고자 한국으로 유학을 떠나고 있다(문효진, 2014).

유학생은 학업을 목적으로 본국을 떠나 다른 나라로 이주한 사람을 의미한다(OECD, 2021). 유학은 학생 개인의 능력 함양뿐 아니라 유학국에 경제·문화·사회적 영향을 미친다. 예를 들어, 유학생들은 유학국에 등록금 및 생활비 등의 직접 소비를 창출하고, 사회문화적 다양성에 기여한다. 또한 유학생들은 유학국에서 여가 및 여행을 즐기며, 가족과 지인 방문을 촉진하는 등 관광산업에서도 중요한 매개자의 역할을 한다.

현재 대다수의 외국인 유학생들은 MZ세대로 분류된다. 이들은 디지털 환경에 친숙한 디지털 세대로 소셜 네트워크를 통해 자신의 경험을 공유하고, 유튜브(YouTube), 틱톡(TikTok) 등 비디오 플랫폼을 통한 영상콘텐츠 소비를 즐기며, 현대사회의 소비·문화 트렌드를 주도하고 있다. 또한 이들은 자유분방하고 변화를 두려워하지 않으며 문화적 다양성을 폭넓게 수용한다(Kane, 2017). 이는 유학의사결정에서 학문적 성취가 아닌 문화적 경험을 더욱 중시하는 경향으로도 나타나고 있다.

한국유학을 선택하는 외국인 유학생들은 영상 콘텐츠에 대한 높은 관심과 타 문화에 대한 포용력 측면에서 MZ세대의 전형을 보여준다. 특히 유학생은 유학국과 자국의 양국 문화에 익숙하기 때문에, MZ세대의 특성이 더해질 때 매개자로서의 영향력이 더욱 크게 나타날 수 있다. 이 글에서는 외국인유학생이 지니는 입지적 중요성을 바탕으로 이들의 한국유학 의사결정을 한류와의 연결성 속에서 심층적으로 탐구하고, 한국관광 맥락에서의 전략적 시사점을 도출하고자 한다.

Ⅲ. 자료수집 및 분석절차

이 글에서는 구성주의적 관점(constructivism)을 채택하여 해석적·귀납적 방법으로 연구문제에 접근했다. 본 연구는 한국에서 유학을 목적으로 거주하고 있는 외국인 유학생을 연구대상으로 선정하여, [표 1]에 제시한 인터뷰 가이드를 바탕으로 반구조화된 심층인터뷰(semi-structured in-depth interview)를 실시했다. 인터뷰는 2021년 11월 17일부터 12월 27일까지 약 6주에 걸쳐 수행했으며, 연구참여자는 의도적표집(purposive sampling)과 준거지향표집(criterion-based sampling) 방식을 사용하여 모집했다. 인터뷰 대상자 수는 사전에 정해두지 않았고, 인터뷰를 진행하면서 새로운 결과가 추가로 도출되지 않는 시점, 즉 포화점에 도달할 때까지 인터뷰를 수행했다.

[표 1] 인터뷰 가이드

구분	질문
한국문화 수용 및 유학 의사결정과정	한국을 처음 알게 된 계기는 무엇인가? 한국에 더욱 적극적인 관심을 가지게 된 과정은 어떠했는가? 한국유학을 결정하게 된 과정 및 기대하는 바는 어떠했는가?
모국인들의 한국에 대한 인식 및 한류 수용현황	모국인들이 주로 즐겨하는 여가 및 문화 활동은 무엇인가? 모국인들의 한국에 대한 이미지와 호감도는 어떠한가? 모국에서 나타나는 한류의 영향은 어떠한가? 모국에서 주로 접하는 한류콘텐츠는 무엇인가?
한국에서 경험하는 한류	한국에서의 일상 및 유학생활은 어떠한가? 기존에 한류콘텐츠를 통해 형성된 한국의 이미지가 달라졌는가? 한국에서의 경험에 관해 모국 사람들과 공유하는가?
한국·한국문화와의 관계	나에게 한국은 어떠한 의미인가? 나에게 한국문화(한류)는 어떠한 의미인가?

그 결과, [표 2]와 같이 총 10명의 연구참여자를 대상으로 자료를 수집했다. 인터뷰에 앞서 자발적 참여와 익명성에 대한 고지를 포함한 연구참여 동의를 구했으며, 연구참여자의 여건과 코로나19로 인한 상황을 고려하여 대면·비대면 인터뷰를 병행했다. 인터뷰는 약 45-90분가량 소요됐고, 연구참여자가 선호하는 언어(한국어 또는 영어)로 진행됐다. 일부 참여자는 한국어와 영어를 함께 사용하기도 했다. 인터뷰 내용은 사전동의 하에 모두 녹음했고, 인터뷰 수행 후 즉시 전사 작업을 진행했다.

연구참여자 10인은 한국과 비교적 인접한 중국, 일본, 베트남, 인도네시아, 말레이시아 등의 국적, 그리고 비교적 문화적·지리적 거리가 먼 브라질, 불가리아, 이탈리아, 러시아 등의 국적을 고루 포함했다. 성별은 여성의 비중이 훨씬 높았고 연령은 만 22~29세였으며, 한국 거주기간은 평균 2년 5개월이었다.

[표 2] 연구참여자의 특성

ID	국적	성별	출생 년도	한국 거주기간	학위 과정	유학 전 한국방문 경험	인터뷰 방법	인터뷰 주언어
R1	브라질	여	1992	3년 10개월	대학원	있음	대면	영어
R2	불가리아	여	1995	2년 3개월	대학원	없음	대면	영어
R3	이탈리아	여	1992	1년 8개월	대학원	있음	대면	한국어
R4	베트남	여	1998	3년 10개월	학부	없음	비대면	한국어
R5	말레이시아	여	2000	10개월	학부	없음	대면	영어
R6	러시아	여	1997	2년 4개월	학부	있음	대면	한국어
R7	인도네시아	여	1998	3년 4개월	학부	있음	비대면	영어
R8	중국	남	1997	1년 3개월	대학원	있음	비대면	한국어
R9	인도네시아	여	1997	3년 4개월	대학원	있음	비대면	한국어
R10	일본	여	1999	3년 9개월	학부	없음	대면	한국어

수집한 자료는 Braun & Clarke(2006)의 주제별 분석법(thematic analysis)을 통해 분석했다. 주제별 분석법은 귀납적인 관점에서 주어진 자료로부터 의미를 찾아가는 방법으로, 자료에서 특징을 발견하고 공통된 주제를 파악하는 과정을 반복하여 주어진 자료를 구조화하게 된다. 우선 충분한 시간을 거쳐 전사된 질적자료를 반복해서 읽으면서 전체 자료에 익숙해졌고, 주요한 패턴을 메모했다. 다음으로 이와 같은 패턴을 중심으로 71개의 초기 코드를 파악했고, 코드들을 분석·비교·결합하여 12개의 하위 코드와 5개의 상위 코드, 2개의 주제를 도출했다. 도출된 주제를 검토하는 과정에서 각 주제에 포함된 자료들이 논리적 일관성을 유지하는지 살펴본 후, 각 주제의 분석 깊이가 동일한지 확인했다. 다음으로 연구문제를

바탕으로 각 주제에 대해 정의 및 명명했으며, 최종적으로 결과작성 과정을 통해 각 주제에 대한 연구자의 해석을 제시했다.

Ⅳ. 분석결과[1]

1. 한류콘텐츠 접촉에서 유학의사결정으로의 과정

1) 한류콘텐츠 접촉을 통한 한국 및 한국문화 인지

연구참여자들은 주로 청소년기를 지나며 친구와 가족, 지인 등을 통해 한류콘텐츠를 처음 접하게 됐고, 이는 한국 및 한국문화를 인지하는 중요한 계기가 됐다. 참여자 다수는 한국문화에 앞서 일본문화에 먼저 관심을 가지고 있었으나, K-pop과 K-드라마 등을 통해 한국문화에 호감을 느꼈다. 이들은 과거를 회상하며, 당시에는 한국문화가 소수문화였지만 시간이 흐르며 점차 큰 인기를 얻기 시작했고, 현재 한류는 단연 주류문화 중 하나라고 말했다.

> 처음 한국을 알게 된 것은 수업에서 한국에 대해 배울 때였던 것 같아요. 정말 자세히 알게 된 것은 드라마 〈꽃보다 남자〉를 통해

---

[1] 분석 결과에 포함된 모든 인용문은 원활한 의미 파악을 위해 최소한의 오류수정만을 거친 원문이며, 생생하고 명확한 전달을 위해 내용을 번역하지 않고, 인터뷰를 수행한 언어(영어 또는 한국어)를 그대로 사용함.

서였어요. (R7)

할머니와 할아버지께서 부산여행 가시는 걸 되게 좋아하셨어요. 그때마다 진짜 이야기를 많이 들려주셨거든요. 한국어에 대한 관심도 그때부터 시작했던 것 같아요. 그런 환경에서 살다보니까, 한국에 대한 정보도 얻고 싶고 해서 스스로 막 할머니랑 같이 사극 드라마 그런 것 되게 많이 봤어요. (R10)

This Korea or Korean culture used to be a very, very minor culture. But now they (Brazilians) actually are aware of this Korea or Korean concert, even the general public. It has become one of the major pop culture. (R1)

연구참여자들은 자국의 대중문화에 대해 큰 매력을 느끼지 못했다. 그들은 자국 문화콘텐츠의 내용이 선정적이거나 주제가 협소하여 흥미를 느끼기 어렵다고 했다. 반면, 한류콘텐츠는 완성도가 높고 자신의 연령대에 적합한 주제를 다루고 있어 더욱 재미있고 몰입하기 쉽다고 평가했다. 예를 들어 연구참여자 7에 의하면, 자국의 노래는 대부분 사랑을 주제로 하고 있어 흥미를 못 느꼈지만, 한류 아이돌의 노래는 20대의 어려움을 겪고 있는 자신에게 도움이 됐다고 말했다.

If you watch some music video, they're like porno to me. The singers are very naked and they are just dancing like this. I don't like this because it doesn't have anything to make me interested to enjoy the music itself or watch the video. (R2)

(인도네시아는) 대부분 사랑에 대한 노래만 있는 것 같아요. 제가 20대잖아요. 세븐틴은 20대의 힘듦과 어려움을 이겨낼 수 있도록 도와주는 가사를 많이 썼어요. (R7)

2) K-콘텐츠 소비 및 한국어에 관한 관심 증대

연구참여자들은 K-pop이나 K-드라마 등의 콘텐츠를 최초로 접한 후 일회성 소비에 그치지 않고 콘텐츠 소비 범위를 확장하며 한류에 관한 관심을 키워나갔다. 예를 들어 K-pop을 통해 한류를 접한 후 한국 역사에 흥미를 느껴 조선왕조에 관한 드라마를 보거나 아이돌이 출연한 음악방송이나 예능 프로그램을 적극적으로 찾아보았다. 연구참여자 중 일부는 콘텐츠 소비를 지속하면서 특정 가수의 팬으로 발전했고, 콘서트에 참석하기 위해 국경을 넘기도 했다.

So I started listening to K-pop first. But with the time, I began having interest in learning about Korean history because I really like history. So I started watching Korean dramas and I was watching Korean dramas to remember some period from Joseon dynasty or before. (R2)

I went to the concerts in Brazil for Super Junior. I went to Chile for JYJ. Oh my God, just to see the concert, Father. (R1)

고등학교 때 슈퍼주니어라는 가수들이 프랑스에 왔어요. 콘서트 하려고. 너무 좋아서 거기 갔어요. (⋯) 계속 듣고 계속 보고 너무 좋고⋯ 나중에 슈퍼주니어 다시 온 거예요. 첫 번째는 SM 타운, SM 거기 회사가 보아, 동방신기 샤이니도 다 보내고, 두 번째는 슈퍼주니어만 왔어요. (R3)

한류콘텐츠에 관한 관심과 애정은 한국어에 관한 관심으로 이어졌다. 다수의 참여자는 K-pop 가사나 K-드라마 대사를 원어로 이해하고 싶어서 한국어를 배우기 시작했다고 말했다. 한국 드라마를 보면서 자연스럽게 한국어를 익히거나, 한국어 어학당이나 관련 학원을 통해 한국어 학습을 이어갔고, 일부 연구참여자는 한국 관광객들에게 숙소를 제공하면서 언어교환을 하기도 했다. 한국어대회에 참가하여 수상하고, 대학진학 시 한국 관련 전공을 선택하기도 했다.

Actually at some point I was listening to Korean music just to learn the language. I still enjoyed it, but I was learning new words, new grammar structures. I was reading Korean poetry. (R2)

한국문화에 대해 계속 들어보는데 못 알아들어요. 그래서 이제 그 슈퍼주니어의 노래 가사를 그냥 외우는 거예요. 그래서 혼자서 한글 배웠어요. 고등학교 때 수업 쉬는 시간에 그것만 외웠어요. 그거 너무 좋아했어요. (⋯) 베니스는 관광도시잖아요. 베니스에 오는 한국 사람한테 우리 집에 초대하고 숙소를 주고 대신 돈 받지 않고 그냥 언어교환 했었어요. (R3)

드라마를 볼 때 처음에는 러시아어 자막이 있는 것만 봤어요. 그런데 계속 자막을 또 기다려야 되니까 빨리 한국어 배우고 싶었어요. 다음에는 자막이 없어도 그냥 이해하려고 혼자 이해하려고 노력을 했었어요. 드라마를 보다가 영상을 멈추고 단어를 찾고 그랬어요. 이때 완전 열심히 했었어요. (R6)

3) 한국방문 및 유학결정

연구참여자들은 한류콘텐츠를 통해 한국을 알게 되고 한국어와 한국문화에 익숙해지면서, 한국을 직접 방문하고 싶은 열망을 강하게 느꼈다. K-pop, K-드라마를 포함하여, 한국의 일상문화를 현지에서 직접 경험하고 싶었기 때문이다. 연구참여자의 절반 정도는 유학 이전 한국방문 경험이 있었다. 지역사회에서 열린 한국어대회에 참가 후 입상하여 받은 한국행 항공권을 통해 한국으로 여행을 가거나, 한국어 말하기 시험을 준비한 후 여러 재정지원 프로그램을 통해 어학연수를 다녀갔다.

I love the K-pop idol group. Because of that, I chose to come to study in Korea to get the experience and all in the drama, everything. (R5)

한국으로 가야겠다라고 했어요. 왜냐하면 제가 한국어학과라서 선배들이 저한테 정부 장학금 말했어요. 저도 한국에 가고 정부 장학금 받고 한국에 가고 싶어요. 그런 마음이 들었어요. 한국에 꼭 가야된다고 생각했어요. 그 가수들이랑 가까이 있고 싶어서 콘서트도 자주 갈 수 있게요. (R7)

저희 도시에서 한국어 말하기 대회를 열었어요. 참가했는데 우연히 1등이 된 거예요. 근데 상금이 현금이랑 한국 비행기 표였어요. 그래서 이걸 저희 부모님한테 보여준 거예요. (R4)

이와 같은 한국방문 경험을 통해 참여자들은 유학국으로서의 한국에 관해 검토한 후 긍정적으로 판단하게 됐고, 이후 유학 목적지로 한국을 선택했다. 유학은 최소 2년 이상 외국에서 생활해야 하므로 단기여행 및 연수 프로그램보다 재정적·심리적 부담이 높기 때문에 일부 참여자들은 부모님의 반대를 경험했다. 하지만 한국에 대한 깊은 애정을 가지고 유학을 체계적으로 준비하며 부모님을 설득했다.

Yes, that (travel) is one of the reasons why I want to study here again. Because after I visited Korea, I feel like this place is fine for me. (…) 여행 갔다 왔으니까 그래서 안전하다고 느끼고. 음식도 잘 맞아요. (R9)

할머니, 할아버지는 되게 응원해주셨어요. 그런데 부모님은 정말 반대하셨어요. 학교 선생님, 학원 선생님도 되게 반대하셨어요. 일본대학 가는게 맞다고 하셨던 것 같아요. 근데 부모님과 이야기하다가 한국어 토픽시험을 4급 이상으로 합격하면 보내준다고 하셨어요. 그래서 열심히 공부했던 것 같아요. (R10)

재외동포재단이라는 곳이 있는데, 거기서 재외동포를 뽑아서 장학금을 준다고 해가지고 이 프로그램에 대해서 알아보기 시작했어요. 부모님은 돈을 하나도 안 주셔도 되고 항공료도 다 지원을 하는 거였거든요. 돈이 하나도 안 드니까 저는 그냥 갈래요. 저는 가고 싶어요. 저는 지원을 하고 만약 된다면 무조건 갈 거라고 말씀드렸어요. (R6)

2. 유학 중 형성하는 한국 및 한국문화와의 관계

1) 한국과 본국 사이의 문화매개 역할 수행

한국에서 유학생활을 하는 연구참여자들은 단순히 외국인 신분의 학생으로서 공부할 뿐 아니라, 한국에서의 일상을 본국에 공유하고 한국문화에 대해 현지인들과 적극적으로 소통하고 있었다. 예를 들어 유튜브나 인스타그램과 같은 SNS를 통해 한국의 관광지, 한국의 음식 등을 주제로 콘텐츠를 직접 생성하기도 하고, 본국의 유학 및 팬덤 커뮤니티 등을 통해 관광·유학·생활정보 등을 제공했다. 특히 이들은 상황에 따라 모국어 또는 한국어로 자유롭게 정보를 생산하고 전달했다. 참여자들은 유학생들은 한국에서의 삶을 실제로 경험해보는 것이기 때문에 보다 생생하고 현실적인 정보를 전해줄 수 있다고 했다.

> I participated in one FAM tour one month ago in Jeonju. There is one place called Omokdae. According to the legend, this is where the King, Lee Sunggye stopped after he felt some Japanese soldiers, so I took pictures and I wrote the same thing. And people said, oh, I didn't know that. This is really beautiful

place. (R2)

(저에게 연락을 주는 사람이) 다양해요. 한국에 관심 가지는 친구나 친척도 당연히 있고 근데 모르는 사람 연락오는 경우가 되게 많죠. 저 팔로우한 친구가 되게 많은데 한국 유학 상담해 달라고 하는 친구도 되게 많아요. (⋯) 한국에서 유학하고 싶은 친구들 모여있는 커뮤니티 있거든요. 회원이 23만 명이 있어요. 저도 가끔 여기서 한국 여행지 소개하거나 한국에서 어떻게 공부하는지 글을 올린 거예요. 그래서 한국에 대해 관심을 가지고 있는 친구 저한테 연락 온 거예요. 실제로 생활은 어떤지 공부 어떤지 많이 물어보고. 거의 맨날 연락을 받아요. 보통 잘 대답해줘요. (R4)

유학생이 올리는 게 현지에서 전달할 수 있는 정보, 그러니까 일상적인 거가 큰 것 같아요. 요즘 티비에서도 한국에 대한 정보들이 있긴 한데 그런 건 약간 K-pop이나 드라마, 다 만들어진⋯ 음 예쁘게 만들어진 것이니까. 그런데 유학생들은 정말 사소한 것부터 실제로 한국 사람들이 어디를 가는지 어떻게 노는지 (잘 알기 때문에) 그런 면에서는 유학생들이 (한국을 알리는데) 많이 도움이 되지 않을까 생각해요. (R10)

유학생들이 본국에 한국 및 한국문화에 대한 콘텐츠를 공유하고 소통하는 과정에서, 콘텐츠를 접한 사람들 또한 종종 한국에 관해 더 잘 알게 되고 호감을 갖게 되며 방문하고자 하는 의지를 표현한다고 했다. 실제로 코로나19 발생 이전에는 연구참여자의 지인들이 직접 한국에 여러 차례 방문했다고 했다. 또한 현재는 가족과 친구들의 한국방문에 한계가 있지만, 대다수의 참여자들은 코로나19가 없었다면 가족들이 한국을 반드시 방문했을 것이라고 설명했다.

> 인도네시아에서 없는 시설 같은 걸 보면 친구들이 신기해했어요. 아, 이런 거 있어? 이거 어떻게 해야 돼? 대부분 사람들이 그냥 명동, 남산만 있다고 알고 있잖아요. 그래서 제가 가끔 모르는 곳들, 카페나 모르는 곳을 올리고 있어요. 그러면 친구들이 어디야? 라고 했어요. (R7)

> 지금 여행 비자 발급할 수 아예 없어요. 학생 비자 아니면 비즈니스만 돼요. 코로나 아니었으면 친구들이 한국에 무조건 와요. (R8)

> 친구들 중에 만약에 코로나가 없었다면 한국으로 유학을 오고 싶었다. 그런 친구들도 있어요. (R10)

연구참여자들은 한국에 대한 애정을 바탕으로 본국과 한국 사이의 연결고리의 역할에 대한 책임감을 느끼기도 했다. 특히 지리적으로 먼 국가 출신의 연구참여자들은 자국민들이 한국에 관해 알 기회가 부족하므로, 한국 관련 콘텐츠를 공유하여 적극적으로 이러한 기회를 제공하고 싶다고 말했다. 연구참여자 1은 한국 관련 콘텐츠를 만들어 모국어로 유튜브채널에 업로드해왔는데, 44만 구독자에게 큰 영향력을 끼치고 있어 언론에 보도되기도 했다(KBS News, 2021). 이탈리아에서 온 연구참여자 3은 유학생 신분으로는 한계가 있으므로 졸업 후에 인바운드 여행사에서 일하면서 외국인을 상대로 한국의 문화를 알리고 싶다고 했다.

There is no information in Portuguese about Korea. Like if you go to official website, (it is) English, if more, Spanish. (⋯) And then after that, my friend and I decided to do. Why don't we share our experience with people? If they want to go to Korea, they would have the information that we didn't have. (R1)

I just generally want to share my experience living in this place because it's very unfamiliar for general public Bulgarian people. I just want to share with everybody who has access to my accounts that creates more than just Hallyu, even though it's one of the maybe top-selling products like the soft power of Korea. Still it has other merits that are just as interesting and worth of knowing about. (R2)

한국 좋아요. 한국문화도 좋고. 한국 사는 것도 확실히 편해요. 나는 외국 사람들한테 한국문화를 알려주고 싶다 그런 거예요. 그래서 인바운드 여행사에서 일하고 싶은 거죠. (R3)

2) 한국에 대한 애착 및 한국과 연계된 정체성 강화

연구참여자들은 한류콘텐츠 접촉으로 한국 및 한국문화를 처음 알게 됐으나, 이후 한국방문 및 유학을 통해 한국을 가까이 경험하면서 특정 콘텐츠를 넘어 한국이라는 국가 자체에 깊은 애정과 애착을 느꼈다. 자신에게 한국이 어떠한 의미인지 물었을 때, 다수의 참여자들은 '제2의 고향(second hometown),' '제2의 집(second home),' '평생 함께하고 싶은 친구 같은 나라'라고 답했다. 또한 '편안한 곳(comfort zone),' '힐링의 장소(my healing place)'라고도 표현하며, 졸업 이후에도 한국에서 계속해서 근무하며 거주하고 싶다고 했다.

저에게 한국이라는 곳은 정말 어렸을 때부터 꿈꿔온 나라였고, 실제로 와보니까 너무 좋았어요. 그리고 정말 유학 오길 잘했다고 지금도 느끼고 있어요. 취직이 어떻게 될지는 모르겠지만, 앞으로도 한국이랑 일본을 왔다갔다 하면서 한국이랑 평생 관계를 가지면서 살아가고 싶어요. (R10)

졸업을 하면 인도네시아로 돌아가는 것이 아니라 한국에 계속 있고 싶어요. 왜냐하면 한국에서 지내다 보니까 한국이 살기 편한 곳이라고 느꼈어요. 인도네시아에서 사는 것보다 한국에서 사는 게 더 좋아요. (R9)

이제는 second home이라고 생각해요. 왜냐면, 이제 편하고 약간 한국 사람처럼 그냥 심심한 일상 보내고, 생활만 하는 것이 익숙하고 편해서 더 좋아요. (…) 제 목표가 여기서 살고, 가족도 만들고 이래요. 물론 부모님 때문에 가긴 가지만은 그래도 여기서 새로운 인생 시작하고 싶어요. (R3)

또한 일부 참여자들은 한국을 '자신을 성장하게 해준 이유'이자 '내가 발전한 곳'이라고 하며, 한류 문화 및 한국 경험을 통한 자아 발견과 성취를 강조했다. 10대 청소년기를 지나며 정서적으로 혼란스러웠던 시기에 한류를 통해 인생의 의미를 발견했고, 삶에 대한 새로운 동력을 얻었으며,

크게 성장할 수 있었다고 했다. 특히 부모님의 보호와 통제에서 벗어나 스스로 학업과 일상을 자주적으로 영위하는 유학의 과정을 통해, 성장의 배경으로서의 유학국, 즉 한국을 더욱 특별하게 느꼈다.

Yes, I feel like when I'm in Indonesia, I'm going to be attached with my parents. If I'm doing some mistake or something like, that I believe they are gonna fix it for me. Meanwhile in Korea I need to fix everything by myself and solve all of my problems. So I feel like I can develop a lot of myself in Korea and find who the really I am something like that. (R9)

왜냐하면 제가 한국 좋아하기 전에는 그냥 게으른 학생이었어요. 그런데 한국 좋아한 뒤에 한국에 꼭 가야 된다고 생각해서 열심히 하고 부지런한 학생이 되었어요. (한국에 오고) 배우는 것이 엄청 많았어요. 스스로를 발전 많이 시켜서요. (R7)

한국은 저의 인생을 바꿔준 것이에요. 베트남 대학교 다니면서 너무 재미없고 너무 막막하고 어떻게 해야 하는지도 모르는 너무 우울했어요. 근데 한국에 오니까 하고 싶은 거는 너무 많이 생긴 거예요. 저는 새롭게 도전하는 마음이 생긴 게 너무 좋아요. 다양한 대외활동 참가하고 그런 것도 너무 좋았고 인생이 아예 너무 바뀐 거예요. (R4)

이러한 과정을 통해 연구참여자들은 한국과 연결하여 새로운 정체성을 형성해오고 있었다. 예를 들어, 연구참여자들은 본국에서의 자신과 한국에서의 자신이 전혀 다르다고 설명하면서, 한국에서의 자신이 더 좋다고 했다. 한국은 많은 제약에서 벗어나 본인 스스로를 그대로 표현할 수 있는 곳이라고 설명했고, 모국어 이름 대신 한국어 이름을 사용하면서 한국인으로서의 정체성을 강하게 느낀다고 했다.

> 한국에 있는 저랑 베트남에 있는 저랑 너무 다른 사람이에요. 여기(한국)에 있는 사람(저 자신)이 더 좋아요. 한국말 이름으로 이렇게 쓰고 누가 불러주고 하는 거 좋아요. (R4)

> (한국 이름) 쓰면 좋은데, 쓰면은 일단 한국 사람이다. 한국 사람처럼 생각하는 게 좋죠. 약간 이제 내 이탈리아 아이덴티티 말고 이제 나는 한국 사람, 한국 아이덴티티 가지고 있는 거다. (R3)

V. 맺음말

이 글에서는 문화적 친근성 개념을 중심으로 외국인들의 한류콘텐츠 접촉과 한국유학을 조명했다. 이를 통해 외국인들의 한류콘텐츠 접촉이 이들의 일상과 여가에 영향을 미치고, 나아가 물리적 이동, 즉 여행 및 유학의사결정에도 중요한 영향을 미치고 있음을 확인할 수 있었다. UNWTO & Netflix(2021)에서 논의된 바와 같이, 외국인 유학생들은 대체로 학창 시절 지인을 통해 한류콘텐츠를 접한 후 한국에 대한 문화적 친근성을 갖게 됐고, 나아가 언어, 문학, 역사 등 보다 확대된 한국문화를 탐색하고 경험했다. 또한 보다 실제적으로 현지에서 한국문화를 경험하고자 재정적·상황적 제약을 극복하고 한국을 방문했으며, 긍정적인 여행경험을 바탕으로 한국에서의 유학을 결심했다.

또한 외국인 유학생들은 일반적으로 10대에서 20대로 넘어가는 청소년기를 거치며 인생의 어려움과 혼란을 겪던 중에 한류를 접하게 됐고, 이는 이들의 인생 가운데 큰 의미로 작용했다. Erikson(1968)의 심리사회발달 단계 이론(Theory of psychosocial development)에 의하면, 5단계인 청소년기(12-19세)에는 자아정체성과 역할갈등을 겪게 되지만 이 과정을 잘 통과할 때 충실(fidelity)이라는 덕목을 습득하게 된다. 외국인 유학생들에게 한류콘텐츠, 한국문화, 또는 한국은 재미있고 매력적인 콘텐츠 이상으로, 자신을 더 나은 사람, 더 행복한 사람으로 만들어준 중요한 매개이자 자신의 정체성을 발견하게 해준 계기였다는 점에서 더욱 의미가 있었다. 이러한 경험을 통해 자신의 삶에 더욱 충실하게 임하게 됐다.

한류콘텐츠 수용이 유학으로 이어지는 과정에서 외국인 유학생들의 역할 변화 또한 두드러지게 나타났다. 외국인 유학생들은 한류콘텐츠를 경험하고 소비했던 수용자에서, 이후 콘텐츠 생산자이자 매개자로서 확장된 역할을 수행하고 있었다. 이들은 한국과 본국, 양국의 언어와 문화에 능통해지는 과정 가운데, 양국의 언어로 콘텐츠를 생산 및 공유하며 적극적으로 문화매개(culture brokering)를 수행했다. 특히 한국과 지리적으로 인접한 국가 출신의 유학생들은 모국인들의 한국방문 및 유학을 직접적으로 촉진했고, 한국에서 비교적 거리가 먼 국가 출신의 유학생들은 모국인들 사이에서 한국에 대한 호감과 긍정적 이미지를 형성하고 있었다. 또한 현대사회 문화를 주도하는 MZ세대로서 외국인 유학생들은 스마트 공간에서의 커뮤니케이션 능력을 바탕으로 한류 전파에 중요한 역할을 담당하고 있었다.

이와 같은 과정에서 외국인 유학생은 특정 콘텐츠에 관한 관심을 넘어 한국과 연계된 특별한 정체성을 형성하게 됐다. 장소는 개인의 행동, 가치, 생활방식과 관련되기 때문에, 새로운 장소로의 이동은 유학생들의 정체성에 영향을 미친다(Chow & Healy, 2008). 외국인 유학생들은 한국이라는 새로운 장소에서 부모님의 보호와 통제 없이 스스로 모든 것을 책임져야 했고, 유학생활을 통해 새로운 자아를 발견함에 따라 유학국은 학업의 장소를 넘어 특별한 장소로서 의미를 갖게 됐다. Xu & Huang(2018)은 유학생에게 유학국이란 정체성이 형성되고 개인적 발전을 달성한 친숙한 장소(familiar place)이며, 유학생들은 노스탤지어, 친구와의 만남 등을 목적으로 유학국을 반복해서 방문한다고 설명한 바 있다.

본 연구 결과를 통해 다음과 같은 시사점을 제시할 수 있다. 첫째, 한류콘텐츠의 장기적 확산 및 지속가능한 관광 진흥을 위해 재한 외국인 유학생들을 인플루언서로 적극적으로 활용할 필요가 있다. 유학생들이 본국에 영향력을 미칠 수 있는 채널을 파악하고 보다 생생한 콘텐츠를 전달할 수 있도록 지원해야 할 것이다. 둘째, 한류콘텐츠에 한국의 본질을 담아내고, 그 내용을 보다 다양화할 수 있도록 콘텐츠 업계에 대한 지원이 필요하다. 특히 한류콘텐츠를 처음 접하는 시기가 대체로 청소년기라는 점을 고려할 때, 단순하게 콘텐츠 자체의 단기적 성공에 치중하기보다 장기적으로 콘텐츠 수용자에게 끼치는 영향에 관해서도 고민이 필요할 것이다. 셋째, 양적으로 많은 수의 유학생을 유치하고자 하는 노력에서 벗어나, 유학생들이 한국에 체류하는 동안 의미 있는 경험을 할 수 있도록 지원해야 할 것이다. 한국이 유학국으로서 경쟁력을 유지하려면 한국적 특성을 강화해야 한다(강성규, 2021). 한국에서 의미있는 경험을 축적한 외국인 유학생들은 장기적으로 한국의 팬이 되어, 지속가능한 관광의 씨앗이 될 것이다.

* 이 글은 「한류콘텐츠를 통해 형성된 외국인 유학생과 한국 간 상호관계에 관한 탐색적 연구」(『관광레저연구』, 2022. 4)를 부분적으로 수정한 것임.

강성규, 「2021 외국인 유학생 체류현황」, 『한국유학저널』, 2021. 8. 28. Retrieved from https://www.k-yuhak.com/news/articleView.html?idxno=1298

관계부처 합동, 『신한류 진흥정책 추진 계획』, 2020.

문효진, 「국내 외국인 유학생의 한류 인식과 한류콘텐츠 만족도 및 제품 선호도, 국가 호감도 관계 연구」, 『광고연구』 제100호, 2014, 141-171면.

윤여광, 「방탄소년단(BTS)의 글로벌 팬덤과 성공요인 분석」, 『한국엔터테인먼트산업학회논문지』 제13권 제3호, 2019, 13-25면.

한국교육개발원, 『2021년 국내 고등교육기관 외국인 유학생 통계』, 2021.

홍석경·박대민·박소정, 「한류연구의 지식연결망 분석」, 『한국언론학보』 제61권 제6호, 2017, 318-353면.

황경아·홍지아, 「재한 중국 유학생의 유학동기와 문화자본으로서의 취득학위의 가치 연구분석」, 『한국언론정보학보』 제91호, 2018, 319-357면.

KBS News, 「한국 사람들만 아는 '일상 공유'…43만 유튜버 '마셀라와 아만다」, 2021. 10. 23. Retrieved from https://news.kbs.co.kr/news/view.do?ncd=5307669

Bae, S. Y. & Song, H., "Intercultural sensitivity and tourism patterns among international students in Korea: Using a latent profile analysis," *Asia Pacific Journal of Tourism Research*, No. 22(4), 2017, pp. 436-448.

Braun, V. & Clarke, V., "Using thematic analysis in psychology," *Qualitative Research in Psychology*, No. 3(2), 2006, pp. 77-101.

Chang, W. J. & Park, S. E., "The fandom of Hallyu, a tribe in the digital network era: The case of ARMY of BTS," *Kritika Kultura*, No. 32, 2019, pp. 260-287.

Chow, K. & Healy, M., "Place attachment and place identity: First-year undergraduates making the transition from home to university," *Journal of Environmental Psychology*, No. 28, 2008, pp. 362-372.

Conway, T. & Swift, J. S., "International relationship marketing: The importance of psychic distance," *European Journal of Marketing*, No. 34(11/12), 2000, pp. 1391-1414.

Erikson, E. H., *Identity: Youth and Crisis*. New York: Norton, 1968.

Jung, W. G., South Korea ? Future hub of international education? CSIS, 2020. 9. 30. Retrieved from https://www.csis.org/blogs/new-perspectives-asia/south-korea-%E2%80%93-future-hub-international-education

Kane, L., Meet Generation Z, the 'millennials on steroids' who could lead the charge for change in the US, Insider, 2017. 12. 5. Retrieved from https://www.businessinsider.com/generation-z-profile-2017-9

Kang, H. K., K-pop craze stirs fan migration, The Korea Times, 2018. 4. 12. Retrieved from https://www.koreatimes.co.kr/www/news/nation/2018/04/682_247183.html

Li, S., Tian, W., Lundberg, C., Gkritzali, A., & Sundström, M., "Two tales of one city: Fantasy proneness, authenticity, and loyalty of on-screen tourism destinations," *Journal of Travel Research*, No. 60(8), 2021, pp. 1802-1820.

OECD, *Education at a Glance 2021: OECD Indicators*. Paris: OECD Publishing, 2021.

Oleksiyenko, A. V., Chan, S. J., Kim, S. K., Lo, W. Y. W., & Manning, K. D., "World class universities and international student mobility: Repositioning strategies in the Asian Tigers," *Research in Comparative and International Education*, No. 16(3), 2021, pp. 295-317.

Rattanaphinanchai, S. & Rittichainuwat, B. N., "Film-induced tourism in Thailand: An influence of international tourists' intention to visit film shooting location," *International Journal of Tourism Sciences*, No. 18(4), 2018, pp. 325-332.

Statista, Share of tourists visiting for K-pop and Hallyu/Korean Wave experiences South Korea in 2019, by origin, 2021. Retrieved from https://www.statista.com/statistics/1134900/south-korea-tourists-visiting-for-hallyu-experiences-by-origin/

UNWTO & Netflix, Cultural affinity and screen tourism: The case of Internet entertainment services, 2021. Retrieved from https://www.e-unwto.org/doi/book/10.18111/9789284422838

Xu, J. B., & Huang, S. S., "Exploring Mainland Chinese students' motivations of re-visiting Hong Kong as a familiar place and their links to student life experiences," *Journal of Destination Marketing & Management*, No. 7, 2018, pp. 50-57.

태국 속의 한류
─ 한태문화의 융합과
아시아 소비문화로서의 성장 가능성

Ⅰ. 머리말

태국 출신의 아이돌이자 한국의 걸그룹 블랙핑크의 멤버 리사(LISA)는 솔로 타이틀 곡 라리사(LALISA)를 2021년 9월 유튜브에 공개했다. 이 곡은 공개 5개월 만에 조회 수 4억 3천 뷰 (2022년 2월 기준)를 돌파하며 세계적인 주목을 받았는데, 특히 태국에서의 인기는 대단했다. 쁘라윳 짠오차(Prayuth Chanocha) 태국 총리는 라리사의 뮤직비디오 속에 등장하는 태국 문화유산의 우수함을 직접 언급하고 나서며 소프트파워의 중요성을 강조했다. 한편, 2022년 1월 한국에서 데뷔한 걸그룹 하이키(H1-KEY)의 태국 출신 멤버 시탈라(SITALA)의 소식도 방콕 포스트

(Bangkok Post) 일면에 등장했다.[1] 이번에는 그녀의 한국 데뷔에 대한 불편한 시선이 담긴 내용이었다. 지금은 고인이 된 그녀의 아버지가 2014년 태국의 군부 쿠데타를 지지했다는 사실이 알려지면서 태국 내에서는 부정적인 여론이 형성된 것이다. 이와 같은 두 아이돌에 대한 엇갈린 반응은 물론 태국이 현재 직면하고 있는 정치적 갈등이 표면화된 것이지만, 태국에서의 한류에 대한 큰 관심과 애정을 보여주는 장면이기도 하다. 태국에 한국의 대중문화가 2000년대 초반부터 유입된 점을 생각하면, 태국의 한류는 벌써 20년을 맞이한다. 태국의 수많은 연습생이 한국에서의 아이돌로 성공하기를 꿈꾸며 도전하고 있다.

아시아 국가 중에서도 태국은 한류의 주요 소비국으로서 특히 동남아 한류의 거점이기도 하다. 2005년 10월부터 2006년 3월까지 태국의 지상파 방송 CH3에서 한국의 사극 드라마 〈대장금〉이 방영되었는데, 이 드라마가 동시간대 최고 시청률을 기록하면서 태국에서도 한류 붐이 일어났다. 이렇게 드라마로 시작된 한류는 K-Pop과 영화, 게임 등 타 장르의 한국 대중문화의 소비로 이어졌으며, 지금은 K-Beauty, K-Food, K-Fashion 등과 같은 한국의 라이프 스타일 전반의 소비로까지 확대되었다. 태국에서 한류는 더 이상 소수에 의해서만 향유되는 문화가 아닌 다수의 사람이 소비하는 대중적인 문화로 정착했다고 볼 수 있다. 주목할 점은 태국에서는 한국 대중문화의 단순한 수입과 수용을 넘어서 자국에서 제작하는 콘텐츠에

---

1   Poramet Tangsathaporn, "PDRC rallies haunt Thai-born K-pop star Sitala." Bangkok Post. Dec 1, 2021. https://www.bangkokpost.com/life/arts-and-entertainment/2224991/pdrc-rallies-haunt-thai-born-k-pop-star-sitala (검색일: 2022. 1. 3.)

한국적인 요소를 삽입하거나, 한국 방송 프로그램의 포맷을 구입하여 태국판으로 각색하는 등의 한류의 자발적인 현지화 움직임이 매우 적극적으로 나타나고 있다는 것이다. 최근 한국에서 한류를 바라보는 시각은 문화 상업주의를 탈피하여 문화교류적인 측면이 중시되고 있다. 문화정책을 수립하고 있는 한국 정부 및 관련 기관 또한 한류의 일방적인 교류보다는 상호 교류를 강조하고 있다. 이러한 상황 속에서 태국에서 재생산된 한국적인 요소를 내재한 태국 드라마 등은 태국 내에서의 소비에 그치지 않고, 이번에는 라오스, 캄보디아, 베트남, 필리핀 등 주변 동남아 국가로, 나아가 중국, 일본, 한국과 같은 동북아 국가로 수출되어 소비되고 있다. 이처럼 태국의 한류는 문화의 초국가적 소비와 재생산 과정을 보여주는 중요한 사례인 동시에 아시아 국가 간 문화 권역의 형성 가능성을 보여주고 있는 것이다.

태국에서는 한국 대중문화의 과도한 유입에 따른 위기감과 정치적 관계의 갈등에서 비롯되는 이른바 반한류 및 혐한류와 같은 현상이 크게 보고된 바 없다. 그러한 점에서 동남아시아는 우리의 중국과 일본 중심의 수출 편중성을 극복하고 다변화할 수 있는 최적의 대상이며, 국제관계에서 발생하는 갈등과 마찰로 인한 시장의 불확실성을 보완하는 대안이 될 수 있다. 특히 태국은 다양한 문화가 공존하는 사회이자 타문화에 대한 관용성이 높은 사회로서 해외문화의 유입에 대한 법적제재와 같은 움직임도 없다. 이러한 점들이 우리가 동남아시아, 특히 태국에 주목해야 하는 이유이다.

본고에서는 태국 한류의 역사적 전개 과정을 돌아보고, 현재 태국 사회에서 보이는 한류의 특징과 소비의 형태를 살펴봄으로써, 태국 한류의 과거와 현재를 평가하고 미래를 전망해 볼 것이다. 특히 본고에서는 태국의 사례를 통해 문화의 초국가적 이동에 있어서 능동적 주체로서의 수용자의 역할과 중요성이 재확인될 것이며, 한류의 향후 방향도 이러한 흐름을 고려한 대처가 필요함을 강조할 것이다. 태국의 사례는 아시아 국가 간의 다방향 문화교류의 가능성, 나아가 아시아 문화권역의 형성 가능성에 대해 유의미한 시사점을 제시해 줄 것이다.

Ⅱ. 한태 관계와 태국 한류의 과거와 현재

1. 한국과 태국 관계

한국과 태국은 1958년에 국교를 체결했지만, 양국 간의 교류 관계는 한국전쟁이 발발한 1950년부터 시작된다. 태국은 UN군의 일원으로서 지상군을 한국에 파병했으며, 약 4만 톤의 쌀을 지원했다. 태국의 유명 소설 〈ARIDANG(아리랑)〉[2]은 바로 태국인 병사의 한국전쟁 참전을 다룬 작품으로, 이 소설은 영화 및 드라마로도 제작되면서 '아리랑'은 오랫동안 태국인의 한국에 대한 인식을 대표하는 이미지였다.

한편 1985년 플라자 합의를 계기로 해외 기업들의 대 태국 경제 진출이 본격적으로 전개되었는데, 한국의 태국 투자도 이때 개시되었다. 그러나 태국에 있어서 한국은 일본 및 중국에 비해 경제 분야에서 크게 중요한

---

2   ARIDANG은 아리랑의 태국식 발음에 의한 로마자 표기이다.

위치에 있는 국가는 아니다. 한국에 있어서도 태국으로의 경제 진출의 규모는 베트남 및 인도네시아 등 다른 동남아와 비교하면 저조한 수준이다. 그 이유로는 많은 요인이 있지만, 그중 하나는 1980년대 후반부터 시작된 한국의 동남아 진출이 당시 이미 일본 기업이 점유하고 있던 태국보다는 인도네시아 및 베트남을 중심으로 이루어졌기 때문일 것이다.[3]

이처럼 경제적으로 밀접하다고는 할 수 없는 한태 관계지만, 양국 간의 인적, 문화적 교류는 그 어느 국가보다 활발하다. 태국이 한국인들이 많이 찾는 관광지임은 이미 잘 알려진 사실이지만, 한국 또한 태국인들이 많이 방문하는 관광지이다. 특히 태국은 한국어 학습자가 세계에서 가장 많은 나라로 알려져 있는데, 2010년에 태국의 중, 고등학교에서 한국어가 제2외국어로 채택되었으며, 2018년에는 동남아에서 최초로 대학입시에서 한국어 과목이 시행되었다. 이와 같은 한국어 열풍에 힘입어 한국을 방문하는 태국인 관광객 또한 2010년 이후 급증하면서 어느덧 태국은 동남아 최대의 방한 국가가 되었다.

이처럼 최근 양국 사이에서 매우 활발하게 전개되고 있는 인적 교류의 배경에는 한류로 대표되는 한국 대중문화의 인기가 긍정적 요인으로 작용했다. 태국 내 한류의 인기는 태국인의 한국에 대한 인식과 관심을 크게 확대시켰다. 한국국제문화교류진흥원이 발표한 『2020 해외한류실태조사』에 따르면,[4] 태국에서 한국에 대한 전반적인 인식은 80%가 긍정적인 것으

---

3   李美智, 「韓国政府による対東南アジア「韓流」振興政策—タイ・ベトナムへのテレビ・ドラマ輸出を中心に」, 『東南アジア研究』 48(3), 京都大学東南アジア地域研究研究所, 2010, p.284.

4   한국국제문화교류진흥원, 『2020 해외한류실태조사』, 2020, 162-169면.

로 나타났다. 최근에 이용한 한국 문화콘텐츠에 대한 호감도는 드라마가 84.4%로 가장 높았으며, 다음으로 영화(77.4%), 뷰티(77.2%)의 순이었다. 주목할 점은 한국 문화콘텐츠를 접한 후 한국에 대한 인식이 긍정적으로 변화했다는 답이 73.6%로 나타났는데, 이는 한국 대중문화의 소비가 긍정적국가 이미지 구축에도 적지 않은 역할을 하고 있음을 단적으로 보여주고있다.

[그림 1] 태국 소설 〈ARIDANG〉

[그림 2] 태국 영화 〈ARIDANG〉

*출처 fivestarproduction.co.th

2. 숫자로 보는 태국 한류

『2021 방송영상 산업백서』에 따르면,[5] 한국 방송영상산업의 2020년 수출액은 전년 대비 28.5% 증가한 6억 9,279만 달러를 기록했다. 지상파와 방송채널사용 사업자의 수출액을 장르별로 보면 드라마의 비중이 77.3%인 것으로 나타나, 한국의 주력 상품은 드라마인 것을 알 수 있다.[6] [그림 3]과 [그림 4]를 보면,[7] 방송영상산업의 수출은 전체적으로 증가 추세에 있지만, 대 태국 수출액은 오히려 감소 추세에 있다. 특히 2019년 대 태국 수출액은 전년 약 352만 달러보다 33.5% 감소한 234만 달러로 나타났는데, 수출액 자체만 보면 태국 시장의 비중은 전체 시장의 1%대에 지나지 않는다.

[그림 4]를 보면, 2002년부터 시작된 한국 방송영상산업의 대 태국 수출액은 급격한 증가세를 보이며 2014년에 정점을 찍었지만, 2015년 이후 급격하게 하락했다. 이 수치만 보면 태국에서 한류의 인기는 하락세가 뚜렷해 보인다. 그러나 수출액 통계가 현지에서의 실제 유통량을 명확하게 나타내고 있다고 보기 어려운 부분이 있다. 한국 드라마의 대 태국 수출액은 최근 급격한 감소 추세에 있지만, 실제로 태국 내에서 방영된 한국 드라

---

5   문화체육관광부·한국콘텐츠진흥원, 『2021 방송영상 산업백서』, 2021, 97-107면.

6   지상파 방송만 보면 드라마의 편중은 87.2%에 달한다.

7   방송통신위원회 『방송산업실태조사』 및 문화체육관광부 『콘텐츠산업통계』, 문화체육관광부·한국콘텐츠진흥원 『방송영상 산업백서』 연도별 자료를 바탕으로 필자가 재구성했다. 전체 수출액은 지상파방송, 방송채널사용 사업자, 방송영상독립제작사의 수출액의 합산이며, 대 태국 수출액은 해외교포 방송지원과 비디오·DVD 판매, 타임블럭과 포맷판매, 방송영상독립제작사 수출액이 제외된 것이다.

마 편수는 오히려 했기 때문이다. 한태교류센터(KTCC)의 조사에 따르면, 2000년부터 2018년까지 태국의 주요 방송국에서 방영된 한국 드라마는 522편에 달한다.[8] 특히 2018년 한 해 동안 태국에서는 62편의 한국 드라마가 방영된 것으로 파악되는데, 이는 역대 최다 수준에 해당한다.

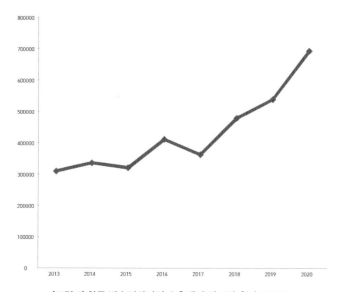

[그림 3] 한국 방송영상산업 수출액의 연도별 추이 (천 달러)

---

8   2000년부터 2007년까지의 자료는 이유현, 「태국 안방의 여전한 주인, 한국 드라마!」, 『KTCC』, 2020. 6. 30.를 인용했고, 2008년부터 2018년까지의 자료는 이유현, 「한국 드라마와 2018 태국 한류」, 『KTCC』, 2018. 11. 17.를 인용하여 합산했다.

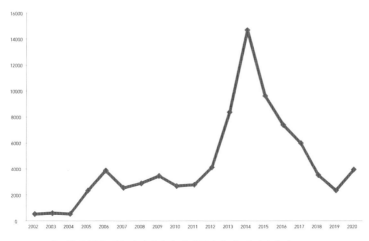

[그림 4] 한국 방송영상산업의 대 태국 수출액 연도별 추이 (천 달러)

[표 1] 연도별 태국 주요 TV에서 방영된 한국 드라마 편수[9]

2008	2009	2010	2011	2012	2013	2014	2015	2016	2017	2018	합계
43	43	27	37	28	45	43	27	35	43	62	433

　　[표 1]은 2008년부터 2018년까지 최근 약 10년간 태국 지상파 및 유료 채널 14개 방송사에서 방영된 한국 드라마 편수의 추이를 나타낸 것이다. 특히 2015년부터 2018년까지 대 태국 수출액 통계에서는 하강세가 뚜렷했지만, 태국에서 방영된 드라마 편수는 그 반대의 상황을 보여주고 있다. 태국은 한국과 마찬가지로 전통적으로 방송편성에 있어서 드라마가 차지하는 비율이 매우 높은 국가인데, 지상파 CH3과 CH7은 동시간대 드

9　　이유현, 「한국 드라마와 2018 태국 한류」, 『KTCC』, 2018. 11. 17.

라마를 편성하여 시청률 경쟁을 전개하고 있다. 이 두 개 지상파가 압도적인 시청점유율을 차지하고 있는데, CH3과 CH7에서 방영된 한국 드라마는 2002년에는 단 1편에 불과했지만 2006년부터 급격하게 증가하여, 2013년에는 이 두 개 지상파 방송에서만 역대 최다 수준에 이르는 총 32편이 방영되었고, 2018년에도 27편이 방영된 것으로 나타났다.

이와 같은 현지 자료는 태국의 한류가 최근 급격한 수출 하락으로 인해 국내에 조성된 위기감과 우려와는 달리 여전히 유효함을 뒷받침해주고 있다. 이처럼 단순히 수출액의 추이만으로 현지 유통량을 가늠할 수 없는 이유는 먼저 수출액과 수출 편수가 일치하지 않기 때문이다. 드라마 및 영화와 같은 문화 상품은 일반 상품과는 달리 초기 제작에는 막대한 비용이 발생하지만, 일단 한번 완성되고 나면 해외 판매를 위한 생산 비용이 거의 들지 않는 것이 특징이다. 따라서 작품에 따라, 또는 수출 상대국의 사정에 따라 유연한 가격 책정이 가능하다. 일본으로의 드라마 수출 단가와 동남아로의 수출 단가가 다른 이유가 여기에 있다.[10] 둘째, 그 해 수출되는 모든 작품이 현지의 방송국을 통해 방영이 확정되는 것은 아니다. DVD 등 다른 형태로도 유통이 이루어지기 때문이다. 물론 수출국의 입장에서는 현지 방송국, 특히 지상파를 통해 노출되는 형태가 가장 이상적이며 파급 효과가 클 것이다. 현지의 유통량은 넷플릭스(Netflix) 등의 온라인 동영상 서비스(OTT)를 통한 소비 및 비합법적 소비의 형태까지 고려하면 그 범위는 더욱 커진다. 특히 태국과 같은 동남아 국가에서는 비합법적 유통

---

10 초기 한국 드라마의 대 동남아 수출 단가는 타 국가에 비해 낮게 설정되었으며, 심지어는 중국에 동남아 판매권을 포함해 수출하는 사례도 빈번했다. 따라서 태국에서 방영되는 한국 드라마에 중국어 자막이 그대로 표기되기도 했다.

경로를 통한 한국 문화 상품이 대량으로 확산, 소비되고 있는 것은 잘 알려진 사실이다.

이상을 통해 수출국 중심의 수출액 통계를 통한 현지의 유통량 파악은 제한된 실체만을 보여주고 있음이 확인되었다. 수용국 중심의 적극적인 조사가 필요한 시점이다.

3. 태국 한류의 역사적 전개 과정과 유입 배경

태국에서 해외문화 유입의 역사는 태국 방송국이 개국한 1955년부터 시작된다. 태국은 당시 부족한 콘텐츠를 해외에서 조달했는데 주로 미국과 일본에서 애니메이션을 수입하여 방영했다. 1970년대부터는 홍콩과 대만과 같은 중화권의 콘텐츠가 태국에 수입되기 시작했으며 1980년대에 큰 인기를 끌었다. 1990년대에는 일본 드라마가 본격적으로 수입되었으며, 2000년대에는 한국 드라마가 태국 내에서 방영되기 시작했다. 이처럼 태국에서는 TV 방송이 개시된 이후 해외 콘텐츠에 대한 수요시장이 지속적으로 형성되어 왔는데, 이와 같은 현상은 디지털화·다채널화가 급속하게 진행되고 있는 최근에 더욱 확대되는 경향이 있다.

태국 내 한국 드라마의 유입에는 지금은 역사 속으로 사라진 현지 지상파 iTV가 매우 중요한 역할을 했다. 태국에서 아시아 드라마의 수입에 적극적인 방송국은 당시 유일한 독립형 방송국(민영방송)이었던 iTV였다. 그 배경에는 다음과 같은 사정이 있었다. 1996년에 태국 영자신문사 네이션(The Nation)의 산하에서 개국한 iTV는 원래는 미국의 CNN과 같은 뉴스전

문채널을 목표로 상정하고 있었다. 그러나 동 방송국의 정부와의 계약료는 1997년 아시아 경제위기 이전에 정해진 것으로 타 방송국의 계약료보다 고액으로 설정되었다. 그 후 경제위기로 인해 수익을 낼 수 없는 상태가 지속되면서,[11] iTV는 광고시장의 확대를 목표로 오락방송을 늘리는 등 편성을 개편했고, 직접 제작보다는 저렴한 해외 콘텐츠를 구입하여 제공하는 전략을 펼쳤다. 수입국은 일본을 중심으로 한 아시아 국가였다. iTV는 저녁 9시 골든타임에 아시아 드라마를 방영하기 시작했는데, 1999년에 처음으로 일본 드라마를 방영하여 몇몇 작품들이 인기를 끌면서 방송사의 인지도가 높아졌다. 일본 드라마의 방영에 이어서 2003년부터는 한국 드라마의 방영을 개시했다. 특히 2003년부터 5년간 고정 편성한 〈아시안 시리즈(Asian Series)〉라는 기획방송은 iTV가 주력한 사업 중 하나였는데, 이 기획방송을 통해 다수의 한국 드라마와 일본 드라마가 지상파에서 정기적으로 방영되었다.

태국의 방송시장은 유료 방송보다 지상파 방송에 TV 광고비가 약 90% 이상 집중되고 있는데,[12] 앞서 언급한 바와 같이 시청점유율 1, 2위를 차지하는 CH3과 CH7은 드라마 부문에서 경쟁 관계에 있다. 2007년에 iTV가 국영방송으로 전환되면서 동 방송국의 한국 드라마 수입은 중단되었지만, iTV가 방영한 아시아 드라마의 성공은 지금까지 드라마 수입에 소극적이었던 CH3과 CH7이 해외 콘텐츠에 관심을 가지는 계기가 되었다. CH7은

---

11   箕曲 在弘, 「タイにおける日本製大衆文化の受容—マンガ, 音楽, テレビドラマを中心に」, 『インターカルチュラル』 4, 日本国際文化学会, 2006, pp.148-149.

12   한국콘텐츠진흥원 인도네시아 비즈니스센터, 『태국 콘텐츠산업동향』, 2019년 7호, 4면.

2005년에 한국 드라마 〈풀하우스〉의 방영을 결정했고, CH3은 같은 해에 〈대장금〉을 방영했다. 이 두 작품이 태국에서 큰 인기를 획득하면서 태국 내 한류 열풍을 견인했다.

태국에서는 2014년에 지상파의 디지털 방송이 개시되면서 신규 방송이 대거 출범했다. 지상파는 기존의 6개 채널이 독점하는 형태에서 2019년 현재 24개 채널로 확대되어 운영되고 있다.[13] 이처럼 다채널화가 급속도로 진행되고 있는 가운데, 한편으로는 2000년대 중반 이후 표현의 자유에 대한 정부의 규제는 오히려 강화되고 있다. 특히 태국에서는 2006년 군부 쿠데타 발발 이후 방송과 언론이 정부의 엄격한 통제를 받고 있기 때문에[14] 서구와 같은 자유로운 미디어 환경과는 다소 거리가 멀지만, 동남아시아 국가 중에서는 상대적으로 자유로운 것도 사실이다. 그러나 그것은 '상대적 자유'에 해당하며, 자유와 압박 사이를 오가는 '유동적 자유'이자 '불안정한 자유'이다. 이처럼 태국은 세계화의 진전과 권위주의 국가 간 시행착오의 궤적을 좇는 분석 사례가 될 수 있다. 이러한 태국 방송시장의 환경은 한국 드라마를 비롯한 해외 콘텐츠의 양적, 질적 수요를 증가시키는

---

13   한국국제문화교류진흥원, 「[문화정책/이슈] 저무는 TV의 시대, 태국 방송통신위원회의 고민」, 『통신원리포트』, 2019. 7. 20.

14   태국에서는 2001년 처음으로 하원의원 선거를 통해 민간정부가 탄생했는데, 그 후 군부 쿠데타가 두 차례(2006년과 2014년) 발생했다. 국경 없는 기자회(RSF)가 2002년부터 매년 발표하고 있는 세계 언론자유지수(Press Freedom Index)에 따르면, 2020년 태국의 언론자유지수는 180개국 중 140위로 나타났다. 2002년에는 65위였던 점을 생각하면 군부 쿠데타 후 실권을 획득한 군사정권(현재는 군부 중심의 연립정부)에 의해 태국은 언론의 자유가 심각하게 침해받고 있다고 할 수 있다. https://rsf.org/en/ranking/ (검색일: 2020. 6. 29.)

결과로 이어지고 있다.

사실 수입을 진행하는 태국의 입장에서는 반드시 한국 드라마가 아니어도 된다. 어느 나라에서 제작된 것인가는 크게 중요한 문제가 아니다. 그보다는 시청자의 관심을 끌어내어 시청률을 확보할 수 있는지, 또 그것이 수익의 창출로 이어지는지 등이 중요할 것이다. 태국은 원래 일본 드라마를 적극적으로 방영했던 국가였지만, 2000년대 중반 이후 한국 드라마를 수입하면서 일본 드라마 방영 건수는 크게 감소했다. 일본 드라마의 축소 배경으로 이미지(2017)는 단순히 일본 드라마의 높은 단가뿐만 아니라 일본 드라마를 수입할 때의 저작권 인식 차이 및 저작권 처리 절차의 까다로움, 드라마 편성 시간 및 편수의 차이 등 제도적 요인도 크게 작용했음을 지적한 바 있다.[15] 태국에서는 불법 DVD·VCD의 유통이 심각하며, 최근에는 불법 스트리밍 사이트가 보편화되어 있어서 한국 드라마의 소비 또한 이러한 비합법적 경로를 통한 접근이 많다. 한국은 이러한 저작권 침해에 적극적으로 대응하기 위해 2007년에 한국저작권위원회 방콕사무소를 설치했다. 그러나 저작권 침해에 대해서는 공격적인 대처보다는 점진적으로 대응해 나갈 필요가 있다. 한국 또한 저작권의 중요성이 인식되기 시작한 것은 문화수입국에서 수출국으로 전환한 이후의 일이다. 동남아 한류의 유입 역사를 보면 초기에는 직접적인 수입보다는 불법 경로를 통한 간접적 유입이 압도적이었으며, 역설적으로 이와 같은 불법 유통을 통한 접근성의 용이함이 한국 대중문화의 양적 확산에 크게 공헌했다고 할 수 있

15　이미지, 「태국 내 일본 대중문화: 현주소와 시사점」, 『한국태국학회논총』 23(2), 한국태국학회, 2017, 185-188면.

다. 참고로 최근 일본에서 확산되고 있는 태국 드라마의 인기 배경에는 유튜브를 통한 용이한 접근성이 큰 역할을 하고 있다. 태국의 방송국들은 공식 유튜브 채널을 통해 방영 드라마 전편을 무료 공개하고 있다.

한편 한국에서 높은 시청률을 기록한 모든 작품이 수용국에서도 동일하게 고시청률을 획득하는 것은 아니다. 대규모 제작비가 투입된 작품이라고 해서 그것이 반드시 고시청률로 이어지는 것도 아니다. 무엇보다 중요한 것은 태국인이 선호하는 문화적 가치와 얼마만큼 부합하는가의 여부이다. 내용적인 측면에서 아시아 드라마가 태국에서 폭넓게 수용되는 이유로 많은 연구자에 의해 중요하게 강조되는 것은 문화적 근접성이었다. 〈문화적 이질성=마이너스 요인〉이라는 인식의 바탕에서 자국과 문화적으로 가까울수록 문화적 장벽이 낮아지기 때문에 수용되기 쉽다는 논리이다. 그러나 단순히 태국에서 한국 드라마가 인기를 획득하고 있는 이유를 양국이 문화적으로 가깝기 때문으로 일반화해도 되는 것일까. 태국인 시청자는 한국 드라마를 소비하는 과정에서 문화적 근접성을 인식하는 것이 아니라, 오히려 자국의 문화와는 상이한 문화적 이질성을 발견하는 것은 아닐까. 그 문화적 차이에서 큰 즐거움과 매력을 느끼는 것은 아닐까. 물론 문화적 근접성이 시청자가 접근하기 쉬운 환경을 조성하는 것은 확실하다. 그러나 이질적인 문화에 대한 호기심과 그 과정에서 발견되는 문화적 차이가 해외문화를 즐기는 요소의 하나임을 간과해서도 안 된다. 한국을 배경으로 촬영되는 태국의 영화 및 드라마에서 자주 등장하는 것은 벚꽃과 눈, 단풍과 같은 계절적 요소이다. 그것을 표현하기 위한 벚꽃놀이, 눈싸움, 단풍놀이와 같은 장면은 사실 태국에는 없는 문화적 습관이다. 사계절이 존재하지 않는 태국에서 이러한 계절적 요소가 적극적으로 활용되고 있는 것은 문화적 차이를 소비하는 즐거움이 반영되고 있다는 의미이기도 하다.

또 하나 우리가 주목해야 할 점은 태국에서는 한국과 중국, 일본 문화를 포함한 형태의 동아시아 문화에 대한 소비가 이루어지고 있다는 것이다. 즉 태국인은 한류를 동아시아 문화의 일부로 인식하고 있다. 우리가 태국과 베트남, 캄보디아, 미얀마 등을 구별하지 않고 뭉뚱그려 동남아시아로 보듯이, 태국 내에서도 한, 중, 일 문화의 경계는 명확하지 않으며 이들이 혼재되어 나타나는 경우가 많다. 예를 들면 태국 내 일식집에서 한복을 입은 점원이 프로모션을 진행하거나, 일본어 상품명이 기재된 제품 패키지에 한국과 관련된 이미지가 삽입된 경우를 쉽게 발견할 수 있다. 태국에서 한류의 인기와 영향력이 작지 않지만, 한류가 태국인이 즐기는 다양한 문화의 선택지 중 일부일 뿐이라는 사실을 항상 유념해야 한다.

III. 한태문화의 융합과 재생산

한국에서 개봉한 영화 〈랑종〉(2021)은 한국과 태국 문화의 융합을 단적으로 보여주는 작품이다. 동 작품은 나홍진 감독이 제작하고, 반종 피산다나쿤(Banjong Pisanthanakun) 감독이 연출을 맡아 한국에서 크게 이슈화되었다. 이렇듯 태국 한류는 한태문화의 융합이라는 형태로 발전하고 있다.

태국에서의 한국 드라마의 수용은 원작을 그대로 수입하여 소비하는 형태와 한국 드라마의 리메이크, 그리고 자국 드라마에 일부 한국적 요소를 삽입하는 형태로 진행되고 있다. 특히 태국의 최대 케이블 방송국 트루

비전(True Visions)은 한국 드라마의 단순한 수입을 넘어 포맷을 구입하여 태국판으로의 리메이크를 활발히 전개하고 있다. 동 방송국은 태국에서 큰 인기를 획득한 한국 드라마 〈풀하우스〉를 2014년에 태국판으로 재제작 했는데, 이 태국판 드라마가 중국을 비롯해 세계 10개국에 수출되었다. 이 들 리메이크 드라마의 대부분은 한국에서의 로케이션 촬영을 포함하고 있 으며,[16] 그 과정에서 한국 회사가 공동 제작 및 공동투자의 형태로 참여하 고 있다. 특히 한국의 CJ E&M은 True와 합작법인 True CJ Creations를 설 립하여 현지 기업과의 합작 투자에 노력을 기울이고 있다.

[표 2] 한국작품을 원작으로 리메이크된 주요 태국 드라마[17]

원작명 (한국 방영 연도)	방영 채널	영어명/태국명	방영 기간 /방영 요일	총부작수 /회당 러닝타임
커피프린스 1호점 (2007)	TrueVisions	Coffee Prince /커피프린스 타이	2012. 6. 22.-8. 31. /목금	21부작 /50분
가을동화 (2000)	TrueVisions	Autumn In My Heart /락니 추아니란	2013. 5. 22.-7. 5. /수목	18부작 /45분
풀하우스 (2004)	True4U	Full House /운낙 락 뗌 반	2014. 1. 11.-3.16. /토일	20부작 /50분
궁 (2006)	True4U	Princess Hours /락운운 짜오잉쩜쭌	2017. 4. 25.-7. 3. /월화	20부작 /45분

---

16   태국판 〈풀하우스〉는 전체 20회 중 약 8회 분량을 서울과 인천, 강원도 등 한국에 서 로케 촬영했다.

17   태국 내 각 방송사 자료를 참고로 필자가 작성했다.

운명처럼 널 사랑해 (2014)	GMM One	You're My Destiny /트ㅓㅋ 프롬 리킷	2017. 9. 4.-11. 27. /월화	17부작 /60분
마이걸 (2005)	True4U	My Girl /18 몽꿋 쏫 티락	2018. 7. 16.-9. 18. /월화	20부작 /50분
오 나의 귀신님 (2015)	True4U	Oh My Ghost /OMG 피 뿌안 추안마락	2018. 9. 24.-11. 13. /월화	16부작 /65분
시크릿가든 (2010)	True4U	Secret Garden /온라웽 락싸랍랑	2019. 4. 22.-6. 25. /월화	20부작 /60분
별에서 온 그대 (2014)	CH3	My Love From Another Stars /리킷락캄 두앙다우	2019. 9. 17.-11. 11. /월화	16부작 /135분
보이스 (2017)	True4U	Voice /Voice 쌈팟씨앙머라나	2019. 11. 4.-2019. 12. 24. /월화	16부작 /90분

[표 2]는 한국의 작품을 원작으로 태국에서 리메이크된 주요 드라마를 정리한 것이다.[18] 그중에 특히 2017년에 방영된 〈You're My Destiny〉의 원작 〈운명처럼 널 사랑해〉는 대만 작품을 한국이 먼저 리메이크했으며, 그렇게 탄생한 한국판을 이번에는 태국이 리메이크했다. 이와 같은 아시아 국가 간 초국가적 리메이크가 쌍방향을 넘어 다방향으로 이루어지고 있는 현상은 매우 주목할 만하다. 2021년에는 〈꽃보다 남자(F4)〉가 태국에서 리메이크되었는데, 태국판 〈F4 Thailand: Boys Over Flowers〉는 일본의 만화가 원작으로 이미 한국과 중국, 일본 등에서 각각 재제작되어 큰 주목을 받은 바 있다.

---

18   드라마 외에도 〈꽃보다 할배〉, 〈쇼미더머니〉, 〈너의 목소리가 보여〉, 〈골든 탬버린〉, 〈크레이지 마켓〉 등의 한국 버라이어티의 리메이크도 활발하다.

[그림 5] 태국판 〈꽃보다 남자〉(2021)
*출처 gmm-tv.com

[그림 6] 일본 만화 〈花より男子〉
*출처 s-manga.net

일반적으로 리메이크를 결정하는 조건은 먼저 제작국에서 검증된 드라마, 즉 고시청률을 획득한 드라마여야 할 것이다. 태국에서 리메이크된 대부분의 드라마는 한국에서 큰 성공을 거둔 작품들이 주를 이루고 있다. 물론 드라마를 리메이크하는 과정에서 현지 사정에 맞는 변용이 적극적으로 이루어진다. 방송 환경의 차이에서 비롯된 외적인 부분부터 문화적 차이에서 비롯되는 내적 내용에 이르기까지 수정과 재구성이 반복되면서 태국이라는 나라의 문화적 특성이 반영되는 것이다. 원작에 없는 새로운 장면이 추가되거나 각색되고 또는 기존 장면이 삭제되기도 하면서 태국만의 오리지널리티(Originality)가 탄생한다.

2010년 이후 태국에서는 리메이크 드라마뿐만 아니라 자국 드라마의 한국 로케이션 촬영이 활발하게 진행되고 있다. 태국 드라마 〈미아

루앙(Main Wife)〉(2017, CH3)은 부산과 경남을 배경으로, 〈응아오싸네하 (Shadow of The Affair)〉(2017, CH8)와 〈프롬피싸왓(The Destiny of Love)〉(2020, CH7)은 서울과 강원도를 배경으로, 〈프라우 묵(Praomook)〉(2021, CH3)은 경주와 대구를 배경으로 촬영된 내용이 삽입되었다. 이 과정에서 대구시 및 부산시, 강원도 등은 태국인 관광객 유치를 기대하며 제작을 지원하고 촬영을 협조하는 MOU를 체결하기도 했다.

이처럼 태국에서는 한류를 태국 국내 제작에 적극적으로 활용하는 수용의 특징을 볼 수 있다. 이렇게 제작된 태국의 방송 콘텐츠가 이번에는 아시아 국가로 유입되고 있다. 특히 태국과 국경을 접하고 있는 라오스와 캄보디아 일부 지역에는 태국의 방송이 그대로 송출되고 있어, TV를 통한 태국의 다양한 방송 프로그램 시청이 가능하다. 특히 태국과 언어적으로 매우 가까운 라오스에서는 자막 없이도 시청이 가능하기 때문에, 태국과 라오스 간에 지리·언어적 문화권이 형성되어 있다고도 볼 수 있다.

한편 시청자의 수용 형태에도 큰 변화가 나타나고 있다. 전통적으로 문화의 수용에 있어서 미디어의 역할이 강조되어 왔는데, 즉 시청자에게 미디어가 어떤 것을 제공하는가가 기존 논의의 핵심이었다. 그러나 최근에는 수용자의 역할이 크게 확대되면서 시청자가 어떤 것을 선택하는지가 중요해졌다. 태국은 1980년대부터 시작된 급속한 경제발전에 따른 중간층의 확대와 구매력의 증가, 인터넷 등 뉴미디어의 등장과 다채널화의 진전 등 다양한 환경적 변화를 경험하고 있다. 문화 수용에 있어서 생산국과 소비국의 시차도 더는 유의미하지 않으며, 온라인을 통한 동시적 소비가 가능하게 되었다. 이러한 미디어 환경의 변화는 기존의 방송국이 제공했던 콘텐츠에의 의존에서 탈피하여 시청자에게 자주적인 소비의 기회를 제공하고 있다. 즉 미디어의 흐름에 따르던 수동적 존재에 지나지 않았던 시청자가 능동적 주체로 변화하고 있는 것이다. 나아가 시청자는 발신자 및 생산자로서의 역할도 한다. 물론 이들은 방송업계 및 연예기획사와 같은 전문적인 미디어 생산자는 아니다. 그러나 수많은 한국 드라마가 태국인 시청자에 의해 태국어 자막이 덧붙여져 인터넷을 통해 동시적으로 발신되고 있다. 이처럼 시청자가 또 다른 전달자(제공자)의 역할을 하게 되면서 수용 형태는 더욱 다양해지고 세분화되고 있다. 태국의 시청자는 일방적으로 수신하던 기존의 소비 스타일에서 직접 선택하고 제공하는 적극적인 주체로 변화하고 있다.

Ⅳ. 맺음말

태국은 여러 나라의 문화가 공존하고 교착하는 장이 되고 있다. 태국이 동남아시아 국가 중 유독 경제와 문화 진출의 거점으로 선택되는 이유는 태국이 보유하고 있는 시장성과 지리적 이점과 같은 환경적 조건만이 아니라, 태국 사회 저변에 깔린 해외문화 수용에 대한 관용적 태도 때문이기도 하다. 태국에서는 해외문화의 과도한 유입에 따른 규제 정책 및 반한류와 같은 움직임이 크게 전개된 적이 없다.

살펴본 바와 같이, 태국 내 한국 드라마의 확산은 태국 현지의 주체적 선택에 의한 수용의 결과였다. 나아가 태국은 문화수입국인 동시에 문화수출국으로서 활약하고 있었다. 태국 내 한류의 인기는 태국 드라마의 제작 환경에도 적지 않은 영향을 미치고 있었다. 태국에서 한류의 수용은 단순한 수입의 형태를 넘어 포맷 구입을 통한 리메이크로 발전했으며, 나아가 자국 제작 콘텐츠에 한국의 문화적 요소를 삽입하고 응용하는 등 한류의 자발적인 현지화가 전개되고 있었다. 이렇게 태국과 한국 문화가 융합되어 재창조된 태국 발신의 문화가 이번에는 라오스 및 캄보디아, 중국, 일본, 한국 등 아시아 국가로 수출되어 소비되고 있었다. 아시아는 너무나 다양한 언어와 종교, 정치 체제, 문화가 존재하고 있어서 지역 통합에는 많은 어려움이 있다. 그러나 이와 같은 아시아 국가 간 문화융합과 이동이 활발해지면 아시아 문화권역의 형성도 마냥 불가능한 이야기는 아니다. 태국의 한류는 그러한 가능성을 보여주고 있는 것이다.

또한 태국의 시청자는 더는 수동적인 존재가 아니라, 능동적 주체이자 또 하나의 발신자였다. 이들은 개인 차원에서 관심 있는 문화콘텐츠를 자발적으로 편집하고 공유, 전파하는 역할을 하고 있었다. 이는 한국 정부나 거대 방송국, 한류기획사가 전면에 나서서 문화를 홍보하고 수출하는 기존의 방식에 많은 시사점을 던져준다. 이제 한국 정부의 지원 방향은 문화 수출에 있어서 우위를 선점하는 데 중점을 두기보다는 상호 문화교류라는 인식을 바탕에 두고 출발해야 할 것이다. 정부가 전면에 나서는 직접적이고 공격적인 지원보다는 간접적인 지원이 필요하다. 상호 문화교류를 위해서는 한국 내 동남아에 대한 인식의 재고도 절실하다.[19] 특히 이윤 창출을 우선시하는 국내 방송국 및 미디어 기업의 특성상, 동남아시아와 같은 국가에의 수출은 일본이나 미주, 유럽 시장에 비해 상대적으로 소극적일

19　최근 한국에서는 동남아시아를 '아세안' 또는 '신남방 지역'이라는 호칭으로 부르는 경우가 증가하고 있는데, 이러한 호칭의 변화는 기존의 '동남아'라는 용어에 담긴 부정적이고 차별적인 국내 인식을 전환시키는 계기가 되고 있다.

수밖에 없다. 동남아 국가에 대한 정부 차원의 이해와 관심이 필요한 시점이다. 최근 한국에서 음식과 여행 등을 주제로 제작되는 방송콘텐츠에 동남아 국가들이 등장하는 사례가 적지 않다. 이러한 콘텐츠들은 한국에서는 동남아시아를 알리는 데에 긍정적으로 기여할 수 있으며, 동남아시아 입장에서도 자국이 등장하는 콘텐츠에 높은 관심을 가질 수 있다. 반대로 태국에서 제작되는 방송콘텐츠에 한국이 등장하는 경우도 많다. 문화의 쌍방향 교류 측면에서 보면 과거처럼 정부가 나서서 동남아 국가에서 직접적으로 방송을 수입하여 홍보하고 배포하는 지원보다는 이러한 현지 촬영을 염두에 둔 콘텐츠를 제작 지원하는 편이 보다 현실적인 방안이 될 수 있다.

사실 아시아 국가 간의 문화교류가 상호 충분히 이루어지고 있다고 보기 어려운 것이 현실이다. 특히 한국과 태국 간에 수출입이 불평등한 상황이 지속되는 가운데, 최근 한국에서는 의미 있는 움직임이 전개되고 있다. 태국 드라마가 최초로 한국 국내에서 대량 편성되었다. 2019년 TV Asia Plus 채널(TRA Media)은 국내에서는 처음으로 태국 드라마 8개 작품의 방영을 확정했다.[20] 과거 한국 정부는 문화교류의 일환으로 동남아시아의 방송콘텐츠를 의도적으로 구입하여 국내 케이블방송에 무료로 배급하여 편성한 바 있지만 일회성 사업으로 종료되기도 했다. 그렇기에 이번에 케이

---

20   태국에서 고시청률을 기록했던 태국 드라마 〈러브 데스티니(Love Destiny)〉를 비롯해, 〈나키(Nakee)〉, 〈약초남녀(Thong Ek-The Herbal Master)〉, 〈비밀의 침대(Love Beyond Time)〉', 〈콤파엑-잊혀진 무술(Kom Faek-The Lost Art)〉, 〈왕세녀(The Crown Princess)〉, 〈인생의 파도(Waves of Life)〉, 〈두 도시 이야기(Tales of Two Cities)〉 등 총 8개 작품이 방영되었다(TRA Media 홍보자료).

블방송이 자발적으로 태국에서 인기가 검증된 드라마를 엄선하여 수입을 결정했다는 점은 많은 가능성을 내포하고 있다. 한국과 태국 간의 수평적 쌍방향 교류에 한 걸음 다가섰다고 평가할 수 있다.

중심에서 주변으로 문화의 일방통행적인 발신이 이루어지고 있다고 주장하는 문화 제국주의적 접근에서는 정보의 수용자는 철저하게 수동적 존재에 지나지 않았다. 살펴본 바와 같이 태국에서 한국의 대중문화를 소비하는 수용자는 더 이상 수동적 존재가 아니었다. 그들은 자발적으로 선택하는 능동적 주체였다. 우리가 한류를 바라보는 시각 또한 우리 저변에 깔려 있는 자문화 중심주의나 문화 제국주의를 경계해야 할 것이며, 수용국 중심의 시각이 바탕이 되어야 할 것이다. 한류의 지속을 바란다면 과거 우리가 보였던 의도적인 해외시장의 개척과 수출, 마케팅 전략은 오히려 장기적으로 봤을 경우 도움이 되지 않는다. 한류를 상업적이고 경제적 시각에서 접근하기보다는 아시아 국가 간 소비문화의 일부로서, 나아가 세계인이 즐기는 문화의 일부로 바라보는 여유가 필요하다. 역설적이게도 그러한 여유가 한류의 지속과 발전을 가져다 줄 것이다.

*본고는 「태국의 한류: 문화의 초국적 소비와 재생산」(『아시아문화연구』 53, 가천대학교 아시아문화연구소, 2020)에 게재된 논문의 일부를 수정하고 보완한 것이다.

1. 논문

이미지, 「태국 내 일본 대중문화: 현주소와 시사점」, 『한국태국학회논총』
　　23⑵, 한국태국학회, 2017.
임학순·채경진, 「우리나라 한류연구의 경향 분석」, 『한류비즈니스연구』
　　1⑴, 한국가톨릭대학교 문화비즈니스연구소, 2014.
李美智, 「韓国政府による対東南アジア「韓流」振興政策—タイ·ベトナムへ
　　のテレビ·ドラマ輸出を中心に」, 『東南アジア研究』 48⑶, 京都
　　大学東南アジア地域研究研究所, 2010.
李美智, 「東南アジア向けメディア戦略の日韓比較—変容するタイ国の放送市
　　場を事例に」, 京都大学大学院 博士論文, 2015.
箕曲 在弘, 「タイにおける日本製大衆文化の受容—マンガ, 音楽, テレビドラマ
　　を中心に」, 『インターカルチュラル』 4, 日本国際文化学会, 2006.

2. 자료

문화체육관광부, 『2012콘텐츠산업백서』, 2013.
문화체육관광부·한국콘텐츠진흥원, 『2020 방송영상 산업백서』, 2021.
심두보, 「다양한 외래문화를 선택적으로 수용할 뿐: 동남아시아의 한류
　　현상 분석」, 『신문과 방송』 498, 한국언론진흥재단, 2012.
이유현, 「태국 안방의 여전한 주인, 한국 드라마!」, 『KTCC』, 2020. 6. 30.
　　https://blog.naver.com/leekiza/220956859577 (검색일: 2020. 6.
　　25.)
이유현, 「한국 드라마와 2018 태국 한류」, 『KTCC』, 2018. 11. 17. https://
　　blog.naver.com/leekiza/221400650905 (검색일: 2020. 6. 25.)
한국콘텐츠진흥원, 『2010년 방송콘텐츠 수출입 현황과 전망』, 2011.
한국콘텐츠진흥원, 『2018 해외 콘텐츠시장 분석』, 2018.
한국콘텐츠진흥원 인도네시아 비즈니스센터, 『태국 콘텐츠산업동향』,
　　2019년 7호.
한국국제문화교류진흥원, 『한류에서 교류로』, 2020.
한국국제문화교류진흥원, 『2020 해외한류실태조사』, 2020.
한국국제문화교류진흥원, 「[문화정책/이슈] 저무는 TV의 시대, 태국 방송통

신위원회의 고민」, 『통신원리포트』, 2019. 7. 20. http://kofice.
    or.kr/c30correspondent/c30_correspondent_02_view.asp?seq=
    17241&page=1&find=&search=&search2= (검색일: 2020. 6. 25.)
Bangkok Post. 2021. "PDRC rallies haunt Thai-born K-pop star Sitala."
    12월 01일 https://www.bangkokpost.com/life/arts-and-
    entertainment/2224991/pdrc-rallies-haunt-thai-born-k-pop-
    star-sitala (검색일: 2022. 1. 3.)
MUFG, 『MUFC Thailand Monthly』, 2020.
RSF, 『2002 World Press Freedom Index』
RSF, 『2020 World Press Freedom Index』, https://rsf.org/en/ranking/
    (검색일: 2020. 6. 29.)

메타버스와 K-콘텐츠
─동남아 콘텐츠시장 수출 확대 전략

전동한

I. 머리말

최근 콘텐츠산업은 인터넷 확산을 통한 디지털 시대와 모바일을 통한 스마트 시대를 거쳐 글로벌 플랫폼의 확산 시대로 접어들었다. 넷플릭스, 유튜브, 아마존, 메타(페이스북), 마이크로소프트 등 글로벌 플랫폼들은 콘텐츠의 유통뿐만 아니라 IP 확보, 제작, 투자 등 다양한 형태의 비즈니스를 진행해 오고 있는데 IoT, IoE(Internet of Everything; 만물인터넷), AR, VR, AI, 웨어러블 디바이스 등 다양한 첨단기술을 앞세우며 전 세계 콘텐츠시장에 새로운 패러다임을 구축하고 있다.[1]

---

1   전동한, 「중국 방송시장에서의 K-콘텐츠 확장성 연구」, 『문화산업연구』 제20권 제1호, 한국문화산업학회, 2020, 17-18면.

2020년 시작된 COVID-19에 의한 팬데믹은 사회적 거리두기를 통해 비대면 경제를 활성화시키면서 언텍트산업의 성장에 기여하였다. 제4차 산업혁명이라는 영역으로 미래 사회에 점진적으로 진행될 것으로 예상했던 디지털 기반 산업들이 급속도로 활성화되면서 성장하였는데, 많은 시간이 걸릴 것으로 예상했던 다양한 생활들이 순식간에 현실이 되면서 디지털산업 생태계가 새롭게 재평가되는 계기를 만들었다.[2]

COVID-19 영향에 따른 엔텍트 현상으로 인해 가장 대표적인 영역으로 등장하는 것이 메타버스(metaverse)라 할 수 있는데 사회·문화적 환경, 디지털 트랜스포메이션과 새로운 비즈니스 모델의 경제적 환경, 모바일 및 웹 3.0 및 공간 인터넷의 본격화와 같은 기술적 환경은 메타버스가 디지털 언텍트산업의 표면으로 부상하면서 진화하는 계기가 되었다.

K-콘텐츠의 경우 또한 비대면 사회로의 대전환 시기였음에도 불구하고 최근 몇 년 동안 해외시장 진출에서 두드러지는 성과를 보여주고 있는데 특히 2021년은 전 세계적으로 K-콘텐츠를 향한 관심이 그 어느 때보다 뜨거웠던 한 해였다. K-Pop으로 대표되던 K-콘텐츠가 OTT 플랫폼을 통해 영화, 드라마 등 다양한 영상 콘텐츠로 주목을 받았으며 K-Drama와 K-Pop에 이어 K-Dance, K-Food, K-Fashion, K-Beauty, K-Culture까지 K-콘텐츠 열풍으로 확대된 양상이다.

이에 본 연구는 코로나19가 비대면 언텍트 시대를 앞당기면서 가져온 메타버스의 진화와 함께 콘텐츠 분야에 가져올 변화와 영향력을 고려하여

---

2   윤호영, 「디지털전환 시대 콘텐츠 이용 트렌드 연구: 온라인 동영상·온라인 공연·메타버스·오디오 콘텐츠」, 『KOCCA 연구보고서』 KOCCA21-35, 한국콘텐츠진흥원, 2021, 2-3면.

K-콘텐츠와의 결합을 통한 연관성을 바탕으로 K-콘텐츠, 즉 한류가 아시아시장에서 수출이 더욱 활성화될 수 있는 방향을 모색하고자 한다. 본 논문은 제1장 머리말, 제2장 메타버스의 진화, 제3장 K-콘텐츠와 메타버스의 결합, 제4장 한류의 아시아 시장 수출 전략, 제5장 맺음말로 구성하였다.

Ⅱ. 메타버스의 진화

1. 연구 배경

1) 연구 목적

최근 K-콘텐츠가 세계시장에서 주목받으며 지속가능한 성장을 보여주는 예측 전망 근거로는 첫째, 한류 K-콘텐츠는 온라인 플랫폼을 활용해 전 세계 팬들을 확보하고 있다는 것이다. 그 결과 K-콘텐츠의 가치상승으로 인해 세계, 특히 동남아 시장에서 K-콘텐츠 확보를 위한 경쟁이 치열해지고 있다. 이러한 상황은 결국 K-콘텐츠의 가치를 상승시키는 결과를 가져오게 된다. 둘째, 창작 단계에서부터 세계시장을 겨냥해 작품을 제작하는 특징을 보이고 있다. 국내 콘텐츠 제작과 온라인 콘텐츠 서비스 모두는 내수시장의 한계와 콘텐츠 제작비용 조달을 위해 글로벌 플랫폼 진출을 도모하고 있다. 규모의 경제를 실현하기 위해 온라인 서비스와 제작비 회수, 시장규모 등의 문제를 해결하기 위해서는 글로벌 진출이 필수적이다.[5] 셋째, 정부차원의

---

3   윤호영, 「디지털전환 시대 콘텐츠 이용 트렌드 연구: 온라인 동영상·온라인 공

한류 확대를 위한 적극적인 정책기조의 유지이다.[4] 정부는 K-콘텐츠 육성을 위한 콘텐츠산업 혁신전략 및 디지털 뉴딜정책 등에서 문화·기술분야 연구 개발 투자를 통해 신시장 창출을 도모하고 있다.[5] 넷째, 메타버스가 콘텐츠 분야와 연관성을 가지고서 진화하게 되는 변화이다. 이 부분의 내용을 정리 하면 ①콘텐츠를 입는 아바타이다. 즉, 디지털 인플루언서(influencer; 영향력 을 행사하는 사람)[6] 및 멀티 페르소나(multi-persona; 다중적 자아)[7]의 확대이다. ②디지털 네이티브 세대가 주도하는 생태계로써 콘텐츠 소비의 주요 타깃 인 동시에 콘텐츠 생산자로 기능하는 소통의 연결 활동이다. ③다수의 인원 이 동시다발적으로 활동하면서 취향과 관심을 공유하는 새로운 대중매체 이다. ④이용자가 주도적으로 누구나 콘텐츠를 생성하여 타인과 공유 및 소 통이 가능하게 하는 스토리텔링에서 스토리리빙(story-living)으로의 전환이 고 변화이다. ⑤새로운 서비스와 이용자 확대가 직접적으로 이루어지는 비

연·메타버스·오디오 콘텐츠」, 『KOCCA 연구보고서』 KOCCA21-35, 한국콘텐츠진 홍원, 2021, 46-47면.

4   문화체육관광부 해외문화홍보원, 「어디야? 한류 콘텐츠 상승세의 끝은?」, 대한민 국 정책브리핑(www.korea.kr), 2022. 1. 7.

5   박하나, 「전 세계에 스며든 K-콘텐츠 14조 원의 의미」, 대한민국 정책브리핑(www. korea.kr), 2022. 2. 9.

6   인스타그램·유튜브·트위터 등 SNS에서 많은 팔로워·구독자를 가진 사용자나 포 털사이트에서 영향력이 큰 블로그를 운영하는 파워블로거 등을 통칭하는 말

7   멀티 페르소나 특성은 메타버스(3차원 가상세계) 생태계를 확장하는 데 일조하고 있다. VR·AR 등의 기술이 발전하며 등장한 메타버스 세계 속에서 사용자는 자신 을 상징하는 아바타를 멀티 페르소나로 이용해 다양한 활동을 한다. 메타버스의 아바타는 현실세계의 자신과 동일한 사람이 아닌 개인이 설정한 정체성을 지닌 존재로 활약한다(에듀윌 시사상식에서 참조).

즈니스 특성에 따른 콘텐츠 수익모델의 재편이다. ⑥모든 요소를 포용할 수 있는 상상력으로 IP를 기반으로 하는 상호교차와 융합이다. ⑦회의, 공동작업, 교육 등 시공간적 제약을 줄이는 비대면 창작·업무를 위한 협력적 콘텐츠 생산구조이다.[8]

이에 본 연구는 메타버스의 진화와 K-콘텐츠의 결합에 의한 고찰을 통해 한류 즉, K-콘텐츠의 아시아 시장 수출 확대를 위한 올바른 방향을 제시하고자 한다. 이것이 이번 연구의 목적이다.

2) 선행연구

본 연구와 관련되는 K-콘텐츠 및 메타버스, 무역 및 수출에 대한 기존 연구자들의 내용을 [표 1]과 같이 분류하여 본 연구의 기초지식으로 삼는다.

[표 1] 선행연구

연구 관련 구분	저자	내용
K-콘텐츠	전동한	글로벌 플랫폼은 첨단기술을 앞세우며 전 세계 콘텐츠 시장에 새로운 패러다임을 구축
	성동규·이주연	글로벌 OTT시대 K-콘텐츠의 지속가능한 확산: 저작권 침해, 불법유통 근절, 정교화된 포스트 프로덕션 중요[9]

---

8   채다희·이승희·송진·이양환, 「메타버스와 콘텐츠」, 『KOCCA 포커스』 통권 134호, 한국콘텐츠진흥원, 2021, 6-7면.

9   성동규·이주연, 「글로벌 OTT시대 K-콘텐츠의 지속가능한 확산을 위한 고찰: 중국 문화콘텐츠 산업 정책을 중심으로」, 『문화산업연구』 제21권 제4호, 한국문화산업학회, 2021, 107-119면.

		김희경	액티비즘에 대한 정의: 콘텐츠의 특성을 지닌, 콘텐츠를 가진, 그리고 공감 가능한 액티비즘[10]
메타버스	개념	송원철·정동훈	메타버스 해석과 합리적 개념화 정리, 재개념화 시도[11]
		이병권	메타버스 서비스 관련 사례와 플랫폼 형태에 대한 연구[12]
	기술	김지훈·황대원·서경진	스크립트를 활용한 아바타 콘텐츠 제작 시스템: 3D 아바타를 활용한 콘텐츠를 제작할 수 있는 콘텐츠의 시나리오 정리를 위한 도구들을 개발[13]
	비즈니스	채다희·이승희·송진·이양환	메타버스와 콘텐츠 분야의 변화와 사례 연구, 경제적, 법적 관련 연구[14]
		김태경·김신곤	디지털 전환과 비즈니스 관점에서 메타버스 분석[15]
		S. Vallas, J. B. Schor	디지털과 공유경제 그리고 플랫폼 경제의 일과 고용의 본질에 대한 논의[16]

10 　김희경, 「콘텐츠 액티비즘: 행동하는 콘텐츠」, 『인문콘텐츠』 제53권, 인문콘텐츠 학회, 2019, 35-49면.

11 　송원철·정동훈, 「메타버스 해석과 합리적 개념화」, 『정보화정책』 제28권 제3호 한국정보화진흥원, 2021, 3-22면.

12 　이병권, 「메타버스(Metaverse)세계와 우리의 미래」, 『한국콘텐츠학회지』 제19권 제1호, 한국콘텐츠학회, 2021, 13-17면.

13 　김지훈·황대원·서경진, 「스크립트를 활용한 아바타 콘텐츠 제작 시스템」, 『한국 디지털콘텐츠학회논문지』 제23권 제1호, 한국디지털콘텐츠학회, 2022, 11-19면.

14 　채다희·이승희·송진·이양환, 「메타버스와 콘텐츠」, 『KOCCA 포커스』 통권 134 호, 한국콘텐츠진흥원, 2021, 1-34면.

15 　김진호, 「냉전시기 미국의 무역통제정책 1947-1950」, 『인문사회21』 제10권 제4 호, 사단법인 아시아문화학술원, 2019, 825-840면.

16 　S. Vallas & J. B. Schor, "What Do Platforms Do? Understanding the Gig Economy," Annual Review of Sociology, Vol. 46, 2020.

		F. Li	크리에이티브 산업에서 비즈니스 모델 뉴 트렌드[17]
		K. Frenken	독점 슈퍼 플랫폼에 대한 자본주의 미래 통제[18]
무역 및 수출		Burri, M, Polanco, R.	디지털무역의 활성화를 위한 우대조항 추가 내용 논의[19]
		임은정·전성희	콘텐츠 서비스가 서비스 수출에 미치는 영향에 대한 연구[20]
		김기홍	디지털무역의 개념과 디지털무역 활성화를 위한 국제적 논의 분석[21]
		손창우·박소영	디지털 서비스 무역의 정책과 무역 규범의 글로벌 쟁점 연구[22]
		오혜리	아세안 6개국에 대한 콘텐츠 국제교류 및 통상 연구[23]

17   F. Li, "The Digital Transformation of Business Models in the Creative Industries: A Holistic Framework and Emerging Trends," Technovation, Vol. 92-93, 2020.

18   K. Frenken, "Political economies and environmental futures for the sharing economy," Philosophical Transactions of the Royal Society A Mathematical Physical and Engineering Sciences(PHILOS T R SOC A) Vol. 375, 2017.

19   Burri, M. & Polanco, R., "Digital Trade Provisions in Preferential Trade Agreements: Introducing a New Dataset," Journal of International Economic Law, Vol. 23(1), 2020.

20   임은정·전성희, 「콘텐츠 서비스가 서비스 수출에 미치는 영향: 한국사례를 중심으로」, 『통상정보연구』 제23권 제4호, 한국통상정보학회, 2021, 293-315면.

21   김기홍, 「디지털무역의 개념과 디지털무역 활성화를 위한 국제적 논의의 분석」, 『예술인문사회융합멀티미디어논문지』 제8권 제9호, 사단법인인문사회과학기술융합학회, 2018, 1-11면.

22   손창우·박소영, 「디지털 무역의 한·중 비교와 무역 규범의 글로벌 쟁점」, 『TRADE FOCUS』 2020-41호, 한국무역협회 국제무역통상연구원, 2020, 1-37면.

23   오혜리, 「콘텐츠 국제교류 및 통상 동향 연구: 아세안 6개국을 중심으로」, 『연구보고서』 KOCCA21-33권, 한국콘텐츠진흥원, 2021, 1-214면.

2. 메타버스의 진화

초기 메타버스는 사람들이 모이는 social game이 핵심이었으나 이러한 게임들은 우리의 현실을 반영해 만든 또 다른 사회이기도 해서 우리가 일상에서 접하는 다양한 문화 기술이 메타버스의 세계에도 복제되어 적용되고 있다. 결국 메타버스는 또 다른 기회의 세상이며 ①높은 자유도 ②사회적 연결 ③수익화와 같은 측면에서, 어떤 방향으로든지 진화하여 가상현실 안에서 필요한 콘텐츠들이 디자이너, 건축가, 금융전문가, 부동산업자 등 다양한 직업과 연결될 수 있다.[24]

메타버스의 핵심은 가상과 현실이 융합된 초(meta) 세계(verse)로서 실제 현실 및 공간에 기초를 두면서 물리적인 제약을 벗어나 인간과 사회의 기능을 확장하는 것이다. 메타버스는 다양한 상상력으로 영화, 드라마 등의 콘텐츠 분야에서 꾸준히 연결되어져 왔으며 최근에는 게임, 음악과 방송, 패션 등에서 새로운 콘텐츠 모델로 부상하면서 비대면 시대에 콘텐츠 공유 수단을 넘어 사회적 연대와 소속감을 길러주는 플랫폼으로 기능하고 있다.[25]

메타버스 이용자들의 이용 배경은 주로 ①게임, 월드 등 메타버스의 콘텐츠를 즐기기 위해 ②인적 교류 ③아바타로 이미지·영상 제작 ④콘텐츠 아이템 창작으로 수익창출 ⑤업무의 필요 등의 내용으로 나타나고 있다.

24　이임복, 「성공하는 메타버스의 3가지 조건」, 『N콘텐츠』 Vol. 20, 한국콘텐츠진흥원, 2021, 3-4면.

25　채다희·이승희·송진·이양환, 「메타버스와 콘텐츠」, 『KOCCA 포커스』 통권 134호, 한국콘텐츠진흥원, 2021, 1면.

메타버스 플랫폼 이용에 대해서는 ①기술력 ②기존 사용자층 ③무료서비스 여부 등이, 향후 이용에 대해서는 ①수익창출 ②게임 ③e-learning ④운동프로그램 등이 그 내용으로 나타나고 있으며 가장 많이 이용하는 플랫폼으로는 ①동물의숲 ②제페토 ③마인크래프트 순서이다.[26]

메타버스와 메타버스 콘텐츠는 영화, 드라마, 게임 등에서 무한한 상상력으로 꾸준히 이어져 왔다는 점에서 오랜 역사를 가지고 있다고 할 수 있으며 COVID-19 팬데믹에 의한 언텍트 시대에 파생현실로서 콘텐츠 향유 수단을 넘어 사회적 연대와 소속감을 길러주는 플랫폼으로까지 기능하고 있다. 메타버스의 파생현실은 현실과의 상호운용성, 하나의 아바타를 통해 다양한 행위가 이루어질 수 있도록 하는 연속성, 물리적 접촉 없이 이루어지는 현존감, 다수 이용자가 연결되는 동시성, 재화를 기반으로 하는 경제 흐름의 특성을 가진다.[27] 1990년 무렵 등장한 메타버스 개념은 증강현실, 거울세계, 라이프로깅, 가상세계 등의 4개 유형으로 제시되고 있으며 이들은 상호 연계되면서 이용자 경험을 강화하는 방향으로 전개되고 있다. 오늘날에는 더욱 변용되어 인터페이스, 스토리, 경제 등 현재 상황에서 메타버스의 완벽한 구현이나 개념화를 가능하게 점진적으로 진화하고 있다.

따라서 메타버스는 앞으로 다양한 플랫폼 간 이동이 자연스러운 멀티버스에서 아바타를 통해 현실의 경험을 확장하고 디지털 자산의 생산과 유통, 타인과 협업하고 소통하는 등 모든 활동을 몰입감 있게 영위할 수 있

---

26   윤호영, 「디지털전환 시대 콘텐츠 이용 트렌드 연구: 온라인 동영상·온라인 공연·메타버스·오디오 콘텐츠」, 『KOCCA 연구보고서』 KOCCA21-35, 한국콘텐츠진흥원, 2021, 145-190면.

27   김상균, 『메타버스』, 플랜비디자인, 2020.

는 세상으로 진화할 것으로 예상된다.

3. 메타버스 콘텐츠기업

1) 로블록스(ROBLOX)

코로나 팬데믹으로 인한 비대면 일상화의 촉진은 현실 세계에 메타버스를 가장 실질적으로 구현한 로블록스 서비스의 등장이며 시대적 환경에 따라 인기가 급증하게 되는 결과를 가져왔다. 로블록스는 PC 및 모바일에서 플레이가 가능하며 로벅스(Robux)라는 가상화폐 단위를 사용하며 달러로의 환전이 가능하다. 이 가상화폐를 통해 헤어, 액세서리, 의상 등 자신의 캐릭터를 꾸미거나 타인이 만들어 창작한 아이템을 구매하는 등의 경제활동을 할 수 있다. 그리고 자신이 직접 게임을 제작하여 다른 유저의 참여를 유도하여 수익을 낼 수 있는 구조를 갖추고 있다.

로블록스는 플랫폼 제공자가 게임을 만들어서 파는 것이 아니라 사용자가 직접 게임을 설계하고 판매하여 또 다른 사용자가 그 게임을 즐기는 다중구조로 이루어져 있다. 사이트 내에서 게임을 하고 콘텐츠를 만들고 이들을 가지고 거래를 할 수 있는 특징은 유저에 의해 콘텐츠 창작이 지속적으로 가능하며 자체적으로 새로운 콘텐츠를 수급할 수 있는 자유로운 플랫폼 참여와 소통 구조가 형성되어 있는 높은 자유도의 특징을 보인다.

또한 미국 10대 어린이 및 청소년들 사이에서 가장 많이 사용하고 있는 소통의 통로로써 아바타로 구현된 개인이 채팅과 파티 활동을 위해 타인과 소통한다는 점에서 SNS의 기능을 수행하고 있어서 게임인 동시에 하

나의 사회현상으로 해석되고 있다.[28]

2) 제페토(Zepetto)

제페토는 AR 콘텐츠, 게임, SNS 기능을 즐길 수 있는 네이버Z에서 서비스 중인 앱으로써 누적 가입자가 3억 명에 달하는 우리나라의 대표적인 메타버스 플랫폼이다. 잼(Zem)이라는 가상화폐 단위를 사용하여 제페토 스튜디오에서 모든 경제활동을 할 수 있으며 해외 명품 브랜드들도 입점해 있다는 특징이다.

제페토의 등장은 K팝·음악, 패션 분야 콘텐츠로까지 확장하여 서로 간 결합할 수 있는 기반을 조성하였다는 것, 특히 게임이나 액티비티 요소, 즉 아이템 판매와 같은 요소를 즐기기, 부캐 문화와 SNS 활동, 사용자창작콘텐츠(UGC; User Generated Contents) 등 MZ세대에게 익숙한 것들을 가상으로 옮겼다는 점에서 차별성을 가진 플랫폼으로 평가된다.[29]

3) 디센트럴랜드(Decentraland)

디센트럴랜드는 유저가 소유한 최초의 가상세계를 탐색(Explore)하고 만들어(Create)가고 거래(Trade)하는 대표적 부동산 메타버스 플랫폼이다. 가상세계에서 가상세계 내의 토지를 보유하고 거래할 수 있도록 하고

---

28   채다희·이승희·송진·이양환, 「메타버스와 콘텐츠」, 『KOCCA 포커스』 통권 134호, 한국콘텐츠진흥원, 2021, 11면.

29   채다희·이승희·송진·이양환, 위의 책, 2021, 12면.

있으며 플랫폼 내부의 재화나 서비스 등의 거래를 위한 다양한 NFT(Non Fungible Token; 대체 불가능한 토큰) 마켓플레이스도 운영하고 있다.

[표 2] 디센트럴랜드(Decentraland) 영역 구분

Explore	- 진화하는 세계의 놀라운 경험 - 유저가 소유한 토지에 놀라운 장면과 구조들을 경험하기 위해 우주 모험에서부터 중세의 지하 감옥 미로, 커뮤니티 구성원의 마음으로 만든 마을 전체에 이르기까지 놀랍게 진화하는 세상을 탐색하는 것
Create	- 상상력의 한계를 테스트 - 간단한 디자인 도구를 사용하여 장면, 삽화, 챌린지 등을 만들고 이벤트에 참여하여 상품을 받고 경험 많은 제작자를 위해 SDK(software development kit; 소프트웨어 개발 키트)를 제공하는 것
Trade	- 디지털 자산을 위한 가상의 목적지 - 디센트럴랜드 마켓플레이스에서 토지, 소유권, 아바타 의상 및 이름 등을 매매하는 것. 이더리움 블록체인 바탕으로 최고의 디지털 상품과 도구를 구입하는 것

자료: https://decentraland.org에서 저자가 재정리.

III. K-콘텐츠와 동남아 콘텐츠시장

1. K-콘텐츠

1) K-콘텐츠 현황

2020년 초 시작된 코로나19 팬데믹은 전세계 인류의 삶 형태를 바꿔 놓았다. 2020년 K-콘텐츠 현황을 살펴보면 수출은 코로나19 발생 이전인 2019년보다 증가하였고 해외 한류 소비자들의 K-콘텐츠 소비도 전년 대비 증가하였다. 비대면, 집콕(가칭) 소비 보편화와 글로벌 OTT 유통망 확산

의 수혜를 입은 게임, 영상콘텐츠(예능, 드라마 등)가 오프라인 콘서트 개최가 중단된 음악산업의 손실 수준을 넘어 큰 폭의 성장을 기록하였다. 2022년에도 코로나19 팬데믹의 여파가 지속되고 있는 가운데 K-콘텐츠는 제작, 유통, 소비 등에서 능동적으로 대처하면서 진화하고 있다. 코로나19 발생 이전과 비교하여 볼 때 K-콘텐츠가 증가한 장르는 예능(48.0%), 드라마(47.9%), 게임(45.8%) 등 주로 영상콘텐츠인 반면 음식(30.0%), 패션(29.1%), 뷰티(25.2%) 등 대면 콘텐츠는 감소하였다.

K-콘텐츠에 대한 접촉 경로는 주로 온라인·모바일 플랫폼과 TV, 한국 영상물을 통해 접촉하는데 드라마, 예능, 영화 등은 온라인·모바일 플랫폼과 TV, 출판물은 자국·글로벌 사이트·앱을 통해, 그리고 패션과 뷰티, 음식은 SNS영상·사진·한국 영상물을 통해 접촉하는 것으로 나타났다. 전체 콘텐츠 소비량 중 해외 한류 소비자의 비중은 드라마가 29.6%로 가장 높았고 다음으로는 뷰티(27.5%), 예능(26.9%), 패션(24.8%), 영화(24.5%) 순이다.

한국을 연상시킬 수 있는 이미지로는 K-Pop이 16.8%로 4년 연속 1위, 이어서 한식(12.0%), IT산업(6.9%), 한류스타(6.6%), 드라마(6.4%) 순으로써 한국 이미지에는 K-콘텐츠를 떠올리는 해외 소비자가 많았다.

2020년 한류로 인한 총수출액은 101억 7,500만 달러로 전년 대비 8.8% 증가했다. 코로나19 사태에도 불구하고 한류로 인한 문화콘텐츠 상품 수출액은 65억 5,400만 달러를 기록해 10.8% 늘어났고 소비재 수출도 5.5% 증가하였다.[30]

---

30   한국국제문화교류진흥원, 『글로벌 한류 트렌드 2021』, 2021, 8-11면.

2) K-콘텐츠 기업

우리나라 콘텐츠 기업들은 하나의 IP(Intellectual Property; 지식재산)를 게임, 드라마, 음악, 캐릭터 등 다양한 분야에 활용하여 수출 분야를 다각화 하는데 그 중 게임 기업의 경우는 웹툰, 소설, 음악 등의 콘텐츠를 모티브로 하여 음악을 개발한다. 한편 게임이 해외 콘텐츠 제작에 활용되기도 하여 한국 대표 게임수출기업인 '스마일 게이트'에서 제작한 게임 콘텐츠의 경우는 중국의 드라마 소재로 활용되었다. 중국에서 인기를 얻고 있는 온라인 게임 '크로스 파이어'는 최근 중국 드라마 '천월화선'의 소재로 활용되어 중국 최대 동영상 플랫폼인 '텐센트 비디오'의 인기 드라마 2순위를 차지하였고 또한 일본의 게임 이용자들이 콘솔 및 모바일은 자국 게임을 선호하는 반면 PC게임의 경우 해외 수요가 높다는 점을 공략하여 온라인 게임인 '로스트 아크'를 일본에 출시하여 10만 명 이상의 사전예약자를 확보하였다.

'넷마블'의 경우는 K-POP 그룹 '방탄소년단'을 모티브로 하여 'BTS 유니버스 스토리'라는 게임을 출시하여 출시 전날 일본 앱스토어 사전 다운로드에 1위를 기록하였다.

최근 한국의 콘텐츠 플랫폼 기업들은 디지털무역의 제약이 심한 중국을 피해 일본 시장에 집중하는 경향을 보이는데 네이버 라인 등의 플랫폼 기업들이 과감한 투자와 현지 법인 설립 등을 통해 일본 진출의 기반을 마련하고 있다. 네이버 라인의 일본 자회사인 '라인 망가'는 2013년 일본 서비스 이후 누적 앱다운 수가 2,700만 건을 기록하였고 2020년 3월 기준에서는 월간 사용자 수, 평균 이용시간 등에서 일본 앱스토어 및 구글 플레이스토어에서 1위를 기록하였다.

한국 웹툰 대표적 플랫폼 기업인 '네이버 웹툰'은 공모전 형태로 현지 작가를 적극 발굴하는 등 적극적 현지화 노력의 결과 일본, 미국, 동남아 지역에서 한국 작품 번역본 이외의 현지 작품 비율을 50%까지 높였으며 전세계 누적 조회수 45억 뷰를 기록한 '신의 탑'은 한, 미, 일 3국 합작 애니메이션으로 제작되었다.

'넥슨'의 경우 일본 현지 법인을 통해 모바일 게임 'V4'를 발매하여 애플 앱스토어 1위를 랭크하였고 천계영 작가의 웹툰 '좋아하면 울리는'은 '넷플릭스'를 통해 전세계에 스트리밍 되면서 글로벌 팬덤을 형성하였다 [표 4 참조].[31]

[표 3] 콘텐츠 분야 해외 진출 성공 사례

구분	업체명	사례
게임	스마일게이트	-온라인 게임 '크로스 파이어' 중국 드라마 소재로 활용 -'로스트 아크' 일본 출시 후 사전예약자 10만 명 돌파
	넷마블	-방탄소년단 IP를 활용한 'BTS 유니버스 스토리' 글로벌 출시
	넥슨	-모바일 게임 'V4' 일본 앱스토어 인기 순위 1위 기록
웹툰	네이버	-'라인 망가' 2018년 일본 웹툰시장 점유율 57% 기록
	카카오	-'픽코마' 2016년 론칭 후 3년 연속 거래액 두 배 이상 증가
플랫폼	태피툰	-국내 인기 웹툰 번역 서비스를 미국에서 제공
	레진코믹스	-2015년 북미 서비스를 시작하여 2018년 미국 지역 105억 원 매출 기록

31   손창우·박소영, 「디지털 무역의 한·중 비교와 무역 규범의 글로벌 쟁점」, 『TRADE FOCUS』 2020-41호, 한국무역협회 국제무역통상연구원, 2020, 22-23면.

	네이버	-네이버 라인의 태국 현지 배달앱인 '라인맨' 현지 BRV 캐피탈로부터 1,323억 원 투자 유치
	더존비즈온	-코로나19 영향으로 회계관리 플랫폼 '위하고'의 수출 급증

자료: 손창우·박소영, 「디지털 무역의 한·중 비교와 무역 규범의 글로벌 쟁점」,
「TRADE FOCUS」, 2020-41호, 한국무역협회 국제무역통상연구원, 2020, 23면.

2. 동남아 콘텐츠시장

1) 동남아 콘텐츠시장 현황

2019년 우리나라 콘텐츠 수출액은 약 98억 8천만 달러인데 그중에서 동남아 시장 수출액은 전체의 14.4%인 약 14억 달러이며 중화권 42.0%, 일본 16.8%에 이어 세 번째 규모이다. 2019년 동남아 시장 수출액을 장르별로 보면 게임이 약 7억 4천만 달러로 가장 큰 비중을 차지(53.3%), 다음 음악이 약 1억 3천만 달러(9.3%), 영상물은 4천만 달러(2.9%), 웹툰을 포함한 만화는 약 943만 달러(0.7%) 순이다. 동남아 시장의 게임 수출액은 전체 게임 수출액인 66억 6천만 달러의 약 11.2%, 음악 매출액은 음악 전체 매출액인 7억 6천만 달러의 17.1%, 영상물은 전체 영상물 매출액 5억 3천만 달러의 7.6%, 웹툰이 포함된 만화의 경우 만화 전체 매출액인 4천 6백만 달러의 20.5%이다. 우리나라 콘텐츠 수출액에서 가장 큰 비중을 차지하는 게임이 전체 동남아 수출에서도 차지하는 비중이 가장 높았다.[32]

---

32   2019년도 콘텐츠산업 수출액 현황, 문화체육관광부.

2) 동남아 시장 주요 콘텐츠

(1) 게임

동남아 지역 게임시장은 구글, 애플과 같은 글로벌 앱마켓을 통한 게임의 해외 서비스가 게임의 일반적인 수출 유형이며 한국의 게임 개발사가 국내외 퍼블리셔를 경유하여 해외 현지로 게임을 수출하는 전통적인 라이센싱 방식으로도 수출이 이루어지고 있다. 디지털화의 진전으로 한국과 동남아 현지 간에 게임 소프트웨어를 전달하는 모든 과정은 전자적 전송을 통해 이루어진다.

해외 법인 설립의 경우에는 규모가 큰 사업체를 중심으로 이루어지고 있으며 게임 IP 수출의 경우 동남아 지역 현지 이스포츠 대회 개최와 관련된 권리의 거래와 같은 사례와 같이 해당 지역에 진출한 게임 타이틀과 연동되어 진행되는 특징을 보인다. 또한 게임 수출에 비해 적은 사례이지만 인력의 이동을 동반한 게임 공동제작과 같은 경우도 있다.

(2) 음악

글로벌 또는 주요 로컬 플랫폼과의 계약을 통해 디지털 음원을 수출하는 것이 주를 이루며 해당 플랫폼과 직접 계약을 통해 음원을 제공, 또는 중간자를 통해 여러 플랫폼을 포괄하는 서비스 계약을 체결하기도 하며 해외 영상물이나 라디오 방송, 게임 콘텐츠에서의 음원 사용과 관련한 B2B 계약으로 음원을 수출하기도 한다.

실물 음반과 머천다이징 상품은 현지 직접 생산보다는 한국에서 동남아시아로 실물을 수출하는 경우가 많으나 아티스트의 현지 공연 및 활동

등과 관련된 법적, 행정적 절차 수행을 위해서는 현지 법인·지사를 설립하는 경우가 많다. 또한 코로나19 이후 새로운 비즈니스 모델로 부상한 비대면 공연이나 K-POP 플랫폼의 경우 글로벌 서비스로 진행하기 때문에 기본적인 동남아 지역 서비스는 이에 포함된다.

(3) 영상물

영상물에 대해서는 방송사를 통한 수출의 경우 1개국 방송사와 계약후 방영하거나 또는 동남아지역 거점 방송사와 계약을 통해 여러 국가로 동시에 방영하는 방법이 채택되고 있고 OTT를 통한 수출은 글로벌 OTT와의 전세계 판권 계약 또는 동아시아 진출 및 거점 OTT와의 계약에 의해 권역 내에 동시 방영하고 있다.

지역 내에서 콘텐츠의 유통, 공동제작, 제휴사업 등을 위해 현지 법인·지사를 설립하고 영향력 있는 주요 방송통신사업자와의 합작법인 설립을 통해 공동제작, 아웃소싱, 교환 등을 진행하고 있다.

(4) 웹툰

웹툰은 대표적인 국내 플랫폼 기업 네이버나 카카오를 통해 또는 현지 플랫폼과의 판권계약을 통해 시장에 진출하고 있다. 웹툰 콘텐츠의 수출을 중심으로 해외 비즈니스가 이루어지고 있으며 동남아지역 파트너들과 협업으로 현지 플랫폼에서 인기 있는 IP를 영상물 등으로 확장시키려는 시도가 이루어지고 있다. 동남아 권역 대상의 콘텐츠 로컬라이즈, 현지 마케팅, 플랫폼 서비스를 위한 인프라 계약 체결 등의 목적으로 현지 법인·

지사가 운영되며 법인·지사가 진출하지 않은 지역은 한국 본사에서 직접 해외 서비스를 관리하고 있다.[33]

[표 4] 동남아 콘텐츠시장 환경

구분		내용
콘텐츠시장 내적 환경		-높은 성장률과 확장 가능성 -한류 열풍에 따른 K-콘텐츠의 높은 인지도 -한국어 가능 자원의 지속적인 양성에 따른 고급 K-콘텐츠 이미지 메이킹 -코로나19 팬데믹에 따른 비대면 소비의 증진과 온라인 기반 K-콘텐츠 소비 활발 -디지털경제의 구축과 발전에 의한 온라인 기반의 K-콘텐츠 소비 활성화 -다양한 언어와 문화에 따른 콘텐츠 구조의 복잡성 내재 -콘텐츠 산업의 고도화, 전문화, 다양화, 구매력 등에서 시장형성 단계별 격차가 큼 -콘텐츠 불법유통의 심각성과 저작권 문제
콘텐츠시장 외적 환경	정치·외교	-한국은 신남방 정책으로 동남아 진출 기회 확산과 한류 인기 상승 및 강화 -ASEAN은 전통적 규범과 민주주의 이행을 위한 중심성과 회복력 강화가 요구되는 시점
	경제·통상	-ASEAN과의 FTA 체결 확대 및 EAC(East Asian Community; 동아시아공동체)와 유대 강화 -미중 무역전쟁 패권 다툼과 RCEP 및 CPTPP 교차 가입 등에 대한 각국의 입장 차이 -개방 분야·업종 및 신산업 등에서 국가별 경제적 차이에 따른 시장 개방 효과가 상이함
	디지털무역	-무역의 디지털화 및 디지털무역 국제 규범 마련에 따른 콘텐츠시장 개방 확대와 새로운 쟁점에 대한 대응 요구 -TBT(Technical Barriers to Trade)에 의한 국경간 데이터 이동과 디지털세 부과 등에 대한 대응 -DEPA(Digital Economy Partnership Agreement; 디지털경제동반자협정) 및 호-싱 DEA(Digital Economy Agreement; 호주-싱가폴 디지털경제협정)
	코로나19 팬데믹	-비대면 소비의 증진과 온라인 기반 K-콘텐츠 소비 활발 -오프라인 비즈니스 소비력 감소와 타격에 따른 경제난 심각

* 자료: 오혜리, 「콘텐츠 국제교류 및 통상 동향 연구; 아세안 6개국을 중심으로」, 『연구보고서』, KOCCA21-33권, 한국콘텐츠진흥원, 2021, 6면. 내용을 저자에 의해 수정 편집.

---

33   오혜리, 「콘텐츠 국제교류 및 통상 동향 연구: 아세안 6개국을 중심으로」, 『연구보고서』 KOCCA21-33권, 한국콘텐츠진흥원, 2021, 13-15면.

3) 동남아 주요국 콘텐츠시장

동남아 지역 주요 국가들은 중국계, 말레이계, 인도계 등 다양한 민족들이 거주하면서 불교, 이슬람, 힌두교 등 종교적으로도 다양성을 가진다. 그럼에도 글로벌 콘텐츠 기업들이 동남아 시장에 집중하는 이유는 콘텐츠 분야에 잠재된 성장성 때문이다.

동남아 지역 국가들의 K-콘텐츠에 대한 인지도를 볼 때 오랜 한류 확산의 영향으로 타 지역보다 사회 일반의 인지도가 높아서 고급 콘텐츠로써의 긍정성을 유지하고 있으며 인도네시아 > 말레이시아 > 베트남 > 태국 순으로 한류에 대한 인기와 높은 성장도를 볼 수 있다. 정치·외교적인 측면에서도 타 지역 및 국가들에 비해 이슈에 따른 불안정성이 적은 경향을 보이며 한류에 따른 한국어 학습 붐으로 한국어와 한국 문화에 익숙한 인력이 지속적으로 양성되고 있다. 이는 동남아 지역 현지와 한국 콘텐츠산업과의 협업에도 긍정적인 요소로 작용하고 있다.

하지만 콘텐츠의 불법유통이나 저작권 침해의 문제, 지역 내에서 사용되는 다양한 언어와 문화에 수반되는 번역 및 갈등에 대한 대응 등을 위한 부대비용, 재난·재해와 같이 현지 업체와의 협업 과정에서 발생하는 돌발상황 등은 동남아 시장 진출에 한계로 작용된다.

[표 5] 동남아 주요국 K-콘텐츠시장 10개 분야* 현황

단위: %

구분		내용
인도네시아	호감도**	영화(93.4), 드라마(92.0), 예능(91.0), 패션(89.2), 음악(88.8)
	인기도***	음악(67.8), 뷰티(63.6), 음식·패션(62.2), 드라마(59.4)
	경쟁력	드라마, 영화, 음악, 패션 〉웹툰 〉예능, 뷰티, 음식 〉애니메이션, 게임
	반한류	지나치게 상업적 〉자국 콘텐츠산업 보호 필요 〉지나치게 자극/선정적 〉남북분단/북한 위협 〉획일적이고 식상
태국	호감도	드라마(89.2), 영화(87.2), 음식(86.5), 예능(86.2), 게임(85.3)
	인기도	음식(55.8), 뷰티(54.8), 패션(52.0%), 음악(47.0), 영화(41.0)
	경쟁력	드라마, 영화, 예능, 뷰티 〉웹툰 〉음악, 게임, 패션, 음식 〉애니메이션
	반한류	지나치게 상업적 〉자국 콘텐츠산업 보호 필요
말레이시아	호감도	영화(83.3), 뷰티(82.9), 예능(81.4), 드라마(80.5), 음악(75.7)
	인기도	음식(65.2), 뷰티(65.0), 음악(61.4), 패션(59.8), 드라마(51.8)
	경쟁력	드라마, 영화, 음악, 뷰티, 패션 〉음식, 예능 〉애니메이션, 웹툰, 게임
	반한류	지나치게 자극/선정적 〉지나치게 상업적 〉남북분단/북한 위협
베트남	호감도	뷰티(85.5), 예능(84.4), 드라마(84.3), 영화(83.6), 패션(82.6)
	인기도	뷰티(62.8), 패션(58.6), 음식(58.4), 영화(52.0), 드라마(47.2)
	경쟁력	드라마, 예능, 영화, 패션, 뷰티 〉음악, 음식 〉애니메이션, 웹툰, 게임
	반한류	지나치게 상업적 〉자국 콘텐츠산업 보호 필요

* 예능, 영화, 드라마, 음식, 뷰티, 패션, 게임, 애니메이션, 웹툰, 음악,
** 한류 팬 대상에서의 인기,
*** 사회 일반에서의 대중적인 인기

자료: 2021 해외한류실태조사, 한국국제교류진흥원, 2021.; 오혜리, 「콘텐츠 국제교류 및 통상 동향 연구: 아세안 6개국을 중심으로」, 『연구보고서』, KOCCA21-33권, 한국콘텐츠진흥원, 2021, 56-76면의 내용을 저자가 재정리.

Ⅳ. 동남아 콘텐츠시장 수출 확대 전략

1. 메타버스와 K-콘텐츠의 결합 전략

1) K-콘텐츠의 극복 과제

K-콘텐츠의 경우 메타버스와의 진화를 통해 새로운 모델로 부상하고 있음은 사실이나 그럼에도 불구하고 몇 가지 극복해야 하는 과제를 보여주고 있는데 ①해외 서비스를 뛰어넘는 기술력과 콘텐츠 경쟁력 필요 ②불법 복제와 저작권 침해로부터 보호 ③다양해진 한류 이용자의 요구 수용 ④MZ세대 소비자들의 소비 패턴 분석 ⑤가장 한국적인 K-콘텐츠의 개발 ⑥알고리즘 기반 큐레이션의 정확성[34] 등이 차별화된 K-콘텐츠 서비스 제공[35]으로 요구되는 내용이다.

2) 메타버스 콘텐츠와 결합

기존에 세계에서 아시아를 대표하는 문화가 중국과 일본이었다면 이제는 한국이 그 중심에서 몇 년 사이에 인지도를 크게 상승시켰다. 우리나라 콘텐츠산업 수출 현황을 참고하여 볼 때, K-콘텐츠가 세계시장으로 더

---

34   미술관·박물관에서 작품을 설명해주는 큐레이터(curator)에서 파생한 신조어로서 큐레이터처럼 인터넷에서 빅테이터 분석을 통해 개인맞춤정보를 제공하는 서비스(에듀윌 시사상식에서 참조).

35   윤호영, 「디지털전환 시대 콘텐츠 이용 트렌드 연구: 온라인 동영상·온라인 공연·메타버스·오디오 콘텐츠」, 『KOCCA 연구보고서』 KOCCA21-35, 한국콘텐츠진흥원, 2021, 48-50면.

욱 확장되고 수출이 확대되기 위해서는 게임과 영화, 만화(웹툰), 음악, 방송영역 등에서 가상현실과 증강현실을 반영한 혼합현실로 실감콘텐츠가 육성되는 신시장 창출을 도모하여야 할 것이다. 또한 K-콘텐츠의 해외 진출을 위해 콘텐츠 수출 허브를 구축하고 한류 마케팅을 위한 플랫폼의 구축 및 관리도 필요하겠다. 특히 메타버스 플랫폼 및 K-메타월드 등과 같은 메타버스 콘텐츠 시스템 구축을 통해 세계 한류 팬들에게 한류 콘텐츠 경험 기회를 제공하는[36] 등의 세그멘테이션 전략은 K-콘텐츠 활성화를 위해 더욱 중요한 요인이 될 것이다.

3) 팬덤과의 비대면 소통

코로나19로 인한 비대면 시대가 도래 하면서 스타와 팬이 온라인을 통해 소통할 수 있는 팬덤 소통 플랫폼이 주목받고 있다. K-POP의 경우 국내외 팬덤을 대상으로 오프라인 대면 행사가 어려워지자 메타버스 플랫폼 안에서 팬과 팬덤을 만날 수 있게 해주는 현실과 가상이 연결된 세계관으로까지 확장된 행사를 기획하며 새로운 콘텐츠 생산과 비즈니스 모델을 동시에 모색하고 있다.

이처럼 비대면 시대에 온라인으로 무대를 옮기는 것을 넘어 스타와 팬덤이 자아와 정체성을 투영한 부캐로 만나 소통한다는 것은 K-POP의 새로운 팬덤 문화적 현상이라고 볼 수 있다. 이는 단순히 비대면 사회에서의 팬

---

36   박하나, 「전 세계에 스며든 K-콘텐츠 14조 원의 의미」, 대한민국 정책브리핑(www.korea.kr), 2022. 2. 9.

덤 이벤트에 그치는 것이 아니라 추후 원거리에 있는 팬들과 소통하는 방식이 될 수 있고 새로운 콘텐츠 모델을 끊임없이 생산해낼 가능성을 내포하고 있다.[37]

4) 디지털 플랫폼과 결합

K-콘텐츠가 전 세계적으로 확대되면서 한류 확산 트렌드가 변하고 있다. 콘텐츠 측면에서 방송 드라마나 영화가 인기를 끌던 시대를 지나 웹툰과 애니메이션, 게임 등 새로운 형태의 장르가 급성장하고 있다. 한류의 진출 지역 역시 과거 중국, 일본, 대만, 동남아 등 동아시아 중심에서 세계로 확대되고 있다. 한류는 또한 완성된 문화상품을 수출하던 과거 방식에서 디지털 플랫폼을 통해 전 세계에 동시에 전파되는 새로운 형식으로 바뀌고 있다. 이러한 차별화된 성장 전략이 필요한 시점이다.

2. 동남아 콘텐츠시장 수출 전략

1) 수출 확대를 위한 검토

(1) 공통 언어와 문화권

플랫폼을 통한 콘텐츠 수출의 경우 다수의 국가에 동시에 서비스가 제

---

37   채다희·이승희·송진·이양환, 「메타버스와 콘텐츠」, 『KOCCA 포커스』 통권 134
      호, 한국콘텐츠진흥원, 2021, 9-10면.

공되는 형태가 보편화 되면서 수출지역 선정에 있어서 국가보다 공통의 언어 및 문화권에 대한 고려가 중요해지고 있다. 동남아 지역은 여러 국가에 걸쳐 범용적으로 사용하는 언어가 상대적으로 적은 지역이라서 국가별로 사용되는 다양한 언어로 콘텐츠를 번역하는데 상대적으로 많은 비용이 소요된다. 따라서 얼마나 다양한 현지어로 서비스를 제공하는지의 여부에 따라 콘텐츠의 확산과 인지도에 영향을 미치게 된다.

(2) 새로운 중간자

플랫폼 비즈니스가 발달하면서 다양한 글로벌 및 로컬 플랫폼이 등장하고 이들과의 계약을 연결할 수 있는 네트워크를 보유한 새로운 중간자의 역할이 커지고 있다. 서비스의 제공에 있어서는 다양한 플랫폼 본사와 직접 계약을 체결하는 경우와 중간자의 네트워크를 활용하여 다양한 플랫폼에서 서비스를 제공하는 경우도 있을 수 있는데 국내 콘텐츠 기업의 해외 진출을 원활히 하기 위해서는 국내외 중간자에 대한 정보 파악과 네트워크 형성이 중요하겠다.

(3) 통상

① 디지털무역

전자적 전송의 무관세, 데이터의 국경간 이전 자유화, 디지털세, 소스코드에 대한 공개 요구 금지, 정부 공공데이터 접근 허용 등 디지털 무역의 주요 쟁점이 콘텐츠 플랫폼 기업의 해외 진출 전략에 직접적인 영향을 미칠 가능성이 높다.

② 제3국 플랫폼을 경유한 수출

플랫폼을 경유한 콘텐츠 수출의 경우 일반적으로 특정 플랫폼이 거점을 두고 있는 제3국을 거쳐 수출상대국의 최종 소비자에게 서비스를 제공하게 된다. 하지만 제3국을 거치는 동일한 방식이더라도 구체적인 계약 조건에 따라 한국-수출상대국, 한국-제3국, 제3국-수출상대국 형태의 FTA 협정이 각각 적용될 수 있다. 제3국 플랫폼을 경유하는 수출 유형이 증가함에 따라 통상 협상에서 수출상대국 뿐만 아니라 거점 플랫폼이 위치한 국가와의 협상도 중요해지고 있다.

③ 디지털산업의 플랫폼 서비스

플랫폼 서비스는 디지털 산업에 대한 각국의 입장에 따라 ㉠제공 서비스의 내용에 따라 해당 플랫폼을 분류해야 한다는 입장 ㉡제공 서비스의 내용과 관계없이 '컴퓨터 관련 서비스' 또는 '통신서비스'로 분류하자는 입장 ㉢별도의 신산업으로 구분해야 한다는 입장으로 나눌 수 있는데 동남아 국가들은 제공 서비스 내용에 따른 분류, 또는 별도의 신산업 접근을 지지할 가능성이 크지만 각국의 디지털 신산업에 대한 입장별로 실제 개방도는 상이할 수 있다.

④ 데이터 이전

상업적 가치가 내재된 데이터 정보를 수집하고 분석하며 가공하는 데이터 무역은 디지털 플랫폼 서비스의 해외 진출과 관련한 디지털 무역의 핵심이 될 수 있다. 데이터의 이동 및 활용에 대한 통상 규범 강화가 콘텐츠 소비자 정보 활용을 통한 신규 콘텐츠 및 서비스 개발에 큰 영향을 미칠 것으로 예상된다. 향후 동남아 시장 진출에 유리한 방향으로 동남아 지역 이용자의 데이터 이전이 제고될 수 있도록 현지의 개인정보보호, 법 규제 동향 및 디지털무역 규범과 관련한 동남아 국가들의 입장에 대해 면밀한 검토가 필요하겠다.[38]

2) 수출 확대 전략

(1) 콘텐츠별 세분화된 진출 전략

플랫폼을 통한 수출은 다양한 국가의 문화 및 언어 등 유통 환경에 맞춰 서로 다른 전략을 요구한다. 동남아 수출 사업체들도 폭넓은 소비층 확보를 위해 보편적인 내용은 글로벌 서비스를 통해 유통하고 특정 지역 및 타킷 대상의 내용은 현지 유통사를 활용하는 이원화 전략을 구사하고 있는데, 우리나라의 경우 플랫폼을 통한 수출은 해당 플랫폼의 이용자 중심으로 콘텐츠 확장이 이루어지게 하여 향후 콘텐츠 수출에서 서로 다른 미디어 환경 특성 및 사회 일반으로의 콘텐츠 확산 전략이 필요하다.

(2) 정보 제공과 시장 환경·제도 개선을 위한 노력

한국 콘텐츠 기업의 동남아 시장 진출 활성화를 위해서는 기업들의 현지에서의 자유로운 비즈니스 환경의 조성이 무엇보다 중요한데 그러기 위해서는 업계가 필요로 하는 정보, 네트워킹 기회의 제공 및 중장기적인 수

---

38   오혜리, 「콘텐츠 국제교류 및 통상 동향 연구: 아세안 6개국을 중심으로」, 『연구보고서』 KOCCA21-33권, 한국콘텐츠진흥원, 2021, 21-24면.

출·통상 환경의 개선을 위해 노력과 많은 시간 그리고 투자가 필요하다.

(3) 정부의 최소 규제

문화는 인위적이지 않고 자연스럽게 시장의 흐름에 맡길 때 더 강력한 힘을 발휘한다. 만약 우리나라 정부에서 주도적으로 문화 규제를 실시했다면 한류의 전세계적인 확산은 어려웠을 것이다. 물론 정부는 K-콘텐츠 지원에 힘을 쏟고 있지만 예산 및 지원금 규모가 부족하고 열악한 상황이기 때문에 규제까지 늘어나면 콘텐츠 경쟁력은 떨어질 수밖에 없게 된다. 이에 정부는 콘텐츠 지원금 규모를 늘리되 간섭은 최소화할 필요가 있겠고 문화정책 특성상 단기적 성과에 연연하기보다는 다양한 지속적인 지원으로의 성장 전략이 필요하겠다.

(4) 저작권 침해 대응 전략

대부분 불법유통 경로는 온라인 사이트이며 주로 링크 행위를 통해 나타난다. 최근 동남아 지역에서 저작권 침해 단속을 강화하고는 있지만 여전히 어플리케이션과 같은 경우 저작권에 대한 명확한 법률 조항이 부재한 경우가 많기 때문에 처벌이 어려운 실정이다. 특히 중소 규모의 사업자들이 직접 저작권 침해에 대응하다보면 과다 비용 지출, 소송기간의 장기화 등의 어려움에 직면하게 되므로 정부는 K-콘텐츠의 지속적인 확산을 위해서는 해외 현지 인력 투입을 늘려서 불법복제를 근절하기 위한 국가적 차원의 적극적 대응이 필요하겠다.

(5) K-콘텐츠의 위상과 수출환경 변화에 맞춘 고도화 지원 전략

인지도 증진 목적의 무료 행사와 같은 K-콘텐츠 확산 초기 단계의 지원 형태를 넘어 고급 브랜드 이미지를 강화하고 지속적인 비즈니스 협업과 수익창출로 동남아 지역 교류 행사를 고도화해야 한다. 지역 내 상호 개방된 플랫폼을 통해 문화, 언어적 유사성이 높은 국가로의 우회수출이 가능하도록 제도적 지원 마련 전략도 필요하다.[39]

(6) K-콘텐츠 정체성 확립을 위한 전략적 협업

최근 세계적인 신드롬을 일으킨 오징어게임의 예와 같이 해외 거대 자본의 투자에 의해 1조 원 이상의 가치를 지니는 K-콘텐츠가 결국 미국 넷플릭스에서 제작한 오리지널 콘텐츠라는 사실을 인지하면서 K-콘텐츠의 정체성에 대해 고민하여야 한다. 단기적으로는 높은 계약금과 글로벌 플랫폼을 통한 상영이라는 넷플릭스 환경이 매력적일 수 있겠지만 해외사업자와의 협업 및 계약 문제에 대해 대규모 투자에 대한 권리, 2차적 저작물 작성권 등에서 수익배분이 가능하도록 세부조항을 추가하여 계약의 치밀한 협상 전략이 필요하다.

(7) K-콘텐츠 품질 향상 전략

K-콘텐츠라는 한국적인 내용만을 고집하는 것을 지양하고 한국 고유

---

39 오혜리, 「콘텐츠 국제교류 및 통상 동향 연구: 아세안 6개국을 중심으로」, 『연구보고서』 KOCCA21-33권, 한국콘텐츠진흥원, 2021, 159-164면.

의 독특한 서사 구조를 기반으로 글로벌 팬덤을 아우르고 해외 이용자들이 공감하고 이해할 수 있는 요소들을 배합하여 구성하는 방향이 바람직하다. 또한 K-콘텐츠의 완성도를 높이기 위해 포스트프로덕션 작업의 자막, 더빙, 영상, 음악 등의 현지화를 통해 K-콘텐츠의 품질과 가치를 높이는 전략이 필요하다.[40]

V. 맺음말

코로나19에 의한 팬데믹은 인류 사회 삶의 형태를 완전히 바꿔놓았는데 그 중 사회적 거리두기를 통한 비대면은 언텍트산업의 급속한 성장을 가져왔다.

K-콘텐츠는 코로나19로 인한 비대면 시대였음에도 불구하고 최근 몇 년 동안 해외시장 진출에서 두드러지는 성과를 보여주었다. 특히 2021년은 전 세계적으로 K-콘텐츠를 향한 관심이 그 어느 때보다 뜨거웠던 한 해였는데 K-POP으로 주목받던 K-콘텐츠가 메타버스와 결합하여 현실과 가상의 세계를 아우르는 팬덤을 형성하면서 K-콘텐츠 열풍을 주도하였다.

이에 본 논문 연구에서 메타버스와 K-콘텐츠의 결합을 통해 분석해 본 K-콘텐츠의 동남아 시장에서의 수출 확대 전략을 다음과 같이 정리할 수 있다. 첫 번째, 메타버스와 K-콘텐츠의 결합 전략 내용을 정리하면 다음과

---

40   성동규·이주연, 「글로벌 OTT시대 K-콘텐츠의 지속가능한 확산을 위한 고찰: 중국 문화콘텐츠 산업 정책을 중심으로」, 『문화산업연구』 제21권 제4호, 한국문화산업 학회, 2021, 115-117면.

같다. 그 첫째 내용은 K-콘텐츠에 대한 극복 과제이다. 둘째는 메타버스 콘텐츠와 결합이며 셋째는 팬덤과의 비대면 소통, 넷째는 디지털 플랫폼과의 결합이다. 두 번째, K-콘텐츠의 동남아 콘텐츠시장 수출 전략이다. 이를 정리하면 다음과 같다. 우선, 수출 확대를 위한 검토의 내용으로는 첫째, 공통 언어와 문화권, 둘째, 새로운 중간자, 셋째, 디지털무역, 제3국 플랫폼을 경유한 수출, 디지털산업의 플랫폼 서비스, 데이터 이전의 내용 등을 포함하는 통상이다. 다음으로 수출 확대 전략을 정리하면 첫째, 콘텐츠별 세분화된 진출 전략, 둘째, 정보 제공과 시장 환경·제도 개선을 위한 노력, 셋째, 정부의 최소 규제, 넷째, 저작권 침해 대응 전략, 다섯째, K-콘텐츠의 위상과 수출환경 변화에 맞춘 고도화 지원 전략, 여섯째, K-콘텐츠 정체성 확립을 위한 전략적 협업, 일곱째, K-콘텐츠 품질 향상 전략이다.

동남아 국가들은 여러 민족들에 의해 다양한 종교를 가짐에도 글로벌 콘텐츠 기업들이 이 지역에 집중하는 이유는 콘텐츠 분야에 잠재된 성장성 때문이다. 이 지역 국가들의 K-콘텐츠에 대한 인지도는 오랜 한류 확산의 영향으로 고급 콘텐츠로 인식되어 유지되고 있으며 인도네시아 〉 말레이시아 〉 베트남 〉 태국 등의 순으로 한류에 대한 인기와 높은 성장도를 보인다. 하지만 콘텐츠의 불법유통이나 저작권 침해의 문제, 현지 콘텐츠 업체와의 협업 과정에서 발생하는 돌발 상황 등은 동남아 시장 진출에 한계로 작용된다.

하지만 향후 K-콘텐츠는 동남아 시장에서 수출이 더욱 활성화되고 확대될 것으로 예상된다. 여기에는 새로운 콘텐츠로 진화하고 있는 메타버스와 K-콘텐츠의 결합에 의해 현실과 가상의 세계가 융합하는 새로운 비즈니스 모델 제시가 그 배경이 될 것이다.

김상균, 『메타버스』, 플랜비디자인, 2020.

김기홍, 「디지털무역의 개념과 디지털무역 활성화를 위한 국제적 논의의 분석」, 『예술인문사회융합멀티미디어논문지』 제8권 제9호, 사단법인인문사회과학기술융합학회, 2018. 1-11면.

김지훈·황대원·서경진, 「스크립트를 활용한 아바타 콘텐츠 제작 시스템」, 『한국디지털콘텐츠학회논문지』 제23권 제1호, 한국디지털콘텐츠학회, 2022. 11-19면.

김진호, 「냉전시기 미국의 무역통제정책 1947-1950」, 『인문사회21』 제10권 제4호, 사단법인 아시아문화학술원, 2019. 825-840면.

김희경, 「콘텐츠 액티비즘: 행동하는 콘텐츠」, 『인문콘텐츠』 제53권, 인문콘텐츠학회, 2019. 35-49면.

박하나, 「전 세계에 스며든 K-콘텐츠 14조 원의 의미」, 대한민국 정책브리핑(www.korea.kr), 2022. 2. 9.

성동규·이주연, 「글로벌 OTT시대 K-콘텐츠의 지속가능한 확산을 위한 고찰: 중국 문화콘텐츠 산업 정책을 중심으로」, 『문화산업연구』 제21권 제4호, 한국문화산업학회, 2021. 107-119면.

손창우·박소영, 「디지털 무역의 한·중 비교와 무역 규범의 글로벌 쟁점」, 『TRADE FOCUS』 2020-41호, 한국무역협회 국제무역통상연구원, 2020. 1-37면.

송원철·정동훈, 「메타버스 해석과 합리적 개념화」, 『정보화정책』 제28권 제3호 한국정보화진흥원, 2021. 3-22면.

오혜리, 「콘텐츠 국제교류 및 통상 동향 연구: 아세안 6개국을 중심으로」, 『연구보고서』 KOCCA21-33권, 한국콘텐츠진흥원, 2021. 1-214면.

윤호영, 「디지털전환 시대 콘텐츠 이용 트렌드 연구: 온라인 동영상·온라인 공연·메타버스·오디오 콘텐츠」, 『KOCCA 연구보고서』 KOCCA21-35, 한국콘텐츠진흥원, 2021. 145-190면.

이병권, 「메타버스(Metaverse)세계와 우리의 미래」, 『한국콘텐츠학회지』 제19권 제1호, 한국콘텐츠학회, 2021. 13-17면.

이임복, 「성공하는 메타버스의 3가지 조건」, 『N콘텐츠』 Vol. 20, 한국콘텐츠진흥원, 2021. 3-4면.

임은정·전성희, 「콘텐츠 서비스가 서비스 수출에 미치는 영향: 한국사례를 중심으로」, 『통상정보연구』 제23권 제4호, 한국통상정보학회, 2021. 293-315면.

전동한, 「중국 방송시장에서의 K-콘텐츠 확장성 연구」, 『문화산업연구』 제20권 제1호, 한국문화산업학회, 2020. 9-19면.

채다희·이승희·송진·이양환, 「메타버스와 콘텐츠」, 『KOCCA 포커스』 통권 134호, 한국콘텐츠진흥원, 2021. 1-34면.

Burri, M. & Polanco, R., "Digital Trade Provisions in Preferential Trade Agreements: Introducing a New Dataset," Journal of International Economic Law, Vol. 23(1), 2020.

F. Li, "The Digital Transformation of Business Models in the Creative Industries: A Holistic Framework and Emerging Trends," Technovation, Vol. 92-93, 2020.

K. Frenken, "Political economies and environmental futures for the sharing economy," Philosophical Transactions of the Royal Society A Mathematical Physical and Engineering Sciences(PHILOS T R SOC A) Vol. 375, 2017.

S. Vallas & J. B. Schor, "What Do Platforms Do? Understanding the Gig Economy," Annual Review of Sociology, Vol. 46, 2020.

문화체육관광부, 「2019년도 콘텐츠산업 수출액 현황」.

한국국제교류진흥원, 「2021 해외한류실태조사」.

한국국제문화교류진흥원, 「글로벌 한류 트렌드 2021」, 2021. 8-11면.

문화체육관광부 해외문화홍보원, 「어디야? 한류 콘텐츠 상승세의 끝은?」, 대한민국 정책브리핑(www.korea.kr), 2022. 1. 7.

https://decentraland.org

저자 소개

오현석(吳炫錫)

서울신학대학교 일본어문화콘텐츠학과 조교수.
사회학(미디어론, 문화연구)을 전공했다. 대표 논저로는 「혼종성 이론에서 바라본 일본의 한류」, 「문화제국주의론에서 바라본 타자로서의 일본— 1990년대 일본대중문화개방과 관련된 담론을 중심으로」, 「대중문화에 나타난 타자로서의 '일본'—문화권력의 작동과 저항성을 중심으로」 등이 있다.

양인실(梁仁實)

일본 이와테대학교 인문사회과학부 준교수.
제국일본 내 문화의 횡단, 한일문화교류사, 영상 속 재일코리안표상 연구를 하고 있다. 대표 저술로는 「영화관객으로 재조일본인을 상상하기 일본어신문 『부산일보』를 중심으로」, 「복합영화상영관 메이지좌의 사회사」 등이 있다.

음영철(陰泳哲)

삼육대학교 글로벌한국학과 교수. 삼육대학교 국제교육원 부원장.
한국현대소설을 전공했다. 대표 저술로는 「넷플릭스 드라마 〈스위트홈〉에 나타난 파국의 서사와 감염의 윤리」, 「재한 조선족 혐오표현과 타자화 연구: 영화 〈청년경찰〉과 〈범죄도시〉를 중심으로」, 『대학 글쓰기, 개념부터 시작하자』, 『대학생을 위한 글쓰기 수업』 등이 있다.

김재선(金在善)

한국외국어대학교 스페인어과 강사.

스페인 연극을 전공했다. 대표 논저로는 「마요르가의 『하멜린』에 나타난 서사극 기법 연구」, 「벨라스케스에 대한 부에로의 연극적 판타지 연구」가 있고, 번역서로는 『맨 끝줄 소년』, 『봄에는 자살금지』 등이 있다.

심두보(沈斗輔)

성신여자대학교 미디어커뮤니케이션학과 교수.

그간 한류와 아시아 대중문화, 글로벌 미디어산업에 관한 연구를 수행했다. 저역서로 Pop Culture Formations across East Asia, 『미디어의 이해』 등이 있으며, "Hybridity and the rise of Korean popular culture in Asia", 「케이팝(K-pop)에 관한 소고: 한류, 아이돌, 그리고 근대성」 등의 논문을 발표했다. International Journal of Cultural Studies, Journal of Fandom Studies, Asian Communication Research 등 국내외 학술지의 편집위원으로 활동 중이다. 2022년 상반기에 『케이팝은 흑인음악이다』를 출간했으며, 하반기에는 『문화의 시대, 사유하는 한류』가 발간될 예정이다.

김수완(金邃琬)

한국외국어대학교 융합인재학부 교수.

중동지역학을 전공했다. 대표 논저로는 "Framing Arab Islam Axiology Published in Korean Newspapers", "The New Korean Wave in the Middle East and Its Role in the Strategic Approach to Medical Tourism in Korea", 「신의 이름으로, 중동지역 미디어 검열」, 「중동 난민을 바라보는 내부자적 시선」, 「아랍에미리트 미디어 산업과 규제」, 「창조경제의 주역 중동신한류」, 『중동사회와 미디어문화』, 『IS를 말하다』 등이 있다.

손수진(孫受振)

백석예술대학교 호텔관광학부 부교수.

관광경영 전공 및 스페인어학을 전공했다. 대표 논저로는『현지 언론보도 기사 내용 분석과 SNS를 통한 아르헨티나의 K-Culture 선호도에 관한 연구』,『라틴아메리카 현지 한류 팬덤의 K-Culture 선호도와 추천 및 한국방문의사 간의 관계성 연구: 소셜네트워크를 통한 잠재고객을 대상으로』,『중요도-성취도 분석을 통한 한류문화콘텐츠 인식조사 및 문화관광 활성화 방안: 멕시코와 아르헨티나 지역의 K-Culture 팬덤을 중심으로』,「언택트(Untact) 시대의 한류문화콘텐츠를 활용한 라틴아메리카 지역 온택트(Ontact)의 도전과 기회: 멕시코, 브라질, 아르헨티나 지역을 중심으로」,「2021 해외한류실태조사: 아르헨티나 한류 심층분석」등이 있다.

조지숙(趙芝嫄)

경희대학교 아프리카 연구센터 박사급 연구원.

프랑스 문학 및 문화를 전공했다. 현재 대학에서 프랑코포니 문학 및 문화, 세계 문화 등을 강의하고 있다. 대표 논저로는「아프리카 가나의 상징철학 '아딘크라(Adinkra)'」,「나이지리아 일레이페(Ilé-Ifé)지역의 요루바 문화를 통해서 본 문화 상대성 재인식」,「『아주르와 아스마르』에 투영된 이질성에 대한 폭력과 금기 그리고 융화」,「마다가스카르 구술 문학을 통해서 본 전설 속 인물의 원형 찾기의 악의 유희성」등이 있고, 대표 저서로는『아프리카의 상징철학 아딘크라』,『나이지리아의 역사』등이 있다.

김두진(金斗鎭)

고려대학교 평화와민주주의연구소 연구교수.

국제정치, 정치경제학(국제정치경제학), 정치사회학을 전공했다. 주요 논저로「'기억의 과잉'과 동아시아 온라인공간의 민족주의: 한중간 탈경계 언술(narratives)의 감정 레짐」,『타자의 눈에 비친 근대한국: 〈코리안 리포지토리〉의 시각을 중심으로』,『한

류와 역류: 문화외교의 가능성과 한계』, 「한류의 초국적보편성과 '미디어 제국주의 역전'테제: 영국의 K-pop과 포스트—비틀즈의 제국성」, *South Korea: Challenging Globalization and the Post-Crisis Reforms* 등이 있다.

배소영(裵昭暎)

경희대학교 호텔관광대학 문화관광콘텐츠학과 조교수(호텔관광대학 부학장 및 문화관광콘텐츠학과장).
문화관광·여가문화를 전공했다. 대표 논저로는 「신중년 여성의 여가로서의 팬덤활동과 사회적지지, 삶의 의미 간의 구조적 영향관계 연구: 〈내일은 미스터트롯〉 팬덤을 중심으로」, 「한류 영상 콘텐츠의 시청동기가 시청태도, 한국에 대한 국가 이미지 및 행동의도에 미치는 영향: 중국 영상 플랫폼 'bilibili'를 중심으로」, "The effect of coronavirus disease-19 (COVID-19) risk perception on behavioural intention towards 'untact' tourism in South Korea during the first wave of the pandemic", "A multicultural retreat in exotic serenity: Interpreting temple stay experience using the Mandala of Health model" 등이 있다.

이미지(李美智)

부산외국어대학교 태국어과 조교수.
일본 교토대학교에서 동남아 지역연구(Area Studies)로 박사학위를 취득했다. 주요 논문 및 저서로는 「태국 2021: 코로나19 위기 속 출구 없는 정치대립과 사회구조적 난제」, 「태국 전통의료관광의 발전과 한국에의 시사점: '타이식 의학'의 제도화와 관광화 전략」, 「태국 2020: 의심받는 '타이식 민주주의'와 정치과정의 변화」, 「일본의 동남아 지역연구 연구동향과 한국에의 시사점」, 『맛으로 느끼는 동남아: 태국의 음식문화』, 『한국의 동남아시아 연구: 역사, 현황 및 분석』, 「韓国政府による対東南アジア「韓流」振興政策」 등이 있다.

전동한(全東漢)

배화여자대학교 국제무역물류학과 교수.
무역실무를 전공했다. 대표 저술로는 『만화로 보는 무역실무』, 『국제무역계약』, 대표 논저로, 「AIIB확장과 한국의 역할: 지속가능성과 포용성 관점」, 「중국 방송시장에서의 K-콘텐츠 연구」 등이 있다.